KB273029

정보사회
법적규제의 진화

: 유비쿼터스 시대의 정보법학

정보사회

법적규제의 진화

심우민 著

한국학술정보(주)

프롤로그

    내가 대학원에 입학한 2000년 당시 정보법학에 대한 관심은 매우 폭발적인 것으로 느껴졌다. 1990년대 말 새롭게 성장하고 있던 사이버 공간은 이전과는 다른 공간적 패러다임을 선사해 주었고, 이는 법학자들에게 너무나도 흥미로운 연구영역이었던 것 같다. 하지만 개인적으로는 뒤늦은 군생활로 인해 당시의 논의를 한 발짝 뒤에서 바라볼 수밖에 없었고, 오히려 다양한 담론들을 좀 더 담담하게 찬찬히 살피면서 이런저런 고민들을 이어 갈 수 있는 좋은 기회를 가질 수 있었다. 그러던 중 현재의 지도 교수님이신 김정오 교수님께서 번역·출간한 로렌스(Lawrence Lessig) 교수의 『코드: 사이버 공간의 법이론』이라는 책을 만나게 되었고, 그 순간 정보법학에 대한 진지한 고민이 시작되었다. 기존의 정보법학에서는 보기 힘들었던 파격적인 논의들이 상당히 논리적으로 펼쳐져 있는 그의 저술은 지금도 정보법학을 이해하기 위한 가장 좋은 고전 중의 고전이라는 생각을 하고 있다.

    군을 제대하여 대학원에 복학한 이후, 김정오 교수님의 지도로 정보사회에 관한 다양한 법적 담론을 접하게 되었고, 또한 이러한 사이버 공간(cyberspace), 즉 새로운 공간개념 속에서의 법에 대해 고민할 수 있는 자원인 기초법학에 대해 천착할 수 있는 시간들을 보냈다. 그러면서 정보법학의 전반적인 내용을 포괄적으로나마 소개하고 있는 저술이 우리나라에 없다는 사실에 때로는 실망하며, 때로는 열정을 불태우며 그렇게 대학원 과정을 보내 왔다. 지금 생각해 보면, 어쩌면 그것은 너무나도 당연한 것이었는지 모른다. 정보법학이라는 학문영역 자체가 독자적인 학문 또는 법영역으로 정립되기보다는, 개별적인 법영역들을 포괄하는 형태이기 때문에 섣불리 이를 하나의 논의 맥락으로 정리한다는 것은 너무나도 고된 작업이며, 어설

픈 결과가 될 수 있는 위험성이 있기 때문일 것이다. 그런 이유로 지금 세상에 내놓고자 하는 이 책은 나에게 있어 매우 부담스럽고도 부끄러운 결과물일 수도 있다.

그럼에도 불구하고 이 책을 세상에 내놓게 된 계기는 다음과 같다.

첫째, 나는 학위논문을 쓰는 과정에서 로베르토 웅거(Roberto Unger)의 사회이론과 법이론을 연구하였으며, 특히 그의 '제도적 상상력(institutional imagination)'이라는 방법론에 천착하였다. 아직도 그것의 현실과의 접목을 고민하고 있는 과정이기는 하지만, 이러한 제도적 상상력을 현실 공간에서 활용해 볼 수 있는 단초를 마련하고 싶었고, 그것이 바로 정보법학의 영역이었다. 그렇다고 하여, 이 책이 담고 있는 내용이 그러한 방법론을 모두 적용하고 있는 것은 아니다. 웅거에 따르면 제도적 상상력은 '맵핑(mapping)'과 '비판(criticism)'이라는 세부적인 방법론의 변증적인 실행에 의해서 확보된다. 맵핑은 법적으로 개념 정의된 사회의 세부적인 제도적 구조의 탐구를 말하는 것이며, 비판은 현실적인 집단 이익들뿐만 아니라 공언된 사회적 이상 및 사회에 대한 프로그램적 공약 그리고 이러한 것들과 관련된 세부적인 제도들 사이의 부조화를 탐구하는 것을 말한다. 맵핑은 비판을 위한 소재들을 제공해 주고, 비판은 맵핑을 위한 관점과 아젠더를 설정해 준다. 이러한 맵핑과 비판의 방법들 중 이 책은 맵핑의 역할을 담당하고 있다고 볼 수 있다. 비판의 부분은 아직 필자의 역량이 부족할 뿐만 아니라, 좀 더 많은 숙고가 필요한 부분으로 추후 보완할 예정에 있다.

둘째, 과거의 사이버 공간이 아닌 유비쿼터스(ubiquitous) 사회에 대한 담론이 논의되고 있는 현 시점에서, 이러한 새로운 제3의 공간에서 문제가 될 수 있는 법적인 쟁점들을 체계적인 시각으로 정리해 보고 싶은 마음 때문이었다. 오늘날 우리 사회에서는 유비쿼터스라는 용어들이 난무하고 있다. 그러나 그 의미가 무엇이고, 그것이 우리의 삶에 어떠한 영향을 미칠 것인가에 대한 국내의 연구는 그리 많지 않은 실정이다. 따라서 그러한 부분들을 정리하고, 현재 논의되고 있는 법적 담론에는 어떤 것들이 있는지에 대해 살펴보고자 했다. 그러나 사이버 공간에 대한 논의와 유비쿼터스 사회에 대한 논의가 괴리되어 있는 것은 아님이 분명하다. 그것은 이 두 개의 공간이 모두 네트워크에 기반을 두고 있기 때문이다. 따라서 이 책의 몇몇 부분에서는 기존 사이버 공간에 대한 논의를 그대로 소개하고 있는 경우도 있다. 그러나 이 부분 논의에 대해서도 새로운 고민들을 추후 보완할 것을 약속한다.

셋째, 아주 현실적인 이유가 있다. 그것은 이 책을 나의 정보사회 및 정보법학에 관한 강의에 활용하기 위해서이다. 몇몇 대학을 돌아다니면서 나는 매주 강의안들을 사이버 강의실에 올리고 학생들에게 그것을 다운로드 받아올 것을 부탁하는데, 학생들에게는 그것이 그리 용이하지 않아 보였다. 그래서 이번 기회에 학생들이 강의안을 하나의 책으로 가지고 다닐 수 있도록 하고자 했다. 부디 이 책이 그들과 나의 시간적인 소비를 줄여, 좀 더 발전적인 논의를 강의실에서 이어 나갈 수 있는 수단이 되었으면 한다. 이와 더불어, 이 책이 강의안을 정리한 것이라는 현실적인 이유로 인하여, 어떤 부분은 필자의 학술적 의견이라기보다는 일반화된 내용을 그대로 인용하고 있는 경우가 일부 존재함에 대해서도 독자들의 양해를 구한다.

이 책이 나오는 데에는 많은 분들의 도움이 있었다. 먼저 이 책의 출판을 허락해 주신 '한국학술정보(주)'와 강태우 선생님께 감사의 인사를 올린다.

또한 항상 옆에서 조언과 도움을 주시는 고마운 분들이 있다. 기초법학과 정보법학에 대한 나의 열정을 항상 불태워 주시고 격려를 아끼지 않으시며 진정한 스승의 면모를 보여 주시는 지도 교수님이신 김정오 교수님, 나의 작은 일에도 관심을 보이시며 진지한 마음으로 이해해 주시는 이철우 교수님, 항상 넓은 이해심과 걱정의 눈빛으로 지켜봐 주시고 보살펴 주시는 김종철 교수님, 이 세 분은 나의 대학원 생활에 있어 너무나 큰 사은을 베풀어 주셨다. 이와 더불어, 나의 고민들을 항상 진지하게 경청해 주시고 해결책을 제시해 주는 존경스런 선배님들인 필운 형, 태원 형, 창완 형, 철준 형, 희정 형 등 수많은 선배님들은 항상 내 대학원 생활의 따뜻한 보금자리의 역할을 해 주셨고 앞으로도 그래 주시리라 믿는다. 10여 년을 넘게 관심의 눈으로 나를 지켜봐 주고 있는 노동법학회 '廣場' 선후배 학회원들, 대학원 생활을 함께하며 즐거움과 슬픔을 함께 나누어 왔던 일신, 태훈, 용수, 현귀, 경휘,

재현, 승현, 유경, 원일, 혜진 등 동료들 그리고 법철학연구실의 새로운 식구들이지만 제대로 대화를 나눌 시간도 할애하지 못했던 정수 형과 영섭에게도 미안한 마음과 고마운 마음을 동시에 전한다. 또한 최근 많은 일들에 보이지 않는 도움을 주신 연세대학교 법과대학 사무부의 김광현 선생님께도 이 기회를 빌려 감사의 인사를 드린다.

지난 2007년 무더운 여름부터 시작된 (가칭) '연구위원회'에서 함께 동고동락했던 경태 형, 재원 형, 종일, 성은, 정환, 주연에게도 그날의 뜨거웠던 열정이 이제는 우리 자신을 위한 시간이 되기를 간절히 바라며, 나에게는 작지만 소중한 이 결과물을 바친다.

마지막으로, 항상 곁에서 환한 미소로 함께해 주는 우리 윤, 그리고 당신들의 고통과 눈물은 감추시고 하나뿐인 아들을 위해 든든한 지원을 아끼지 않으시는 아버님과 어머님께 사랑한다는 말을 올리고 싶다.

광복관 연구위원회에서
새로운 시간들과 마주하면서
저자 씀
2008. 8.

차 례

제5장 한국사회의 정보화 법체계 분석 / 93

각 론

제6장 규제모델의 고찰 / 113

제13장 정보사회의 불평등 / 301

총 론

제1장 정보사회와 사회구조의 변동

　정보사회의 출현과 발전이 가져온 변화가 무엇인지를 이해하기 위한 선결과제로서, 그 핵심적인 지점을 파악해 보는 것은 중요하다. 그렇다면 정보사회의 변화가 가져온 가장 눈에 띄는 지점은 무엇인가? 그것은 바로 다원주의 문화의 확산일 것이다. 2008년 대한민국의 도심 한복판에서 벌어지고 있는 촛불집회는 네트워크가 현실에서 어떠한 기능을 할 수 있는가를 보여 주는 새로운 단초라고 할 수 있으며, 이는 새로운 다원주의의 출현을 예견해 볼 수 있게 해 준다. 이러한 다원주의는 특정한 이데올로기에의 정초 없이 유유히 세상 속을 파고들고 있다.

　다음에서는 이러한 네트워크와 그것이 새롭게 현출해 내고 있는 사이버 공간에 대해서 살펴보고, 궁극적으로 이러한 변화의 기반에 근거하여 예견해 볼 수 있는 사회구조의 변동에 대하여 살펴보도록 하겠다.

제1절 네트워크와 다원주의

　네트워크는 'E-to-E'(End-to-End)라는 이상을 가지고 설계되었다. 이를 다시 설명하자면, 네트워크의 한쪽 끝(목적지)에서 다른 쪽 끝(목적지)까지를 연결하여 정보를 소통시킨다는 의미이고, 이러한 E-to-E개념에 입각해 설계된 네트워크는 이용자 수보다도 많은 무한한 목적지들을 연결함으로써 그물망 같은 네트워크를 만들어 낸다.

　이는 과거의 매스 미디어와 확연히 구별되는 지점이다. 과거의 미디어는 일방향

의사소통을 중심으로 한쪽에서 생산한 정보 내용들을 다른 목적지까지 단순히 전달하는 개념이었다고 할 수 있다. 즉 한쪽에서 만들어 낸 정보는 다른 쪽에서 단순히 소비되면 그만이었다. 그러나 오늘날 네트워크에 기반을 둔 미디어의 경우, 단지 소비의 차원에만 그치는 것이 아니라 정보 내용들을 창출하여 또 다른 목적지로 전송해 주는 역할을 한다. 우리는 여기서 앨빈 토플러(Alvin Toffler)가 이야기하는 프로슈머(prosumer＝producer＋consumer)의 개념을 이해할 수 있다.

이러한 네트워크에 기반을 둔 정보사회의 발전은 근대 이후 산업사회 발전 및 변화와 그 맥을 같이한다. 즉 근대 초기 혁신적인 생산력 발전에 기반을 둔 산업사회는 대량생산·대량소비를 추구하는 사회였으나, 오늘날 고도로 발전된 산업사회(후기 산업사회)는 과거의 획일화되고 대량화된 생산과 소비체계를 넘어, 좀 더 다양하고 유연화된 생산 및 소비체계를 취하고 있다. 이를 대표적으로 설명해 주는 것이 다음 표에서 설명되고 있는 포드주의와 포스트 포드주의의 구별이다.

〈표 1〉 포드주의와 포스트 포드주의

	포드주의	포스트 포드주의
노동과정	구상과 실행의 분리에 입각한 테일러, 포드주의적 생산	기계 및 노동과정의 유연화와 노동력의 유연화에 기반을 둔 생산
축적체제	일국중심의 대량생산 대량소비	세계적 규모의 유연적 대량생산
사회적 경제 조절양식	제도화된 단체교섭과 케인즈주의적 복지국가	공급중심의 혁신촉진과 시장종속적 복지국가
사회화 양식	국가화와 자본화를 통한 규범화, 표준화, 개인주의화	탈정치화, 사유화를 통한 이질화, 다원화, 개인주의화의 심화

이상과 같은 산업사회의 발전 경향, 즉 생산 및 소비양태의 변화에 결정적인 기여를 한 것이 바로 네트워크에 기반을 둔 정보사회의 발전이라고 평가할 수 있을 것이다. 즉 과거의 일방향적·획일적 의사소통 양식은 쌍방향적·다원적 의사소통 양식으로 변화하였으며, 이러한 의사소통의 변화된 양식은 생산 및 소비 양식의 변

화도 촉진시키고 있다는 것이다. 이러한 변화된 소통 양식은 사회적 순기능과 역기능들을 창출해 내고 있다.

순기능에는 다음과 같은 것들을 대표적인 예로 들 수 있다.

（ⅰ) 사회계층(계급)의 유연화이다. 오늘날 정보의 자유로운 소통은 사회계층의 유연화를 촉진시킨다. 즉 과거에는 정치와 자본의 영역에서 권력을 가진 자들의 의사에 따라 언론이 좌지우지되었던 반면, 오늘날에는 아주 다양한 계층들의 의견이 네트워크에 존재하고 있다.

（ⅱ) 문화의 다양성 확대이다. 국가를 비롯한 권력을 가진 특정 집단이 의사소통을 지배할 수 없게 되면서, 문화의 영역에서도 그 다양성이 점차 확대되고 있다. 이러한 문화의 다양성은 음악, 그림 등 기타 예술의 영역을 넘어, 우리들의 일상생활 양식에까지 영향을 미치고 있다.

（ⅲ) 사회적 생산력의 증대이다. 과거와는 달리 정보를 공유할 수 있게 되었으며, 궁극적으로 이러한 정보의 공유기반은 생산력의 증대에 일조하고 있다. 과거에는 정보에 대한 소유가 일부에게만 집중되어 있었기 때문에, 이는 결국 특정 개인이나 집단의 정보독점 현상이 발생하도록 만들었으며, 이는 생산력의 지속적인 발전을 저해하는 측면이 있었다.

（ⅳ) 정치적 소통의 확산이다. 근대 이후의 역사는 민주주의 발전의 역사라고 할 수 있다. 민주주의라는 것은 기본적으로 정치적 주체 간의 의사소통에 뿌리를 두고 있다고 할 수 있다. 그러나 과거의 경우 이러한 민주주의는 일정한 한계를 가질 수밖에 없었는데, 그것은 민주주의라는 이상과는 괴리되어 있는 의소소통 수단 때문이었다.

이러한 순기능들에도 불구하고, 대두되고 있는 정보사회의 다양한 역기능들은 우리의 미래를 단순히 장밋빛으로만 바라볼 수 없게 만든다.

（ⅰ) 정보독점의 문제이다. 위에서 설명한 바와 같이 정보공유의 기반이 확산되었으나, 또다시 특정 권력과 자본이 정보(재)를 상품화하여 독점하려고 하는 현상

이 나타나고 있다. 이는 초기의 인터넷과 오늘날의 인터넷을 비교해 보면 명확해진다(울타리치기).

(ii) 사회통합의 저해이다. 다원화된 정치·문화 영역의 논의는 사회 유지 및 형성의 핵심이라고 할 수 있는 사회통합을 저해하고 있다. 즉 다양한 가치에 기반을 두고 있는 각종 의견들의 대두는 좀처럼 그 합의점을 찾기 힘든 상황을 만들어 가고 있다.

(iii) 복잡성의 증대이다. 수많은 네트워크의 그물망은 사회의 복잡성을 증대시키는 데 일조하고 있다. 이는 정보독점에 근거를 두고 있는 근대 초기의 전문성과는 또 다른 전문성의 출현을 암시하는 것이며, 이러한 견지에서 또 다른 계급의 분화가 우려된다.

(iv) 의사표현의 수동성이다. 정보사회의 발전이 의사표현의 새로운 장을 열어 준 것은 확실하다. 그러나 이러한 의사표현의 새로운 장은 과거의 경향 속에서 그 가치를 상실해 가고 있다. 즉 자신의 의견을 표명하기보다는 다른 사람들의 의견을 찾아 그것에 쉽게 추종하는 경향이 발생하고 있다.

(ⅴ) 감시사회의 출현이다. 정보사회의 발전은 우리 생활 속의 다양한 정보를 비트화시킴으로써, 그것을 소통의 소재로 활용하고 있다. 이러한 정보재들은 복제와 전송의 용이성으로 인하여 매우 빠른 속도로 확산이 가능하며, 또한 이를 통하여 수집된 정보는 원래의 취지와는 다른 목적을 위하여 의도적으로 활용될 가능성을 가지고 있다.

(vi) 노동시간의 증대이다. 정보사회의 발전은 일반적으로 생산력의 발전으로 인하여 노동시간을 감축시킬 것으로 예견되곤 했었다. 그러나 오늘날 네트워크의 발전은 오히려 노동시간과 휴식시간의 구분을 모호하게 만들고 있으며, 심지어는 우리의 일상생활의 모든 것을 노동으로 포함시켜 가는 현상이 발생하고 있다.

이상에서 살펴본 순기능과 역기능은 우리 정보사회의 오늘날 현주소를 말해 주는 것이다. 그렇다면 우리에게 주어진 과제는 이러한 정보사회의 순기능을 촉진하고, 역기능을 방지하는 방안이 무엇인지에 대해 고민하는 것일 터이다.

제2절 사이버 공간

우리가 주요 논제로 삼고 있는 사이버 공간이란 무엇인지 좀 더 명확히 해 보도록 하자. 이를 통하여 앞으로 우리가 논하게 될 정보사회에 대한 이해를 좀 더 명확히 해 둘 수 있다.

많은 이들이 현대 사회를 '정보사회(information society)'라고 말한다. 각종 매스 미디어에는 이러한 정보사회와 관련한 사건들이 홍수를 이루고 있으며, 우리의 일상생활도 이미 정보사회에 파묻혀 있다. 이러한 정보사회는 흔히 '사이버(Cyber)' 또는 '사이버스페이스(Cyberspace)'라는 말로 대표되고 있다.

사이버 공간이라는 용어는 깁슨(W. Gibson)의 『뉴로맨서(Neuromancer)』[1]와 위너(N. Wiener)의 『사이버네틱스(Cybernetics)』[2]에서 유래된 용어이다. 흔히 '가상 공간'이라고 번역되기도 하나, 가상이라는 단어는 '실제 존재하지 않는'이라는 어감을 담고 있으므로, 이러한 역어보다는 '사이버스페이스'라는 음역어나 '사이버 공간'이라는 반($\pm$)의역어가 많이 사용된다. 정보통신 기술의 발달은 수많은 사회적 관계에서의 의사소통 및 생활이 네트워크를 통하여 가능하도록 만들어 주었다. 바로 이러한 매개를 가능하도록 만들어 주는 공간을 우리는 '사이버 공간'이라 부르고 있다.

이러한 '사이버 공간'은 '현실 공간'과 다음과 같이 상당한 차이를 보여 주고 있다. 이러한 차이를 살펴봄으로써 사이버 공간의 의미에 대해 좀 더 명확하게 이해할 수 있을 것이다.

(i) 현실 공간의 기초적 구성단위로 원자(atoms)라는 것이 사용되지만, 사이버 공간에서는 비트(bits)라는 것이 사용된다.[3]

---

1) W. Gibson, *Neuromancer*(Berkerley Publishing Group, 1984).

2) N. Wiener, *Cybernetics: or Control and Communication in the Animal and Machine*(MIT Press, 1948).

(ii) 공간 지각이라는 측면에서 현실 공간은 만질 수 있는 특성을 지니지만, 사이버 공간은 만질 수 없는 특성을 지닌다.

(iii) 공간 구성방식에 있어서 대체적으로 현실 공간은 토지와 개인이 소유할 수 있는 사물들로 이루어지지만, 사이버 공간은 네트워크와 웹으로 이루어진다.

(iv) 공간을 표시하는 방식에 있어 현실 공간은 주소·번지수 등으로 나타내지만, 사이버 공간은 숫자들의 조합이라 할 수 있는 IP주소를 통하여 나타낸다.

(ⅴ) 기능적 구조물을 형성하는 데 있어 현실 공간은 물리적 공간에 사물을 집적함으로써 이루어지지만, 사이버 공간에서는 컴퓨터에 가상사물을 집적함으로써 이루어진다.

(ⅵ) 기반 네트워크라는 측면에 있어 현실 공간은 도로망·철도망 등으로 구성되지만, 사이버 공간은 컴퓨터와 컴퓨터를 연결하는 인터넷으로 구성된다.

(ⅶ) 공간 개발 기술이라는 측면에서 현실 공간은 토목 및 건축 기술이라는 것이 주축이지만, 사이버 공간은 IT(Information Technology)라는 말로 대변되는 기술이 주축이다.

이상과 같은 내용을 표로 정리해 보면 다음과 같다.4)

---

3) Nicholas Negroponte, *Being Digital*(Vintage Books, 1996); 백욱인 역, 『디지털이다』(커뮤니케이션북스, 1999), 15면. 네그로폰테(Negroponte)는 아날로그 원자인 아톰(atom)과 디지털 원자인 비트(bit)를 비교하면서 다음과 같이 말하고 있다. "비트는 색깔도 무게도 없다. 그러나 빛의 속도로 여행을 한다. 그것은 정보의 DNA를 구성하는 작은 원자적 요소이다."

4) 하원규·김동환·최남희, 『유비쿼터스 IT혁명과 제3의 공간』(전자신문사, 2003), 92면의 표 변형.

〈표 2〉 현실 공간과 사이버 공간

구분	현실 공간	사이버 공간
공간원소	원자(atoms)	비트(bits)
공간지각	만질 수 있는 공간	만질 수 없는 공간
공간형식	유클리드 공간, 실제적인 현실	논리적 공간, 컴퓨터상에서 가상적
공간구성 (소비방식)	토지＋사물(소유)	네트워크(인터넷)＋웹(접속)
공간위상	주소/번지수	IP주소
기능형성	물리적 공간에 사물 집적	컴퓨터에 가상사물 집적
기반 네트워크	도로망, 철도망	PC와 PC를 연결하는 인터넷
공간 개발 기술	토목, 건축	IT

제3절 정보사회에서의 개인과 조직

이상의 논의를 통하여 정보사회가 가지는 함의 그리고 그것의 순기능과 역기능에 대해서 간략하게 살펴보았으며, 정보사회 논의의 핵심 축이라고 할 수 있는 공간적 지형인 '사이버 공간'의 개념에 대해 살펴보았다. 이러한 정보사회의 발전은 과거 개인과 조직이라는 측면에서의 논의를 한층 더 확장시키고 변화시키는 데 일조하고 있다.

오늘날과 같은 근대사회는 이성을 가진 인간(개인)의 자유와 권리를 국가가 보호해 준다는 이상에 입각하여 발전하여 왔다.[5] 이는 중세의 신으로부터의 탈피, 그리고 인간성에 대한 새로운 자각으로부터 출발한 것이었다. 그러나 이러한 이상과는

---

5) 근대 정치사상의 근간은 자유주의라고 할 수 있다. 자유주의란 국가로부터 독립된 사적 영역을 규정하여, 국가의 권위를 억제하고, 개인 및 가족 그리고 경제적 삶을 중시하는 시민사회를 정치적 간섭으로부터 해방시키고자 하는 것이라 정의할 수 있다. 자유주의는 또한 모든 시민의 최대한의 이익을 보장하기 위해서는 왕권의 폐지, 정기적 선거, 국가권력의 분리 그리고 자유로운 시장이 확립되어야 한다는 주장에 기초해 있다.

달리 국가나, 특정 집단들의 의사를 중심축으로 하여 사회가 작동해 왔다는 것은 여러 역사적 사실들이 반증해 주고 있다. 즉 이러한 역사적인 발전 속에서 개인들이 가지는 정치적인 의사는 집단적·일방향적 의사소통 기반으로 인하여 경시되는 경우가 빈번히 발생하였으며, 국민들에 의하여 선출된 대표자들이 그들의 의견을 대의한다는 데 개인들은 만족할 수밖에 없었다.

그러나 이상에서 살펴본 정보사회의 발전은 개인들이 의견을 표명할 수 있는 기반을 구축해 가고 있으며, 이를 통하여 우리는 진정한 개인을 중심으로 한 민주주의의 발전 그리고 진정한 근대적 이상의 실현을 추구할 수 있게 되었다고 평가할 수 있겠다.

이러한 논의를 위하여, 우리는 근대사회의 구조적인 측면의 논의, 즉 국가-사회 관계론을 살펴보도록 하자. 이를 통하여 우리는 정보사회의 출현이 개인과 조직이라는 측면에서 어떠한 함의를 가지는지를 파악해 볼 수 있을 것이다. 우선 국가와 사회의 의미에 대해 살펴보자면, 인간이 서로 협력하며 대립하는 상호작용을 하면서 관계를 맺는 곳에서는 어디서나 관습, 윤리, 성문 또는 불문의 규칙에 의해서 가족, 기업, 교회, 학교, 지방자치단체 등 사회적 조직이 형성된다. 개인은 이러한 사회적 조직에 참여하여 활동하고, 이러한 사회적 조직으로부터 영향을 받는다. 이렇게 개인을 포함한 상호협력 또는 대립되는 관계망을 '사회'라고 부를 수 있다. 이에 반하여 '국가'는 보통 사회에 배타적인 권능을 행사하는 조직으로 여겨진다. 개인은 직업단체, 교육, 정당 등 여러 가지 사회적 조직에 속해 있으며, 국가도 사회적 형성물이지만 '독점적인 권력의 소유자'라는 특성으로 인하여 사회적 조직과는 구별된다. 국가는 사회를 토대로 해서 사회구성원 개개인의 자유와 권리 및 능력이 최대한 발휘될 수 있도록 활동함으로써만 그 존립근거와 정당성인 인정되고, 국가란 존재가 없다면 사회 자체의 평화적인 유지도 불가능하다는 것이 일반화된 견해이다. 그러므로 국가와 사회는 서로 매우 밀접한 관계를 맺고 있다. 그러나 이 양자의 관계는 각기 상이한 헌법관과 국가관에 따라, 동일화되거나, 엄격히 분리되거나 또는 상호관계를 맺으면서 구별되고 있다.[6]

역사적으로 파악해 보자면, 국가와 사회의 대립적인 관계는 절대군주제 시대로부터 시작한다고 볼 수 있다. 사회는 인간 공동생활의 자연적 기초로서 국가로부터 자유로운 개인의 생활영역을 의미한다. 이에 반하여 국가는 의식적으로 창설된 합리적이고 통일적인 질서로서 사회에 대립하면서 절대군주를 정점으로 하는 통치기구로 간주되었다. 이렇게 국가권력의 집중화를 통해서 사회에 대하여 독립적인 국가를 산출한 절대주의시대에 국가와 사회의 대립이 이루어졌고, 이 양자의 관계는 고립적인 분리로 생각되었다. 그 후 인간의 자유와 평등을 부르짖고 나선 1789년 프랑스 혁명은 한편으로는 국가로부터 자유로운 생활영역을 강조하고 다른 한편으로는 시민의 정치참여를 주장함으로써, 그때까지 완전히 단절된 상태였던 국가와 사회의 관계를 일정한 교차관계로 발전시키기에 이르렀다.[7]

국가－사회관계론의 현대적인 논의에 있어, 국가와 사회의 구분을 부정적으로 파악하는 견해들도 상당수 존재하는 것이 사실이지만, 근대 자유주의의 성립 이후 이러한 국가－사회관계론에 대한 논의는 각기 다른 국가들의 체계 및 구조를 형성하는 데 기여해 왔음은 부정할 수 없는 사실이며, 이러한 구분적 관념은 오늘날 각 국가의 사회적 구조 또는 헌법이 설정하는 구조를 이해하는 데 중요한 개념으로 자리잡고 있다.

사회적 구조는 이러한 국가와 사회를 매개해 주는 역할을 요구하게 되고, 그것이 바로 대의민주주의의 근간이라고 할 수 있는 국회, 대통령 등의 대의제 기구이며, 그러한 대의제 기구에 대한 정치적 의사의 매개지점은 선거와 정당이라고 할 수 있다. 결국 개인들의 정치적 의사는 선거와 정당 활동 등을 통하여 대의기구에 총화·전달되고, 이는 국가 공동체를 운영하는 데 중요한 요소로서 작동한다. 그러나 이러한 과정 속에서 개인들의 의사는 '전체 국가의 이익', '전체 국민의 이익'이라는 가치 판단의 기준에 의해 수정되는 경우가 다반사이며, 결국 대의기구 구성원들

---

6) 강태수, "현대산업사회에서 국가와 사회의 상호관계에 대한 연구: 서독의 이론을 중심으로", 연세대학교 석사학위논문, 1986, 4~5면.

7) 강태수, 앞의 글, 11면.

의 주관적 판단에 국가 공동체 운영이 위임되는 결과가 발생한다. 이러한 것은 '추상적 국민의사'라는 표현을 통하여 이러한 측면들을 엿볼 수 있다.

그러나 정보사회의 출현은 이러한 대의민주주의의 기본적인 구조를 변화시킬 수 있는 기반을 제공해 주고 있다. 대의민주주의가 발전하게 된 궁극적인 원인은 시간적·공간적 제약이라고 할 수 있다. 과거와 같은 일방향적·획일적 의사소통 시스템하에서는 모든 개인들의 정치적 의사를 묻는다는 것은 불가능할 뿐만 아니라, 엄청난 사회적 비용을 감수해야만 하는 것이었다. 그러나 위에서 살펴본 정보사회의 쌍방향적 의사소통 시스템하에서는 좀 더 다른 대안을 생각할 수 있게 되었다.

또한 거시적인 국가 공동체라는 측면을 넘어서서, 사회 안에 존재하는 각종 조직의 역할과 성격이 변화되고 있다는 사실도 주목할 필요가 있다. 과거의 조직이라는 것은 시간적·공간적 한계를 명확하게 가지는 것으로 그것의 범위는 매우 제한적인 것이었다. 그러나 네트워크의 발전은 이러한 조직의 변화를 가져오고 있다. 즉 네트워크를 통하여 시간적·공간적 한계를 넘어서는 조직들이 생성되어 가고 있으며, 이는 과거와는 다른 사회적·문화적 논의의 발전을 예측할 수 있게 해 준다.

이러한 국가 공동체와 사회적 조직 등의 변화는 전통적인 제도적 질서에 대한 논의라고 할 수 있는 국가-사회관계론의 변화를 가져오고 있다. 이제 사회를 구성하고 있는 개인들의 정치적인 의사는 곧바로 국가에 반영될 수 있는 '가능성'을 가지게 되었으며, 사회 조직들도 단일한 정치적 의사와 문화를 가진다기보다는 매우 다양한 의견들을 포섭할 수 있는 상황이 되었다. 이는 전통적인 국가 사회의 구분을 탈피하여, 국가-사회의 중첩적 조화 및 더 나아가서는 국가와 사회의 영역의 구별이 허물어지는 현상을 발생시킬 가능성을 내포하고 있다. 그 핵심에는 바로 정보사회의 다원주의적 발전이 위치하고 있는 것이다.

제2장 정보사회에 대한 성찰

　정보사회가 노정하는 다양한 문제를 해결책을 고민하다 보면, 궁극적으로 마주치는 쟁점이 두 가지가 있다. 그 한 가지는, 정보기술의 힘과 영향력을 어떻게 바라보는가이다. 이에 대해서는 정보기술에서 출발하여 사회변동을 설명하려는 기술결정론적 입장과 사회구조의 틀 속에서 정보기술의 변동을 설명하려는 사회구성주의 입장이 대립하고 있다. 다른 하나는, 정보사회가 과연 이전의 사회와 질적으로 다른 상황인가 하는 논점이다. 이에 대해서는 정보사회를 탈산업사회로 보면서 완전히 새로운 사회로 보는 단절론적 입장과 정보사회를 수정되지 않은 자본주의로 보면서 자본주의와의 연속성 속에서 정보사회를 파악하는 연속론적 입장이 그것이다. 다음에서는 이에 대해서 살펴보도록 한다.

제1절 정보기술과 사회의 관계: 기술결정론과 사회구성주의[8]

1. 기술결정론적 설명

　기술결정론에서는 기술이 그 자체의 고유한 발전논리, 즉 공학적 논리를 가지고 있기 때문에 기술의 발전은 구체적인 시간과 공간에 관계없이 동일한 경로를 밟는다고 가정한다. 이러한 관점에 의하면 사회구조는 기술의 논리 자체에 영향을 미치

---

8) 이하의 내용은, 이호영·유지연, 『유비쿼터스 통신환경의 사회문화적 영향연구』(정보통신정책연구원, 2004), 27~31면.

지 않으며, 단지 기술의 발전 속도를 조절할 수 있을 뿐이다. 반면 사회와 무관하게 자율적으로 발전한 기술은 사회의 변화에 막대한 영향을 미친다. 심지어는 사회의 변화가 모두 기술의 속성과 영향력으로만 설명되기도 한다. 이런 관점은 산업혁명 이후 서구에서 기술 유토피아론이 등장하면서 큰 반향을 얻었다.

<표 3> 세 차례의 산업혁명[9]

	1차 산업혁명	2차 산업혁명	3차 산업혁명
시작시기	18세기 후반	19세기 후반	20세기 중후반
중요한 기술	인쇄술, 증기기관, 기계류	전기, 내연기관, 전신, 전화	트랜지스터, PC, 텔레커뮤니케이션, 인터넷
작업장의 원형	공방	공장	사무실
조직	장인-견습공-노예	대규모 수직적 위계	수평적 네트워크

역사적으로 보면 기술진보에 의한 노동력의 대체는 모든 사회에서 공통적으로 나타나는 현상이다. 하지만 특히 산업화 이후로 생산성 향상을 위해 더 많은 기계나 노동력을 구입하기보다는 노동을 기계로 대체하려는 경향이 존재해 왔다. <표 3>에서 보듯 1차 산업혁명이 증기기관의 발명과 함께 시작되어 증기를 생산하는 기계와 석탄의 사용을 발전시켰고 인간의 노동을 기계의 힘으로 대체했으며, 2차 산업혁명은 1860년과 1차대전 사이에 발생하였다. 이 시기를 거치면서 전력, 전기 등 새로운 에너지원의 도입으로 자동차가 생겨났으며 전등이 도시를 밝혔고 사람들 사이에 전신·전화 통화가 가능해졌다. 3차 산업혁명은 2차대전 이후의 일로서 생각하는 기계, 즉 수치제어 로봇, 발전된 컴퓨터 그리고 소프트웨어가 지능과 관련된 사고영역을 침범하기 시작한 시기를 말한다.

---

9) Mark Warschauer, *Technology and Social Inclusion: Rethinking the Digital Divide* (MIT, 2003), 13면.

오늘날 우리가 즐겨 쓰는 효율성의 개념은 19세기 새로운 과학적 분야인 열역학의 실험과정에서 나타났다. 동력으로 움직이는 기계를 실험하고 있었던 엔지니어는 열의 유량과 엔트로피의 손실을 측정하기 위하여 '효율성(efficiency)'이라는 용어를 사용하였고, 이때 효율성은 공정 중에서 최소의 에너지, 노동 그리고 자본을 소비하여 최단 시일 내에 생산할 수 있는 최대한의 산출량을 의미했다. 이와 같은 효율성의 개념은 '과학적 관리(Scientific Management)론'을 통하여 다른 분야로 급속하게 퍼져나가게 되었다.[10] 기계에 있어서 에너지 및 속도의 투입/산출 비율을 측정하기 위한 시간 가치가 인간의 작업 및 모든 사회활동에 쉽게 적용될 수 있었기 때문이다.

이러한 경향은 테크노크라시라는 새로운 지배양식을 탄생시켰고, 민주주의의 가치를 부분적으로 잠식했다. 인간에 의한 통치보다 '과학'에 의한 통치가 더 신뢰할 만하다는 신념이 사회 전반에 확산된 것이다. 이런 기술유토피아 담론은 2차대전을 종식시킨 원자폭탄 투하로 인해 쇠락하는 듯하다가, 러시아의 인공위성 발사와 1950, 60년대의 냉전시기의 우주 경쟁으로 다시 한 번 불이 붙었다. 그러나 체르노빌 사건을 계기로 울리히 벡(Ulrich Beck)의 '위험사회' 담론과 같은 비판이 다시 제기되기에 이르렀다.[11]

따라서 정보통신혁명으로 인해 유토피아 담론이 부활한 것은 낯선 현상은 아니다. 정보혁명을 다룬 많은 책들은 기술결정론적 시각에 경도된 경우가 많다. 대표적인 예가 앨빈 토플러의 『제3의 물결』, 다니엘 벨(Daniel bell)의 『이데올로기의 종언』 등이다.

---

10) 테일러는 스톱워치를 이용하여 개별노동자의 과업을 가장 작은 유형의 확인 가능한 작업요소로 나누고, 최적의 성과 조건하에서 최적 시간을 확인하기 위해 그 개별 요소들을 측정하였다.

11) Ulrich Beck, 홍성태 역, 『위험사회』(새물결, 1997) 참조.

2. 사회구성주의적 설명

기술 중심적 시각이 기술은 기술 자체의 논리에 따라 진화하며, 이러한 기술의 진화에 의해 사회 변화가 촉발된다고 보는 반면, 사회 중심적 시각에서는 기술 변화가 구체적인 사회적 상황과 불가분의 관계를 맺고 있어서 기술발달을 촉진하는 동인은 사회적 상황이며, 기술은 사회적 상황의 반영이라고 본다. 즉 사회 중심적 시각은 기술의 발전과 사용이 한 사회영역(social sphere)에서 이루어지기 때문에 기술의 동인과 변화·발전의 상태를 사회체계와 같이 이해하려는 시도다. 윈스턴(Winston)은 하나의 기술이 발명되고 사용되는 것은 사회가 필요로 하는 것이며, 기술자들의 필요에 의해 하나의 기술원형(prototype)을 만들어 내더라도 지속적으로 사용되면서 기술이 변화·발전되는 것은 사회영역 안에서 결정된다고 보고 있다.[12] 여기서 '기술 프레임'이라는 중요한 개념이 도출된다. 한 사회집단의 기술 프레임은 모범사례로 기능하는 인공물이 그 사회집단 속에서 안정화됨으로써 형성된다. 이것은 동전의 앞면에 해당한다. 동시에 기술 프레임은(비록 상이한 행위자들이 그 프레임에 포섭되는 수준에 따라 정도의 차이는 있지만) 그 사회집단 내부의 설계 과정을 일차적으로 규정한다. 이것은 동전의 뒷면에 해당한다. 이처럼 '기술 프레임'이라는 개념은 기술에 대한 사회적 형성의 관점과 사회적 영향의 관점을 연결하는 역할을 담당하는 것이다.[13]

이러한 기술의 사회 문화 결정론적인 시각은 기술사용이 '사회적으로 구성되는 것'임을 보여 준다. 라투어(Latour)의 주장에 따르면 기술은 자신의 추진력(momentum)을 가지고 중립적인 사회공간을 통과하는 것은 아니다.[14] 기술변화는

---

12) Brian Winston, "Introduction: A storm from paradise", *Media Technology and Society: A History from the Telegraph to the Internet* (Routledge, 1998).

13) Wiebe Bijker, Thomas P. Hughes & Trevor Pinch, 송성수 역, 『과학기술은 사회적으로 어떻게 구성되는가』(새물결, 1999), 199면.

14) Bruno Latour, *Science in Action: How to Follow Scientists and Engineers through Society* (Harvard University Press, 1987).

한 주체에서 다른 주체의 손으로 이동하면서 형성되고 재형성되는 우연적인 성격을 띠고 있다. 이런 이유로 사회구성론자들은 현재의 기술이 지금처럼 쓰이게 된 경위를 밝히기 위해서는 여러 가지 기술 외적인 맥락들을 고려해야 한다고 주장한다.

3. 기술과 사회의 공진화

지금까지 살펴본 바와 같이 기술과 사회의 관계를 다루는 많은 논의들은 대부분 결정론으로 경도된다. 기술결정론에서는 사회가 종속변수가 되고, 사회구성주의에서는 기술이 종속변수가 된다. 이는 기술적 맥락과 사회적 맥락이 서로 분리될 수 있고, 이 분리된 두 맥락이 인과적 관계 속에서 상호 작용한다는 전제하에서는 피할 수 없는 결론이다. 하지만 기술과 넓은 의미의 사회구조 사이에는 서로를 조건 지으며 진화하는 관계가 존재한다.15) 과학의 장에 관한 역사사회학적 논의는 이러한 편향을 극복하게 해 준다.

역사학자들은 서구의 근대를 낳게 된 기술 중의 하나로 구텐베르크의 인쇄술을 예로 든다. 구텐베르크가 종교개혁의 지지자는 아니었지만, 인쇄술의 발명은 종교개혁이라는 들불을 전 유럽에 퍼뜨리는 계기가 되었다. 그전까지 성서는 성직자들의 전유물이었다. 중세에 지어진 성당의 스테인드글라스, 부조 그리고 석상들은 라틴어를 읽을 줄 모르는 몽매한 평민들에게 하느님의 뜻을 전파하기 위하여 만들어진 것이었으며, 성서에 대한 해석은 모두 성직자들의 몫이었다. 어쩌다 글을 읽을 줄 아는 사람이 있어도 필경사들이 손으로 일일이 베낀 성서를 손에 넣기란 그리 쉬운 일은 아니었다. 하지만 인쇄술의 발명 그리고 루터에 의한 세속어인 독일어 성서의 출판은 이제 성직자를 경유하지 않고 신자와 신이 직접 만나는 계기를 열어 주었으며, 유럽 전역에 종교개혁의 사상을 들불처럼 퍼뜨렸다. 구텐베르크의 의도는 아니었지만 신앙의 민주화가 이루어진 것이다. 앤더슨의 주장처럼 근대국가에

---

15) Mark Warschauer, 앞의 책 참고.

이르러 출판자본주의가 민족적 정체성을 생산하는 기제로 작동한 것은 전혀 이상한 일이 아니다.[16] 요컨대 특정한 계기에 있어서는 기술이 사회변화에 지배적인 요인으로 작용하기도 하고 또 다른 역사적 맥락에서는 사회적 요인이 기술의 확산을 견인하기도 한다.

제2절 사회변동론: 단절론과 연속론

사회변동론적 관점에서 정보사회에 대한 시각은 두 가지로 나눌 수 있다.[17] 하나는 단절론적 시각으로 정보사회를 자본주의적 산업사회와 질적으로 다른 사회구조와 성격을 갖는 것으로 규정함으로써, 연속성의 단절을 주장하는 관점을 취한다. 반면, 위와 같은 단절론과 대비되는 입장에서 정보사회를 자본주의적 산업사회의 고도형태로 규정하고 자본주의적 산업사회와 연속선상에 위치하는 것으로 보는 관점이다.

1. 단절론

여기에 속하는 이들로 우리에게 이미 익숙한 벨, 토플러 그리고 카스텔(Manuel Castells)을 우선적으로 들 만하다. 이들은 정보사회를 산업사회와는 질적 차이를 갖는 새로운 유형의 사회로 보고, 정보와 통신기술이 사회변화에 영향을 주는 면에 있어서 그 중요성을 연속론보다 훨씬 더 강조하는 편이다. 그래서 이들은 기술결정론적 시각에 매우 접근해 있다.

---

16) Benedict Anderson, 윤형숙 역, 『상상의 공동체』(나남, 2002) 참고.
17) Frank Webster, *Theories of the Informaton Society* (Routedge, 1995); 조동기 역, 『정보사회이론』(나남, 1997), 20~26면.

후기산업사회론을 통해 우리에게 친숙해진 벨(Bell)[18]은 사회가 산업사회에서 새로운 사회체계인 후기 산업사회로 진입하고 있다는 것을 보여 주고자 하였다. 탈산업사회에서는 정보와 지식의 가치가 양적·질적으로 매우 중요해지며, 이것은 후기산업사회에서 과거와는 다른 종류의 정보와 지식이 사용된다는 것을 뜻한다. 후기산업사회는 과거의 사회보다 더 복합적인 사회이기 때문에 이러한 것을 관리하기 위한 이론적 지식(theoretical knowledge)이 현저하게 큰 비중을 차지한다. 즉 후기산업사회에서는 자연에 대한 관리보다는 인간 상호간의 게임과 관계를 관리하는 것이 더 중요하게 되어서 이를 처리하기 위한 정보와 지식 그리고 서비스가 더 중요해진다. 따라서 고용양식에 있어서도, 산업사회에서는 산업노동이 일반적이었으나, 후기산업사회에서는 서비스 고용이 보다 지배적이게 된다. 산업사회에서 효과적인 기술의 사용으로 생산성이 급격히 증가함에 따라 더 많은 새로운 욕구와 서비스가 발생하며 서비스에 고용되는 인력도 크게 증가하는 것이다. 이것은 산업사회가 재화를 중점적으로 생산하는 사회인 데 비해, 후기산업사회는 서비스생산 중심의 사회라는 것을 의미한다. 서비스 노동은 곧 정보노동이라고 할 수 있는데, 후기산업사회 혹은 정보사회에 있어서 지배적인 집단은 정보노동자, 전문직 종사자들로 이루어진다. 이론적 지식과 정보가 중요해지고 이와 연관된 부문에 종사하는 전문직 종사자들이 지배적인 역할을 수행함에 따라 대학이나 연구단체, 연구소 등 각종의 연구기관들이 사회를 구성하는 핵심적 부문이 된다.

이처럼 벨에 있어서 이론적 지식은 후기산업사회를 다른 유형의 사회와 구별시켜 주는 중요한 특성이다. 이론적 지식은 혁신의 원천으로 작용하는 만큼 사회의 모든 측면에서 엄청난 영향을 미치게 되는 것이다. 과거에는 경험적이고 시행착오적 방법으로 실제적인 문제에 대한 해결 방법을 찾는 경향이 컸지만, 후기산업사회에서는 경험주의보다 이론이 우월한 위치에 있고 이러한 지식은 다양한 영역의 경험을 설명하는 데 사용할 수 있는 추상적 상징체계로서의 역할을 수행한다. 이러한

---

18) Daniel Bell, "The Information Society: The Social Framework of the Information Society", T. Foster(ed.), *The Microelectronics Revolution*(The MIT Press, 1981).

이론적 지식의 우위로 말미암아 후기산업사회에서는 과거 사회보다 미래에 대한 계획과 통제능력이 크게 향상된다. 이론적 지식은 정보기술의 발달에 따라 훨씬 다용도적으로 이용될 수 있다. 컴퓨터화는 '조직화된 복잡성(organized complexity)'의 관리뿐만 아니라 이론적 지식에 기초한 혁신을 촉발시키는 지적 기술의 창조를 가능하게 해 준다. 컴퓨터와 통신기술의 발전으로 정보와 지식은 사회의 혁명적 변화를 가져오는 것으로 해석될 수 있다. 결국 벨에 있어서 정보사회에서의 사회적·경제적 활동영역의 확대는 컴퓨터, 텔레커뮤니케이션 등 통신기술시스템을 기반구조로 하여 정보와 지식이 작용한 결과라 할 수 있다.

한편 카스텔(Castells)[19]은 70년대 이래 기술혁신에 의해 야기된 사회·도시변동을 설명하고자 한다. 맑스주의적 접근에 기초하고 있으면서도 이로부터 상당히 이탈하여 자신의 독특한 이론을 전재하고 있는 그는 자본주의적 재구조화와 기술혁신의 결합을 도시·지역·사회의 구조변화 요인으로 설정하고 있다. 가령 그는 정보도시의 구조와 특성을 설명하면서 정보통신 기술의 발전이 산업사회에서 형성된 도시구조를 재구조화하고 이로 인해 사람들의 생활구조의 변화가 출현하고 있다고 한다. 이러한 도시화 사회의 변동을 그려내기 위해 자본주의적 생산양식과 발전양식(mode of development)의 개념이 사용된다. 전자는 생산의 사회적 관계·자본주의적 원리·자본축적 등에 의해서, 후자는 생산의 기술적 관계(생산력)에 의해 규정된다. 맑시즘에서 사회발전의 원동력의 역할을 하는 것은 자본주의적 생산양식으로 규정되지만, 발전양식은 생산양식으로부터 독립적인 위치에 있지 못하다. 그러나 카스텔은 발전양식을 자본주의적 생산양식으로부터 상대적 자율성을 지니고 그 자체의 논리에 따라 발전하는 것으로 인식한다. 생산양식과 발전양식은 밀접하게 상호작용하기는 하지만, 변동에 영향을 주는 데 있어서는 각기 독립적으로 작용하기도 한다는 것이다. 각 사회는 고유한 발전양식을 가지고 있으며 농업적 발전양식, 산업적 발전양식의 뒤를 이어 정보적 발전양식, 즉 정보양식이 출현한다고 보

---

19) Manuel Castells, *The Informational City: Information Technology, Economic Restructuring, and the Urban −Regional Process* (Blackwell, 1989).

고 있다. 정보적 발전양식으로의 이행은 생산·소비의 영역에서뿐만 아니라 국가 등 모든 영역에서 나타나며, 이 과정에서 정보기술의 발전이 중심적인 역할을 한다. 달리 표현하면, 새로운 사회기술 패러다임으로서의 정보적 발전양식은 생산·분배·소비 및 관리 등 모든 과정에 있어서 효율성과 생산성을 결정짓는 핵심적인 역할을 수행한다. 70년대 말 이래 진행되어 온 새로운 유형의 사회경제적 조직화를 향한 재구조화는 정보적 발전양식, 즉 정보주의를 바탕으로 하지 않고서는 불가능한 것이라고 할 수 있다. 정보주의는 생산의 유연성, 비용 축소와 이윤 제고의 길을 터놓음으로써 자본주의를 재활성화시킬 수 있는 변화의 기회를 제공해 주고 있다. 세계적 차원에서의 정보통신망의 발전을 기반으로 하여 진행되어 온 세계화·재구조화는 사회경제적 조직에 대한 '정보흐름(flows of information)'의 관리 및 이에 대한 대응의 중요성을 제고시킨 것으로 평가된다.

2. 연속론

이 관점을 지향하는 학자들은 각자의 연구관심과 시각에 따라 서로 상이한 내용을 개진하고 있지만, 정보사회를 자본주의적 산업사회와 질적으로 다른 것으로 보지 않고 있다는 점에서 동일하다. 즉 이들 모두 현대사회에서 정보가 가지는 특별한 중요성을 인정하면서도 정보사회의 형식과 기능 등 사회조직원리는 자본주의적 산업사회의 기준과 본질에서 결코 벗어나지 않는 것임을 주장한다. 가령 쉴러(H. Schiller)와 기든스(A. Giddens)는 이러한 관점을 본질적으로 잘 보여 주는 학자들이다.

쉴러(H. Schiller)[20]는 현대사회와 사람들의 일상적 삶에서 정보가 지니는 중요성을 인식하지만 그것은 자본주의적 활동의 기본요소임을 분명히 하고 있다. 그리하여 그는 자본주의적 특성이 정보에 어떠한 영향을 미치며, 정보가 자본주의적 발전

---

20) Herbert Schiller, *Who Knows: Information in the Age of the Fortune 500*(Ablex, 1981); Herbert Schiller, "The communications Revolution: Who Benefits?", *Media Development* 4, 1983, 18~21면.

에 핵심적 기초로 어떻게 작용하는가에 관심을 갖는다. 또한 정보와 새로운 정보기술이 누구의 이익을 위해서 만들어지며, 누구의 통제하에서 수행되는가에 관한 중심적인 질문에 대한 대답을 통해 정보기술의 특성과 그 전망을 제시한다. 그는 정보와 통신기술의 혁신은 시장원리와 밀접하게 관련을 맺고 있으며, 그런 만큼 상품화와 이윤추구에 의해 영향을 받을 수밖에 없다는 것을 주장한다. 정보가 상품으로 다루어지기 때문에 시장성의 원리가 핵심적 준거기준이 된다는 것이다. 시장성의 원리가 적용되는 만큼 중요하고 가치 있는 정보에의 접근은 사회불평등구조, 즉 계급구조에 의존할 수밖에 없다. 정보의 생산능력, 분배, 접근 등은 사회불평등구조의 위치에 따라 좌우될 수밖에 없으며, 그래서 계급적 위치에 따라 정보의 유형과 내용이 결정된다는 것이다. 더 나아가 그는 정보와 기술의 혁신에는 기업자본주의 사회의 중요한 특성인 이익 극대화의 추구가 개입된다며, 정보와 기술은 국제적 자본주의경제를 유지하는 데 필수적인 요소로서의 역할을 한다고 본다. 그래서 정보사회는 자본주의체제와 분리될 수 없다. 쉴러에 있어서 정보사회가 자본주의적 산업사회와 단절되어 있다고 보는 주장이 현실적합성을 갖지 못하고 있다고 평가되는 것은 바로 이 같은 이유 때문이다.

기든스(Giddens)[21]는 현대세계의 형성과 감시의 확대에서 차지하는 국가의 역할을 논의하는 과정에서 20세기 말에 우리가 목도하고 있다고 주장되는 정보사회의 역사적 위치에 대해 연속론적인 시각을 취하고 있다. 그는 근대사회가 시작부터 정보사회였다는 입장을 취한다. 근대사회에 있어서 민족국가는 17세기 말과 18세기에 등장하였는데, 민족국가는 사회구성원에 대해 상당한 정도로 알아야 하는 만큼, 그 출발부터가 정보사회라고 할 수 있다는 것이다. 민족국가는 분배적 자원(계획, 행정)과 권위적 자원(권력, 통제)을 가지고 있어야 하며, 이를 위해서는 효과적인 감시가 전제된다. 국가권력은 정보의 지속적인 수집, 저장 및 통제를 통해 관리와

---

21) Anthony Giddens, *The Nation State and Violence: Volume Two of Contemporary Critique of Historical Materialism*(Polity, 1985); Anthony Giddens, *Modern and Self−Identity: Self and Society in the Late Modern Age*(Polity, 1991).

감시의 목적을 이루고자 한다. 민족국가가 감시 기능을 확대하기 위해서는 정확하고 세밀한 많은 정보가 필수적인데, 그것은 적군이나 다른 국가들로부터 국경유지와 방위를 위해서 그리고 시민·주권의 권리와 의무의 증대를 위해서이다. 전자의 외적 평화를 위해서는 군사적 정보획득과 그 체계를 구축하는 것이 필요하며, 후자의 내적 평화를 위해서는 국민에 대한 지식과 정보를 확보·축적하는 것이 요긴한 것이다. 이처럼 기든스에 있어서 최근의 사회를 정보사회라 명명하고 마치 새로운 유형의 사회인 것처럼 설정하는 것은 적절치 못한 것으로 평가된다.

3. 양 극단을 넘어

위 관점들은 모두 현재 진행되고 있거나 다가오는 정보사회를 바라보는 데 있어서 유력한 전망들을 제시하고, 자체의 논리와 이를 뒷받침하는 자료들을 제시하고 있는 것처럼 보인다. 그렇지만 이들 관점은 의존하고 있는 기존 전제와 가정에 있어 매우 상이하다고 볼 수 있다. 두 관점들은 자본주의적 산업사회와 정보사회의 구조적 조건들의 연속성과 단절성 중 어느 하나에 과도하게 초점을 맞춘 것으로 판단된다. 단절론은 정보와 정보기술이 현대사회에서 가지는 특별한 의미와 위치를 잘 드러내고 있기는 하지만, 정보사회의 자본주의적 성격을 해명하는 데 주의를 기울이지 않는다. 연속론은 정보사회의 자본주의적 속성을 밝히고 그 본질과 외양을 밝히는 데 훌륭한 성과를 거둘 수 있지만, 정보통신기술이 빚어내는 결과를 항상 목적론적인 시야에 가리게 하는 결점을 지닐 수 있다.

그러나 정보사회의 성격을 바르게 이해하기 위해서는 두 가지 특성이 공존하고 서로 유기적인 관계를 유지하는 것으로 보는 것이 더 현실적합성을 갖는다고 할 수 있다. 왜냐하면 어느 하나의 전망만으로는 현대사회의 형태·기능 등 조직원리와 그 특징을 밝히는 데 한계가 있기 때문이다. 연속론과 단절론은 스팩트럼상의 양 극단에 위치한다고 볼 수 있으며, 정보사회는 이러한 스팩트럼상의 어디엔가 위치한다고 판단된다.

제3장 정보사회의 최근 발전동향

유비쿼터스(Ubiquitous). 최근 들어 각종 광고 및 언론매체들 사이에서 유행과 같이 번지는 단어이다. 또한 정부는 이러한 유비쿼터스 개념을 기초로 야심 찬 u－Korea 전략을 제시하고 있다. 이렇듯 유비쿼터스라는 단어가 선사해 주는 장밋빛 미래는 이제 너무나도 당연하게 받아들여지고 있다. 그러나 그 진정한 의미가 무엇인가 하는 의문 앞에서는 머뭇거리게 된다. 또한 웹 2.0(WEB 2.0)에 대한 논의도 한창이다. 이러한 웹 2.0을 과연 차세대 웹 서비스의 전형으로 받아들여야 할 것인가에 대한 논의에서부터, 이러한 기술적 발전을 어떻게 활용할 수 있을지에 대한 논의가 그것이다.

다음에서는 이러한 유비쿼터스 사회와 웹 2.0은 무엇이고, 궁극적으로 이러한 발전이 어떠한 경향성을 가지는지에 대해 살펴보도록 할 것이다.

제1절 정보사회의 패러다임 변화

우리나라의 컴퓨팅 환경의 진화과정을 분석해 보면, 전산화 단계, 온라인화 단계, 통합화 단계, 유비쿼터스 단계로 구분해 볼 수 있겠다. 특히 이러한 구분은 우리나라의 IT패러다임을 국가적인 정보화 계획과 연결 지어 설명하는 데 유용하다고 평가할 수 있다. 이 구분에 따르면 우리나라는 현재 채널·서비스 통합을 추구하는 통합화단계에 이르고 있으며, 사물의 지능화를 지향하는 유비쿼터스 단계로 돌입할 준비를 하고 있다고 판단된다. 이를 표로 정리해 보면 다음과 같다.

〈표 4〉 우리나라 컴퓨터 시대의 패러다임 변화[22]

전산화 단계	온라인화 단계 (Cyber Korea)	통합화 단계 (Broadband IT Korea)	유비쿼터스 단계 (u-Korea)
자동화 사회	(협의의) 정보화 사회[23]	지식화 사회	지능화 사회
1980~1994	1995~2002	2003~2007	2008~
DB구축	인터넷 확산	채널·서비스 통합	인간·사물·컴퓨터 융합
개별적 서비스	온라인 서비스	seamless 서비스	자율적 서비스
정보축적	정보확산	정보공유/지식창출	사물지능화

MIT 미디어 랩을 설립하고, 1995년 출간된 『디지털이다(Being Digital)』이란 저술로 유명한 미국의 미래학자 니콜라스 네그로폰테(Nicholas Negroponte)는 한국에서 있었던 한 기자 간담회에서 "현재의 컴퓨터는 인간을 이해하지 못하고 단순히 입력된 정보에 따라서만 움직인다."라고 이야기한 바 있다.[24] 이러한 표현은 이제까지 세계적으로 진행되어 왔던 정보화에 대해 적절한 설명을 부여해 주고 있다. 이러한 문제의식에 기반을 두고 최근 진행되고 있는 것이 바로 '유비쿼터스'에 대한 논의라고 볼 수 있다.

유비쿼터스란 단어의 어원을 라틴어에서 찾아보면, "언제, 어디서나, 도처에 존재한다"라는 뜻을 가지고 있다. 일반적으로 도처에 편재(偏在)해 있는 물과 공기와 같이 자연물을 말할 때 사용되고, 종교적으로는 언제, 어디서나 시간과 공간을 초월하여 존재한다는 무소부재(無所不在)를 의미할 때 사용되는 말이다.[25]

---

22) 류영달, "유비쿼터스 사회의 발전단계와 특성", 「NCA CIO REPORT」 04-16호, 한국전산원, 2004. 6면.

23) 정보화 사회라는 용어에서 '정보화'는 광의와 협의로 나누어 볼 수 있겠다. 우선 광의로는 산업화의 맥락에서 후기 산업사회라고 명명되는 영역에서 진행되는 정보화를 의미하고, 협의로는 위 표에서 볼 수 있는 것과 같은 광의의 정보화의 진행 단계에서의 정보화를 의미한다.

24) 한국일보, 2004년 5월 7일, "인간을 이해하는 컴퓨터 만드는 중".

25) 강홍렬 외, 『유비쿼터스 사회의 역기능에 대한 법제도적 기초연구』(한국전산원, 2004), 4면.

유비쿼터스란 용어를 컴퓨터분야에서 처음 사용한 사람은 미국 제록스(Xerox)사 PARC(Palo Alto Research Center)의 마크 와이저(Mark Weiser) 박사로서, 마크 와이저와 그 동료들은 "우리가 사용하는 컴퓨터가 왜 이리 사용하기도 힘들고 어려운가"라는 의문에서 시작하여 유비쿼터스 컴퓨팅의 개념을 정립하기 시작했다. 마크 와이저는 Scientific American 1991년 9월호 논문에서 "미래의 컴퓨터는 우리가 그 존재를 의식하지 않는 형태로 생활 속에 점점 파고들어 확산될 것이다. 한 개의 방에 수백 개의 컴퓨터가 있고, 그것들이 케이블과 무선 양쪽의 네트워크로 상호 접속되어 있을 것이다."라고 발표하였다.[26]

이러한 유비쿼터스 컴퓨팅의 기본개념이 오늘날에 와서는 차세대 IT 혁명의 핵심 동인으로서 사회, 경제적으로 커다란 변화를 가져올 것으로 예견되고 있다. 이러한 맥락은 이제껏 우리 사회에서 (광의의) 정보화 사회라는 혁신의 맥락을 그대로 유지해 오고 있는 것이라고 평가할 수 있다. 따라서 이제까지 우리 사회가 논해 왔던 사이버 공간에 관한 논의와 무관한 것은 아니다. 단지 이제 많은 부분 가설이나 설정으로 취급되어 왔던 부분이 눈앞에 현실로 펼쳐질 시기가 얼마 남지 않았음을 보여 주는 실례라고 볼 수 있다. 유비쿼터스 사회에서는 마치 기존의 사이버 공간 혹은 정보통신 공간의 논의에 있어 문제점과 한계로 지적되어 오던 많은 문제점들이 해결될 것같이 여기는 일방적인 낙관론은 문제가 있다.

---

26) Mark Weiser, The Computer for the 21st Century, *Scientific American,* September, 1991, 94~100면.

제2절 유비쿼터스 사회의 개념정의

1. 유비쿼터스 사회의 도래

유비쿼터스 사회(Ubiquitous Society, 지능기반 사회)란 유비쿼터스 컴퓨팅 환경이 구축되어 모든 환경이 지능화·네트워크화됨으로써 개인의 삶의 질 향상, 기업의 생산성 증대 및 공공서비스 혁신이 이루어지고, 이를 통해 국가 전반의 경쟁력이 제고되는 사회를 말한다. 유비쿼터스 컴퓨팅 환경이 되면, 사람들은 더 이상 컴퓨터의 작동방법 및 구조를 몰라도 각종 업무에서 컴퓨팅 파워를 충분히 활용하여 본연의 업무를 수행하게 되므로 업무성과를 극대화할 수 있을 것이다. 이는 마치 자동차 운전자가 자동차의 구조나 작동 원리를 알지 못해도 운전 자체에만 신경을 쓰면 자동차의 기능을 충분히 활용하여 목적지에 도달할 수 있는 것과 같은 이치이다. 이러한 유비쿼터스 사회가 기존의 (협의의) 정보화 사회와 구분되는 점을 비교하면 다음과 같다.

〈표 5〉 유비쿼터스 사회의 도래에 따른 변화 (기존 IT와 U−IT 시대 비교)[27]

구분	(협의의) 정보화 사회 (지식기반 사회)	유비쿼터스 사회 (지능기반 사회)
핵심기술	인터넷 네트워크	센서, Mobile
산업	IT 산업 중심	가전, 자동차 등 전 산업분야에 적용
정부	One−Stop, Seamless 서비스 통합/포털 서비스 백업 시스템에 의한 위험관리	보이지 않는 서비스 실시간 맞춤 서비스 상시 위험관리
기업	주로 거래(지불) 정보화	생산, 유통, 재고관리 전 분야의 무인화
개인	표준화된 서비스	지능형 서비스

---

27) 류영달, 앞의 글, 6면.

이러한 유비쿼터스 사회에 대한 개념은 위에서도 언급한 바와 같이 광의의 정보화라는 맥락은 그대로 유지하고 있다는 평가를 할 수 있다.

1990년대 초반서부터 주목받았던 가상현실(Virtual Reality)이 현실세계를 컴퓨터 내에서 가상적으로 재현할 수 있다고 하는 것임에 비해, 유비쿼터스 사회에서의 컴퓨팅은 컴퓨터를 이용하여 현실세계에서 인간의 활동을 지원하도록 한다는 의미를 가지고 있다. 1998년 후반부터 IBM이 '확산'을 의미하는 'Pervasive'라는 말을 사용하여 'Pervasive Computing'을 제창한 것도 이러한 견지에서라고 평가할 수 있다.[28]

2. 유비쿼터스의 속성

유비쿼터스의 속성과 관련하여 다양한 주장이 제기되고 있는데, 가장 보편적인 유비쿼터스의 속성으로 분류되는 내용들은 다음과 같은 것들이 있다.[29]

첫째, 연결되어야 한다(Connected). 모든 컴퓨터와 사물 및 인간들이 서로 연결되어야 한다는 것으로, 궁극적으로 네트워크 연결의 5대-any화(Anytime, Anywhere, Anynetwork, Anydevice, Anyservice)를 지향하고 있다.

둘째, 보이지 않는다는 특징이 있다(Invisible; Disappearing). 수많은 컴퓨터와 컴퓨팅 기술이 편재해 있기는 하지만, 사용자들이 거부감을 느끼거나 방해받지 않도록 환경에 효과적으로 통합되어 있어, 마치 직물속의 실처럼 엮여 보이지 않게 생활을 파고들어야 한다는 것이다.

셋째, 조용한 서비스다(Calm). 평소에는 배후에 숨어 의식할 수 없지만, 필요할 때에는 사용자의 개입을 요구하여 인간의 집중력을 효과적으로 활용할 수 있도록 하는 사용자 중심의 환경이라는 점이다. 즉 기술이 평온하고 고요하게 인간을 지원

---

28) 인간이 특별하게 IT를 의식하지 않아도 체감할 수 있도록 IT인프라를 활용해 확산 (Pervasive) 서비스를 제공하는 것인데, 그 의미는 유비쿼터스 컴퓨팅과 유사하다.

29) 하원규·김동환·최남희,『유비쿼터스 IT혁명과 제3의 공간』, 유비쿼터스 총서 1, 전자 신문사, 2003, 6면 이하.

하는 사용자 중심의 환경이어야 한다는 것이다.

넷째, 실제적이어야 한다(Real). 유비쿼터스 컴퓨팅은 물리공간에 실존하며, 가상세계의 증강이 아니라 실제세계를 강화하는 것이다.

이러한 속성에 기반을 두고 볼 때, 다음과 같은 결론을 내릴 수 있다. 기존의 정보화 사회의 논의는 가상세계에 사물세계를 주입하여 정보화 영역을 확장하려고 하였으나, 유비쿼터스 컴퓨팅 세계에서는 이와는 반대로 현실세계에 컴퓨터를 내장시켜 네트워크화함으로써 정보화의 영역을 확장하고자 하는 것이다.[30] 이는 오프라인 공간의 재영역화(re-territorialization)라고 평가할 수 있을 것이다. 이러한 영역화의 문제에 대해서는 뒤에서 상술하게 될 것이다.

3. 유비쿼터스 사회의 핵심적 기술 요소

위와 같은 유비쿼터스의 속성에 비추어 볼 때, 궁극적으로 유비쿼터스 시스템은 정보기기가 사용자의 행동에 따라 필요한 솔루션을 제공한다는 개념으로 이해될 수 있다. 이러한 유비쿼터스 시스템을 구성하는 분야는 센서/태그 기술, 네트워크 커뮤니케이션 기술, 사용자 인터페이스 기술, 정보보호 기술 등 크게 4가지 분야로 나누어 볼 수 있다.[31]

(1) 센서/태그 기술

센서(sensor)는 외부의 변화를 감지하는 정보기기의 소자로 유비쿼터스 정보기술의 입력 장치에 해당한다. 최근 RFID(Radio Frequency ID)가 유비쿼터스 환경의 새로운 센서/태그 기술로 급부상하고 있다.

---

30) 류영달, 앞의 글, 9면.
31) 강홍렬 외, 앞의 책, 7면.

RFID는 사물에 장착하는 0.3㎜ 크기의 미세한 전자 칩인데, 스스로 자기장을 발생시켜 자신의 정보를 외부로 송출시키는 기능을 한다. 따라서 RFID가 사물에 장착되면 그 사물을 제3자가 원거리에서 추적, 식별, 정보수집을 하는 것이 가능해진다. 이러한 기술은 우리 생활에 있어 유용한 기능들을 선사해 준다.

그러나 이러한 RFID 기술은 유비쿼터스의 역기능을 논하는 데 있어서 가장 핵심적인 문제점을 제기한다. 그것은 개인정보보호에 관한 문제인데, 위에서 언급한 추적, 식별, 정보수집의 기능은 과거보다 한층 더 강화된 개인정보보호의 문제를 야기한다.

(2) 네트워크 커뮤니케이션 기술

유비쿼터스에서 언급하는 네트워크 커뮤니케이션 기술이라고 하는 것은 사물간의 원활한 의사소통을 위해 필요한 기술분야로 사물과 사물, 사물과 인간을 무선으로 연결하는 WPAN(Wireless Personal Area Network) 기술, 시시각각 위치가 변하는 사물들을 동적으로 연결하기 위한 Ad－hoc 네트워크 기술[32]이 필요하다. 또한 모든 사물에 IP주소 할당하기 위한 IPv6(Internet Protocol Version 6)이 활발하게 연구되어 있기도 하다.

특히, IPv6은 위에 언급되었던 RFID 기술 등이 제대로 기능하기 위한 전제를 제공해 준다고 볼 수 있다. 따라서 이는 유비쿼터스 시스템을 구현하는 중요한 필수요소라고 할 수 있겠다. 기존의 IPv4 주소 체계에서는 43억 개 정도의 주소를

---

32) 노드(node)들에 의해 자율적으로 구성되는 기반 구조가 없는 네트워크. 네트워크의 구성 및 유지를 위해 기지국이나 액세스 포인트와 같은 기반 네트워크 장치를 필요로 하지 않는다. 애드혹(Ad－hoc) 노드들은 무선 인터페이스를 사용하여 서로 통신하고, 멀티 홉 라우팅 기능에 의해 무선 인터페이스가 가지는 통신 거리상의 제약을 극복하며, 노드들의 이동이 자유롭기 때문에 네트워크 토폴로지가 동적으로 변화되는 특징이 있다. 애드혹 네트워크는 완전 독립형이 될 수도 있고, 인터넷 게이트웨이를 거쳐 인터넷과 같은 기반 네트워크와 연동될 수도 있다. 응용 분야로는 긴급 구조, 긴급 회의, 전쟁터에서의 군사 네트워크 등이 있다.

제공할 수 있는데, IETF(Internet Engineering Task Force)[33]에 의하면 2013년경 IPv4 주소가 고갈될 것이라고 전망하고 있다. 이러한 IPv4 체계는 IPv6 체계를 통하여 거의 무한대에 가까운 주소를 생성할 수 있게 된다. 주변의 모든 사물 하나하나에 IP주소를 할당할 수 있을 만큼 충분한 주소자원을 확보하게 되는 것이다. 세상의 모든 사물에 IP주소 부여를 가능하게 하는 IPv6 체계는 RFID 기술과 마찬가지로 개인정보보호와 감시라는 역기능의 가능성을 선사해 준다.

(3) 사용자 인터페이스 기술

위에서 살펴본 바와 같이 유비쿼터스 환경은 공간적 위치와 사용자 식별이 동시에 가능한 이동 네트워크(Mobile IPv6) 체계를 사용함으로써 정보기기를 직접 제어하는 환경에서 벗어나, 일상 환경 속에 기계가 내재화하게 된다. 따라서 인간 친화적이고 지능화된 사용자 인터페이스가 필수적이라고 할 수 있겠다. 예를 들면, 키보드, 마우스, 화면중심에서 음성(억양 등), 동작(제스처 등), 문자, 표정 등 다양한 경로를 통해 정보 수집이 가능하게 하는 것이다.

(4) 정보보안 기술

유비쿼터스 환경에서 활용되는 RFID 등은 사용자의 정보를 쉽게 얻을 수 있으므로 개인의 정보보안 및 프라이버시가 이슈로 부각되고 있다. 따라서 보안의 취약

---

33) 인터넷 표준규격을 개발하고 있는 IAB(Internet Architecture Board) 산하의 조사위원회이다. IESG(Internet Engineering Steering Group)와 함께 인터넷에 대한 새로운 TCP/IP 표준을 개발하는 주요한 활동 그룹으로서 IAB의 기술적인 업무를 수행하는 단체이다. (IAB는 ISOC<Internet Society: 1992년 1월 결성>의 자문기구로 인터넷과 프로토콜의 설계와 인터넷 표준화를 제공한다.) 지원자들로 구성되어 인터넷을 실행하는 기술적인 표준들을 제정하기 위해 1년에 3번 모인다. 주로 인터넷 구조의 발전과 인터넷의 원활한 실행을 위한 표준화와 관련된 네트워크 설계자, 기술자, 제조업체 그리고 연구원들에게 넓게 개방된 국제적인 공동체라고 볼 수 있다.

성을 극복하기 위해 생체정보, 행동특징 등에 대한 정보 보호를 극대화할 필요가 있다. 특히 RFID 기술은 사람, 제품, 현금의 추적에 용이하게 사용되어 개인의 프라이버시 침해 위험이 매우 높다. 따라서 유비쿼터스 환경에서 보안기술의 개발은 필수적이라고 할 수 있다.

제3절 웹 2.0의 개념정의

1. 웹(Web) 2.0

웹 2.0이란 용어는 오레일리(O'Reilly)사와 콤덱스(Comdex) 쇼를 주최했던 미디어라이브(MediaLive)사가 2004년 IT 컨퍼런스를 위한 브레인스토밍 과정에서 데일 도허티(Dail Dougherty)가 주창한 개념이다. 도허티는 과거 닷컴 버블붕괴에서 살아남은 기업들의 특징을 설명하는 과정에서 이들 기업과 실패한 타 기업들의 차별성을 웹 2.0이라고 부르면서 부각시켰다. 그가 웹 2.0을 설명하면서 Netscape와 Google, DoubleClick과 AdSense, Akamai와 BitTorrents를 서로 대비하였다. 이후 웹 2.0은 사용자 참여, 인간 중심의 웹, 집단 지성, 개방성 등을 특징으로 하는 플랫폼 기반 비즈니스 모델을 통칭하는 것으로 확대 발전하였다. 또한 사용자 관점에서 웹 2.0은 사용자 중심의 커뮤니티에 의존하는 동태적이며 분산화된 열린 공간으로 정의된다. 이에 따라 향후 인터넷은 웹 2.0 플랫폼이라는 새로운 패러다임을 중심으로 전개될 전망이다.

2. 웹 2.0의 현상과 특징

웹 2.0에 직접적인 영향을 미치거나 받는 현상들을 정리하면 다음과 같다.[34]

(1) 블로그(blog) 및 파드캐스트(Podcast)와 RSS(Really Simple Syndication): 웹사이트에 게재된 개인의 온라인 콘텐츠인 블로그는 RSS를 이용하여 다른 사이트나 독자들과 쉽게 공유된다. 이는 멀티미디어 정보의 블로그라고 할 수 있는 파드캐스트의 경우에도 마찬가지이나, 이는 주로 iTunes와 같은 집합 매체를 통해 배포된다.

(2) 집적 지능(collective intelligence): 개인이 내리는 의사결정보다 집단의 전문적 지식을 활용하여 편향된 의사결정을 막을 수 있다. 집적 지능에 공헌하는 기술은 온라인 출판과 지식 공유를 위한 공동 데이터베이스 등을 포함한다. Wikipedia로 인하여 잘 알려진 위키(Wiki)는 집적 출판을 위한 시스템으로, 많은 전문가와 프로암(proam)들이 온라인 문서 및 토론에 쉽게 참여할 수 있도록 하여, 방대한 규모의 정제된 지식을 제공한다.

(3) 사회 네트워킹(social networking): 능력, 재능, 지식 또는 선호 등 속성에 따라 사람들의 관계를 맺도록 만들어 주는 웹사이트와 그 서비스를 말한다. 상업적인 예로는 우리나라의 Cyworld나 미국의 Facebook과 Linkedin 등을 포함한다.

(4) 메쉬업(mesh-up): 다른 온라인 정보원들을 활용하여 새로운 서비스를 창조해 내는 과정이나 그 결과물을 의미한다. 대표적인 예로, 부동산 관련 웹사이트에서 아파트 리스트를 가지고 오고, Google Earth 등을 연결하여 해당 아파트의 위치를 3차원 지도로 보여 주는 서비스를 들 수 있다.

(5) P2P(Peer-to-Peer): 인터넷으로 연결된 사용자들의 폐쇄된 집합에서 다양한 파일(노래, 영상, 텍스트 등)을 서로 공유하는 기술이나 방식을 말한다. 이러한 서비스를 위해 많은 사람들이 동시에 하나의 서버에 접속을 시도한다면 병목이 발생할 수 있으나, P2P는 사용자들 스스로 매우 많은 서버들에 걸쳐서 파일을 배포하고 공유하므로, 이러한 문제가 발생할 가능성이 적다.

(6) 웹서비스(webservice) 및 시멘틱웹(semantic web): 웹 2.0은 XML(eXtensible Markup Language)을 바탕으로 한 새로운 지능형 웹서비스로 가는 중간 과정이라는 견해가 많다. 웹서비스는 통상적인 웹사이트를 통한 일방향성 서비스를 개선하고자, 1996년 W3C(World Wide Web Consortium)와 같은 국제기구에서 개발 중에 있는 차세대 웹의 표준이다. 웹서비스가 본격적으로 현실화되면 사용자

---

34) 김도훈, "웹2.0에 대한 경제학적 접근", 「제9회 경영관련학회 하계통합학술대회」 발표문, 2007, 2~3면 참조.

가 원하는 정보가 자동적으로 업데이트되고, 상호거래를 시스템 간 커뮤니케이션으로 자동화시킬 수 있다. 예를 들어, 소매상과 공급자는 인터넷으로 커뮤니케이션을 하면서 자동적으로 소매상의 구매주문시스템과 공급자의 재고시스템을 연결하여 공급사슬관리의 효율성을 제고할 수 있다.

Google, BitTorrents, Wiki, 블로그, 개방형 API(open API) 등을 통하여 성공적으로 정착되고 있는 웹 2.0의 특징을 정리하면 다음과 같다.[35]

(1) 사용자 참여를 통한 태깅(tagging)이다. 즉 사용자들이 웹상의 자료에 자발적인 참여를 통해 태그를 달고 이를 유통시키는 것이다. 이를 통하여 분산화된 집단 지성에 신뢰성이 부여된다. 위키피디아는 기존의 소수 전문가 그룹에 의존하던 백과사전이라는 통념을 무너뜨렸는데, 그 배후에는 다수의 집단 지성에 대한 대중의 지지가 있었다. 즉 전문성이 부족한 개개인의 지적 여력(intelligence capacity)은 상호 보완을 통하여 전문가 수준의 정제된 정보로 새롭게 태어난다. 분산되었지만 고유한 가치를 함축하는 정보를 한 장소에 모으고 공유함으로써 보다 풍부하고 신뢰성이 높은 고급의 정보와 기회가 탄생하는 것이다.

(2) 사용자 중심의 인터페이스를 통하여, 사용자들에게 더 편리하고 직관적인 서비스를 지향한다. 예를 들어, Google의 지도, Naver의 추천 검색, Daum의 주소록 입력 방식 등에 활용되는 AJAX처럼, 사용자에게 불편을 끼치지 않으면서 최대한의 편의를 제공하려는 노력은 웹 2.0 비즈니스 모델의 고유한 특징이다.

(3) 사용자가 직접 서비스 생산과 제품 개발 등에 참여한다는 것으로, 프로슈밍(presuming)을 촉진한다. 예를 들어, eBay의 사용자 평가나 Amazon의 추천 도서 목록, G마켓의 추천 및 품평글 올리기 등의 기능들이 서비스 생산에 소비자가 참여함으로써 가치를 부여하는 방법이다. 실제로 이들 서비스의 사용자들은 광고나 홍보보다도 기존의 구매 경험자들의 정보를 더 신뢰하는 경향이 있다. 또한 블로그나 RSS에서 보듯이 미디어에 직접 참여함으로써 정보 유통을 촉진하고, 외부와의 의사소통채널을 항상 열어 놓는다. 이에 따라 사용자가 정보의 생산과 소비를 겸하고, 전문가와 아마추어가 공존하는 새로운 인터넷 모델이 관찰된다.

---

35) 김도훈, 앞의 글, 3~4면.

3. 웹 1.0과 웹 2.0

웹 2.0에 대한 이해를 좀 더 명확히 하기 위하여, 기존의 웹 1.0과 새롭게 진화하고 있는 웹 2.0을 비교하면 다음과 같다.

〈표 6〉 웹 1.0과 웹 2.0 비교[36]

구분	웹 1.0	웹 2.0
기본 특징	미디어로서의 웹 상호작용성이 낮은 정적인 웹 기술 중심	플랫폼으로서의 웹 상호작용성이 높은 능동적인 웹 사람중심
관리 방식	하향식(Top Down)	상향식(Bottom Up)
커뮤니케이션 관계	사람과 기계	기계와 기계, 사람과 사람
정보 탐색 방법	검색과 브라우징	출판과 가입
콘텐츠 구조	문서, 페이지	꼬리표 달린 개체 (Tagged Objects)
어플리케이션 구조	폐쇄적, 독점적	개방적, 표준에 기반
기 술	Html, active-X 등	XML, AJAX, Tagging, Rss 등
사 례	하이퍼링크 중심의 기존 웹사이트	Wikipedia, 구글(Adsense), 네이버 (지식in), 싸이월드(미니링) 등

---

36) 김강민, "웹2.0과 소셜 네트워크", 「인터넷 이슈리포트」 제11호, 한국인터넷진흥원, 2006 참조

※ 참고: 인터넷

통신망과 통신망을 연동해 놓은 망의 집합을 의미하는 인터네트워크(internetwork)
의 약어인 internet과 구별하기 위해 Internet 또는 INTERNET과 같이 고유명사
로 표기한다. 랜(LAN) 등 소규모 통신망을 상호 접속하는 형태에서 점차 발전하
여 현재는 전 세계를 망라하는 거대한 통신망의 집합체가 되었다.

인터넷에는 PC 통신처럼 모든 서비스를 제공하는 중심이 되는 호스트 컴퓨
터도 없고 이를 관리하는 조직도 없다.[37] 인터넷상의 어떤 컴퓨터 또는 통신망
에 이상이 발생하더라도 통신망 전체에는 영향을 주지 않도록 실제의 관리와
접속은 세계 각지에서 분산적으로 행해지고 있다. 현재 인터넷은 전화망 버금
가는 거대한 세계적 정보 기반이 되었으며 통신량은 급속도로 증가하고 있다.

인터넷에서 이용할 수 있는 서비스는 전자우편(e-mail), 원격 컴퓨터 연결
(telnet), 파일 전송(FTP), 유즈넷 뉴스(Usenet News), 인터넷 정보 검색(Gopher),
인터넷 대화와 토론(IRC), 전자 게시판(BBS), 하이퍼텍스트 정보 열람
(WWW:World Wide Web), 온라인 게임 등 다양하며 동화상이나 음성 데이터를
실시간으로 방송하는 서비스나 비디오 회의 등 새로운 서비스가 차례로 개발되
어 이용가능하게 되었다. 이와 같은 다양한 서비스와 풍부한 정보자원 때문에 인
터넷을 정보의 바다라고 한다.

인터넷의 기원은 1969년 미국 국방성의 지원으로 미국의 4개 대학을 연결하
기 위해 구축한 알파넷(ARPANET)이다. 처음에는 군사적 목적으로 구축되었
지만 1982년 인터넷 표준 프로토콜로 TCP/IP를 채택하면서 일반인을 위한 알
파넷과 군용의 MILNET으로 분리되어 현재의 인터넷 환경의 기반을 갖추었다.
한편 미국 국립과학재단(NSF)도 TCP/IP를 사용하는 NSFNET라고 하는 새로
운 통신망을 1986년에 구축하여 운영하기 시작하였다. NSFNET는 전 미국 내
의 5개소의 슈퍼컴퓨터 센터를 상호 접속하기 위하여 구축되었는데 1987년에
는 ARPANET를 대신하여 인터넷의 근간망(backbone network)의 역할을 담당
하게 되었다. 이를 통하여 인터넷은 본격적으로 자리를 잡게 되었다.

인터넷은 1989년 스위스 제네바에 있는 유럽 원자핵 공동 연구소(CERN)의

---

37) 인터넷을 대표하는 조직으로 ISOC(Internet Society)가 있지만 인터넷망을 총괄 관리하

팀 버너스 - 리(Tim Bernars - Lee)가 인터넷의 이용방법으로 WWW(World Wide Web)을 제안함으로써 획기적으로 활성화되었다. 그 이유는 이전 웹은 문자 정보가 대부분이었지만 WWW은 이때까지의 통신에 의한 정보 전달 방법과는 달리 문자, 화상, 음성을 더하여 여러 가지 다양한 표현 방법을 가능하게 하였기 때문이다.

이때부터 인터넷을 상품 광고 및 상거래 매체로 이용하는 상업적 이용 수요가 증가하였으나, 정부 지원으로 운영하는 NSFNET는 그 성격상 이용 목적을 교육 연구용으로 제한하고 있었다. 이 때문에 인터넷 사업자들은 따로 협회를 구성하여 1992년 CIX(Commercial Internet Exchange)라고 하는 새로운 근간망을 구축하여 상용으로서 인터넷을 이용할 수 있게 되었다.

우리나라에서는 1982년에 최초로 인터넷통신망을 개설하여 1994년 한국통신(현재의 KT)에서 코넷(KORNET)이라는 이름을 구축하여 상용망 서비스(ISP)가 시작되었다.

※ 참고: 월드와이드 웹 (World Wide Web)

웹에서는 정보가 웹 서버(web server)라고 하는 컴퓨터 내에서 하이퍼텍스트(hyperText)라는 형식으로 작성되어 홈 페이지(home page)라는 단위로 관리되며, 링크(link)라고 하는 정보에 의해 인터넷상에 분산되어 있는 세계 각지의 하이퍼텍스트와 연결될 수 있다. 하이퍼텍스트란 문서 내의 다른 문서로 연결되는 연결고리 같은 존재이며 사용자가 조금 더 여러 문서를 이동해 다닐 수 있도록 하는 문서를 말한다.

전 세계의 하이퍼텍스트가 링크로 연결된 모습이 마치 거미가 집을 지은 것처럼 보이기 때문에 월드 와이드 웹(WWW)이라는 이름이 붙여졌다. 하이퍼텍스트의 작성에는 하이퍼텍스트 생성 언어(HTML)를 사용한다. 클라이언트와 웹 서버의 통신 프로토콜은 하이퍼텍스트 전송 규약(HTTP)을 사용한다.

는 기구는 아니다.

제4절 정보사회의 발전과 거버넌스의 개관

정보통신정책연구원의 한 보고서에 따르면, 정보통신 분야의 발전은 최근 들어 정치·경제·행정 등의 다양한 분야에서 과거의 방법으로 회귀하는 사이클을 그리면서 진행하는 경향을 나타내 준다고 한다.[38]

<표 7> IT 발전에 따른 순환경향

부 문	경 향
경 제	주문생산 → 대량생산 → 주문생산
정 치	직접민주주의 → 대의민주주의 → 직접민주주의
행 정	주민참여 → 정부통치 → 민관협치 → 주민요구반영정부

이러한 발전 경향은 위에서 살펴본 유비쿼터스 및 웹 2.0로의 정보사회의 발전 경향과 맞물려 있음을 알 수 있다. 우리는 사이버 공간이 대두되던 초기에 전자민주주의에 대한 커다란 열망과 마주했었다. 그러나 실상 인터넷을 기반으로 한 전자민주주의는 개별화된 서비스가 아닌 다소간의 통합적 인터페이스를 지니고 있어, 진정한 직접민주주의의 이상을 실현하기에는 역부족이었다. 그러나 유비쿼터스의 도래가 예견되고, 그에 뒤이은 기술의 발전은 개별화된 전송과 수신을 추구하는 웹 2.0의 시대를 예고하고 있다.[39] 이는 우리에게 순수한 직접민주주의를 추구하도록 해 주지는 못할 수도 있지만, 적어도 자신의 요구사항을 네트워크를 통하여 직접적

---

38) 정국환 외,『미래연구를 통해 본 후기 전자정부의 모습: 정보공유가 촉매하는 공공부문의 미래』(정보통신정책연구원, 2006), 22면; 이러한 연구는 Michel Maffesoli, "2006 미래주간 해외석학 초청강연",「정보통신정챡연구원 자료집」(정보통신정책연구원, 2006)을 참조한 것이다.

39) 물론 웹 2.0의 시대가 전혀 새로운 것은 아닐 수 있다. 그러나 기본적으로 네트워크 서비스가 추구하는 방향이 변화되었다는 견지에서 이를 긍정적으로 활용할 가치는 있다고 판단된다.

으로 표출할 수 있는 기반을 형성해 줄 것이다.[40]

　이상에서 살펴본 유비쿼터스 사회의 도래와 웹 2.0 기술의 발전은 우리사회의 많은 부분들에 있어서의 혁신과 변화를 선도하고 있다. 다음에서는 이러한 변화들 중 제도적인 측면에서 최근 논의되고 있는 거버넌스(Governance)에 대한 논의를 일부 살펴봄으로써 이러한 변화를 가늠해 볼 수 있는 기회를 갖고자 한다.

　전통적인 거버넌스라는 용어가 시선을 끌기 시작한 것은 근대의 국가 중심적인 대내외적 체제의 변화로부터 시작된 것이라고 볼 수 있다. 근대 초기의 절대주의국가 건설을 위해서는 군주가 대외적으로는 로마교황의 예속으로부터 벗어나야 하고, 대내적으로는 군주에 대립하는 여러 봉건제후들을 복속하여야 하는 이중의 문제를 해결해야 했다. 이러한 일을 실행할 수 있도록 이론적으로 옹호하는 것이 주권론이었는데, 대외적으로 로마교황에 대하여는 '주권의 독립성'을, 대내적으로 봉건제후들에게는 '주권의 최고성'을 주장한 것이다. 그리고 이러한 주권론이 지향한 바대로 군주를 중심으로 한 절대주의국가가 성립된 후, 개별 국가 상호간에는 '주권의 독립성'이, 개별 국가 내에서는 '주권의 최고성'이 주장된 것이다. 이후 근대국가는 대내적으로는 유일한 권위를 갖는 권력으로, 대외적으로는 국제관계에 자주적으로, 평등하게 참여할 자격을 획득하게 된다.

　그런데 현대에 들어 이러한 국가의 위상이 조금씩 동요하고 있는 것이다. 20세

---

40) 직접민주주의의 내용을 일부 포함하는 전자민주주의를 가장 모범적으로 보여 주는 사례로는 스코틀랜드의 전자청원(e-Petition) 제도가 있다. 스코틀랜드는 2002년부터 전자청원을 공식적인 청원제도로 인정하고 있다. 길거리에서 이루어지는 종이문서 청원이 청원 제안자들로부터 간단한 설명만 듣고 청원의 내용을 판단하는 데 비해 전자청원의 경우 청원과 관련된 다양한 정보를 인터넷에서 제공하여 시민들이 청원의 내용에 대해 충분히 이해하고 판단할 수 있도록 하였다. 또한 전자청원 시스템에서는 청원에 대해 단순히 서명하는 것뿐만 아니라 청원 내용에 대해 시민들 사이의 토론도 이루어지고 있다. 주간조선(2006.7.17. 제1913호) "전자민주주의가 대의민주주의를 밀어낸다"; BBC의 Petitioning parliament by mouse (http://news.bbc.co.uk/2/hi/technology/4243110.stm) 참조; 이러한 제도는 현재의 유비쿼터스, 웹 2,0 경향과 결합하면 상당한 시너지 효과를 낼 수 있을 것으로 판단한다; 이러한 것은 기술-사회 공진화의 일례가 될 수 있을 것이다.

기 중반 이후의 시장의 실패와 정부의 실패, 20세기 후반 이후의 세계화와 지역화, 정보화를 겪으며 국가는 대내적으로는 지방정부에, 경제영역의 거대기업에, 사회영역의 시민단체와 개별 국민에게 권력의 일부를 내주었고, 대외적으로는 미국으로 상징되는 강대국과 각종 국제기구, 경제영역의 다국적기업, 사회영역의 국제시민단체와 국제 시민들에게 권력의 일부를 내주었다. 거버넌스는 이러한 현재 시점에서 국내외적으로 발생하는 각종의 사회문제를 효과적으로 해결하기 위해 종래의 국가 중심적인 체제에서 벗어나 위와 같은 여러 비국가행위자들의 존재와 권력을 인정하고, 국가와 비국가행위자들의 권력 분점, 참여, 협력 등과 관계가 있는 개념이다. 그래서 거버넌스란 '사회문제가 일어난 영역의 질서를 누가 주도하고, 관리하고 있는지'라는 사실적인 개념으로 쓰이기도 하고, '누가 주도하고, 관리하고 있는지'라는 규범적인 개념으로 쓰이기도 한다.

여기서는 우리 사회에서 많이 논의되고 있는 인터넷 거버넌스, e-거버넌스, 이와 관련한 전자정부에 대해 간단히 살펴본다.

1. 인터넷 거버넌스

인터넷 거버넌스란 사이버 공간에서의 경쟁과 질서, 발전이라는 목표를 위해 도메인 관리나 인터넷 공간의 질서를 유지하는 관리권 또는 주도권을 의미한다. 인터넷 거버넌스는 일차적으로 기술적 코드에 의해 결정된다.

인터넷의 기술적 핵심은 데이터교환을 위한 기술표준으로서 공동 프로토콜(common protocol)에 있다. 인터넷 프로토콜은 각각의 하드웨어와 소프트웨어 및 서비스·콘텐츠가 네트워크의 형태로 연결되면서 하나의 시스템으로서 작동하게 만드는 일종의 '기술공간의 거버넌스' 역할을 한다.

인터넷은 탈집중 관리구조를 요구하는 느슨한 결합도의 기술체계이다. '네트워크들의 네트워크(a network of networks)'라는 말이 반영하듯이 인터넷은 그 초기의 형성단계에서부터 다양한 네트워크들이 느슨하고 비대칭적이며 비집중적인 형태로 결합되면서 발전해 왔다. 다시 말해 인터넷은 앞서 언급한 인터넷 프로토콜만 지킨다면 어느 누구로 네트워크와 프로그램을 개발하여 접속시킬 수 있는 개념의 기술체계이다.

1990년에 도입된 WWW(the World Wide Web)는 이러한 인터넷의 탈집중 네트워크적 속성을 반영하는 전형적인 예이다. WWW는 정보를 하이퍼텍스트(hypertext) 형식으로 나타내는 분산 데이터베이스 시스템인데, 이를 통해 사용자 자신이 어떠한 정보라도 웹에 띄우고 사용할 것인지를 결정할 수 있다. 거미집 모양을 의미하는 웹(web)이라는 용어 자체가 전 세계를 탈집중 네트워크로 연결하고 있는 인터넷 관리구조의 성격을 잘 드러내 준다.

요컨대 인터넷은 그 기술 자체가 탈집중 네트워크를 가능하도록 기능하고, 인터넷 정보기술에 적합한 제도환경으로 탈집중 네트워크형의 관리구조를 요구하는 내재적인 속성을 갖고 있다.[41)42)]

인터넷 거버넌스와 관련하여 가장 많이 논의되는 것이 전 세계의 인터넷 도메인 이름과 IP 주소를 할당하고 통제하는 국제인터넷주소관리기구(ICANN; Internet

---

41) Joel R. Reidenberg, "Governing Network and Rule－Making in Cyberspace", Brian Kahin, Charles Nesson (eds.), *Borders in Cyberspace: Information Policy and the Global Information Infrastructure*(MIT Press, 1997), 84－105면.

42) 인터넷의 역사는 이것을 잘 보여 주고 있다. 인터넷의 제도화 초기에는 특정한 주체의 주도로 시작되었더라도 탈집중 네트워크의 기술적 속성을 갖는 인터넷 관련 기술의 내재적 요구를 구현하는 과정에서 결국에는 다양한 주체들에 의해 다층적인 수준에서 조정메커니즘이 모색되는 형태로 이루어진다. 인터넷의 물적 기반이 되는 세계정보인프라(Global Information Infrastructure, GII)의 구축과정은 이러한 특징을 보여 주는 대표적인 사례이다. 각국별로 국가가 중심이 되어 추진된 국가정보인프라(National Information Infrastructure, NII)의 건설 사업이 진행되면서 그 범위 면에서 국민국가의 영토적 경계를 넘어서는 GII의 글로벌 네트워크로 확장되었으며, 인프라 구축의 주체라는 면에서도 국가에 의한 집중형 정책주도만으로는 목표를 달성할 수 없다는 교훈을 보여 주었다. Brian Kahin, Ernest Wilson (eds.), *National Information Infrastructure Initiatives: Vision and Policy Design*(MIT Press, 1997).

Corporation for Assigned Names and Numbers)의 문제이다.[43] 최근엔 2005년 11월 16일부터 18일까지 튀니지에서 열리는 제2차 정보화사회세계정상회의(WSIS)를 앞두고 국제인터넷주소관리기구의 위상 조정 문제가 최대 쟁점으로 부상하면서 다시 주목을 받았다.

ICANN은 1998년 빌 클린턴 미 행정부 시절 인터넷 관리를 위해 설립된 비영리 민간단체이다. 1960년대 인터넷이 발명된 이래 남캘리포니아대학교의 존 포스텔(John Postel, 1998년 작고) 교수가 혼자 관리해 오던 것을 15명으로 구성된 이사회가 전 세계의 모든 인터넷 도메인과 IP주소를 할당하고 통제하는 막강한 권력기구가 되었다.

하지만 국제인터넷주소관리기구가 미 캘리포니아 주정부 관할 아래 미 상무부가 감독권을 가진 미국 국적의 단체라는 점에서 최근 몇 년 사이 EU, 호주, 일본 등 다른 국가들의 표적이 되어 왔다. 그동안의 국제인터넷주소관리기구 운영이 투명성과 책임성, 합법성을 결여하고 있었으며, 무엇보다 "전 지구적 자원인 인터넷을 한 국가가 독점 관리해선 안 된다."는 논리에서다.

2003년 제1차 WSIS에서 이 문제가 제기된 뒤 유엔 사무총장 산하에 인터넷 관리권(Internet Governance) 실무그룹이 생겼고, 이 그룹은 2005년 6월 인터넷 관리권을 유엔 산하에 두는 것을 선호하는 내용의 보고서를 내놓았다. 급기야 그동안 목소리를 내지 않던 유럽연합(EU)도 9월 말 인터넷 관리를 위한 정부 간 기구를 설립해야 한다며 가세했다.

그러나 미 상무부는 실무그룹 보고서가 나오기 직전 기존 체제 고수 입장을 천

---

43) 인터넷 도메인이름체계(domain name systems, 이하 DNS)란 숫자로 구성된 IP(Internet Protocol) 주소를 기억하기 쉬운 도메인이름의 형태로 간소화하여 인터넷상의 정보자원에 대한 식별을 가능하게 하는 관리체계이다. 무엇보다도 DNS는 현실 공간과 사이버 공간의 교차점에서 사이버 공간으로 통하는 길목을 누가 장악할 것이냐를 다룬다는 점에서 정치적으로 매우 중요한 의미를 지닌다. 말하자면, DNS는 새롭게 등장하는 사이버 공간의 경계를 설정하고 사이버영토를 구획하여 사이버 공간 자체의 아키텍처를 어떻게 구성할 것인가를 다루는 것이다.

명해 각국의 반발을 샀다. 미국외교협회가 발행하는 '포린 어페어스' 11·12월호도 이를 '21세기 먼로 독트린'이라고 비판했다. 1823년 제임스 먼로 당시 미 대통령이 '미국의 뒷마당'인 라틴아메리카에 대한 간섭을 용납하지 않겠다고 선언한 미국식 제국주의에 빗댄 것이다.

미국은 인터넷의 최대 장점인 개방성(openness)을 국제인터넷주소관리기구 체제 만큼이나 지켜낼 대안이 없다고 주장한다. 특히 인터넷 관리 체제 변경을 주장하는 국가 중 상당수가 정보 통제를 당연시해 온 중국과 같은 권위주의적 국가들이어서 이 국가들이 참여하는 관리기구에 맡길 경우 인터넷은 개방성을 잃게 될 것이라고 경고하고 있다. 미국의 보수적 싱크탱크 케이토연구소도 최근 인터넷 사이트에 올린 전문가 공동기고를 통해 "억압적 정권들이 유엔이라는 뒷문으로 인터넷을 통제하게 하면 '재앙'을 부르게 될 것"이라고 주장했다.

한편 미국이 이러한 주장을 계속한다면 장기적으로 다른 국가들이 전혀 다른 기술표준을 가진 또 하나의 인터넷을 발명하여 사용할 수 있다. 이 점을 인식하여 "미국의 위성자동위치측정시스템(GPS)에 대항한 유럽의 갈릴레오 프로젝트에서 확인할 수 있듯이 상호 호환이 불가능한 2개의 인터넷을 가질 경우 생겨날 위험성을 무시해선 안 된다."며 포린 어페어스는 미국의 유연한 대처를 주장했다.[44]

최근 국제인터넷주소관리기구(ICANN) 피터 던게이트(Peter Dengate Thrush) 신임 의장이 미국 정부 간섭으로부터의 '독립'을 요구해 주목된다. 던게이트 신임 의장은 8년간 국제인터넷주소관리기구를 이끌어 온 빈트 서프 구글 부사장 뒤를 이어 2007년 11월 선임됐다. BBC 등에 따르면, 던게이트 신임 의장은 미국의 관리 감독으로부터 벗어날 때가 됐다는 요지의 보고서를 미 상무성에 제출했다. 그는 독립 방안으로 유럽연합(UN)에 일임하는 방법, 국제전기통신연맹(ITU), 공공기관과 기업이 공동으로 관리하는 방법 등을 제시했다. 국제인터넷주소관리기구는 빠르면 2008년 4월 독립할 수 있다는 가능성을 열어 두고, 지난 2006년 미국 상무성이 국

---

44) 동아일보, 2005년 10월. 22일, "인터넷 관리권 왜 미국이 독점하나" 참고.

제인터넷주소관리기구를 관리감독하는 기간을 연장하는 3년짜리 계약에 서명했다.[45)]

인터넷 거버넌스는 단순한 코드만의 문제가 아니라 그것을 행하는 사람과도 관계가 있다.[46)] 네트워크 솔루션사를 도메인네임 등록기관으로 선정한 것은 소프트웨어가 아니라 작고한 존 포스텔(John Postel)과 인수계약을 맺은 미국정부가 네트워크 솔루션사를 선정한 것이다.[47)] WWW의 프로토콜을 정한 것도 소프트웨어가 아니라 인터넷 결정자 그룹이었다. 즉 인터넷 거버넌스는 '코드의 규제'와 '이 코드를 규제하는 집단이 행하는 규제'의 혼합이다.[48)] 레식 교수는 이러한 인터넷 거버넌스 논의를 통해 사이버 공간이 현실 공간에 특정한 지침을 제공해 줄 수 있을 것이라고 주장한다.

> 나는 그[조 리글(Joe Reagle)]의 생각에 동의했다. 언제나 제국주의자이며 법학자인 나는 현실 공간이 사이버 공간에 어떠한 지침을 제공할 수 있을 것이라는 것을 전제로 연구활동을 전개하였다. 그러나 이와 반대 방향에서 접근할 수 없을까? 현실 공간이 인터넷 거버넌스로부터 무엇을 배울 수도 있지 않을까?[49)]

이와 관련한 레식 교수의 세부적인 견해를 모두 살펴보는 것은 무리가 있어 보인다. 다만 여기에서는 위 인용문에 나타난 레식 교수의 착안점에 주목하고자 한다. 이러한 사고는 사이버 공간에 관한 논의가 현실 공간의 설계에 신선한 자극을

---

45) 전자신문, 2008년 1월 28일, "던게이트 ICANN 신임의장, 국제인터넷주소관리기구, 이제 미국서 독립할 때" 참고.

46) Lawrence Lessig, The Charles Green Lecture: Open Code and Open Societies: Values of Internet Governance, 74 *Chi. -Kent. Law Review* 1405, 1999, <http://cyberlaw.stanford.edu/lessig/content/writings/works/final.PDF> 참고

47) Revecca Quick, "On-Line: Internet Address Spark Spark Storm in Cyberspace", *Wall Street Journal*, April. 29, 1997, B1면 참조. Lawrence Lessig, 앞의 글에서 재인용.

48) Lawrence Lessig, 앞의 글 참조.

49) Lawrence Lessig, 앞의 글 참조.

줄 수 있는 바탕이 될 수도 있음을 암시하는 것이다. 다음에서는 이러한 사고가 바탕에 깔려 있다고 판단되는 e-거버넌스 논의와 전자정부 논의를 간단히 정리해 보도록 하겠다.

2. e-Governance

정치학이나 행정학에서 많이 논의되는 e-Governance라는 개념에 관해 살펴보자. 이 분야에서 거버넌스라는 개념도 매우 다양하게 정의되고 있는데, 우선 거버넌스를 정부(government)를 대체하는 개념으로 보아 정부의 한계를 극복할 수 있는 정부운영의 메커니즘으로 보는 관점이 있고,[50] 행정행위의 주체와 상관없이 바람직한 공적 목표를 달성하기 위하여 추구하는 과정이나 절차라고 보는 관점이 있다.[51] 그러나 이러한 두 관점 모두 공고한 목적 또는 선을 추구하는 과정이 민주적이고, 투명하며, 형평적이며, 합법적이어야 한다는 공통점을 가지고 있다. 일반적으로 거버넌스는 정부의 기술을 이용하여 조직 또는 집단의 의사결정 구조 및 의사전달 과정이 한 사람 또는 소수에 의하여 집중적, 하향적으로 이루어지지 않고, 여러 행위자들이 분권적, 수평적 방법으로 참여하여 이루어지는 형태를 의미한다.

이렇게 거버넌스의 개념이 매우 다양하게 사용되므로, e-Governance의 개념도 학자들 간에 명확하게 정의된 개념 없이 다양하게 사용되고 있다. "인터넷 등 가상공간의 커뮤니케이션 방식을 활용한 새로운 행정관리의 방식"[52] 또는 제도적 의미에서 가상공간에서의 경쟁과 질서, 발전이라는 목표를 위해 인터넷 공간의 질서를

---

50) 김석준, "한국 국가재창조와 뉴거버넌스: 새로운패러다임의 모색", 「한국행정학회보」 제34권 제2호, 2000 ; 김성배, "디지털 시대의 거버넌스와 분석평가",『한국정책분석평가학회 하계학술대회 발표논문』, 2000. 참조.

51) Lynn, C. H., Hill, C. J., "The Emprical Study of Governance: Theories, Models, Methods", *The Workshop on Models and Methods for the Emprical Study of Governance*(Un of Arizona, April, 1999).

52) 김석준,『뉴거버넌스와 사이버거버넌스 연구』(대영문화사, 2001), 352면.

유지하는 공공정책으로 정의되기도 한다.[53] 광의의 측면에서는 "인터넷과 정부의 관계, 정부와 민주주의의 관계 그리고 민주주의와 의사소통의 관계를 다루는 것"을 e-Governance로 정의하기도 하는데 일반적으로 "조직 또는 집단의 의사결정구조 및 의사전달 과정 등 운영원리가 한 사람 또는 소수에 의하여 집중적·하향적으로 이루어지지 않고, 여러 행위자들이 분권적·수평적 방법으로 참여하여 이루어지는 형태" 등 다양하게 정의되고 있다.

e-Governance는 'e'라는 기술적 코드 요소와 'governance'라는 규범적 코드가 전제로 하고 있는 정치·사회 요소가 상호 작용하는 사회 기술 시스템(socio-technical system)이라 정의할 수 있다. 일반적으로 'e'를 구성하는 정보기술의 발전 방향은 아날로그에서 디지털로, 일방향성에서 쌍방향성으로, 분산적 처리에서 통합적 처리로 진화되는 과정을 거쳐 왔다. '거버넌스'를 구성하는 정치·사회는 자유민주화, 분권화, 자율화 추세와 더불어 유일한 지배자인 정부가 강제력으로 피지배자인 시민을 지배하던 과거로부터 다핵화(多核化)된 국가, 경제사회, 시민사회 구성원의 협력으로 문제를 해결하는 수평적 네트워크(consultation network)로 진화되어 왔다. 따라서 e-Governance는 "사이버 공간에서 서로 다른 특징을 가진 국가, 기업, 시민, NGO 등의 다양한 행위자들이 네트워크를 구성하여 서로 유기적인 관계를 유지하면서 세계를 구성"하는 것으로 정의할 수 있다.[54] 이러한 e-Governance는 "가상공간에서의 경쟁과 질서, 발전이라는 목표를 위해 도메인 관리나 인터넷 공간의 질서를 유지하는 활동"으로 정의되는 '인터넷 거버넌스'와 구분되는 개념으로 쓰이고 있다. e-Governance는 디지털 거버넌스(Digital Governance) 혹은 사이버 거버넌스(Cyber Governance)라고도 불린다.

e-Governance에 대한 논의는 정보통신기술의 발전으로 인하여 누구나 시공간

---

53) Karen Coyle, *CPSR Fall Newsletter*, 1998.

54) 이러한 점에서 e-Governance는 위에서 설명한 대로 '가상공간에서의 경쟁과 질서, 발전이라는 목표를 위해 도메인 관리나 인터넷 공간의 질서를 유지하는 활동'으로 정의되는 '인터넷 거버넌스'와 구분되는 개념으로 쓰이고 있다.

을 초월하여 상호적인 의사소통과 정보공유가 가능하다는 것을 바탕으로 시민이 직접적으로 정책결정과정에 참여하는 것이 가능하게 되었다는 데서 출발한다. e-Governance에 대한 논의는 그 초점이 정부의 축소를 지향하면서 공간적인 면에서는 사이버 공간을 매개로 하고, 참여자의 면에서는 새로운 참여자로서의 시민의 등장을 인정하며, 추구하는 내용 면에서는 비정부적 행위자의 참여를 확대하고자 한다. 정보기술에 의한 사이버 공간에서의 거버넌스적 메커니즘의 확대는 더 많은 거버넌스를 가능하게 하는 수단 중의 하나로 인식되어 전통적인 모델에 비하여 민주주의를 회생시켜 줄 새로운 모델로 사용되고 있다.55)

3. 전자정부(electronic government)와 e-Governance

행정에 있어 소위 정부와 거버넌스를 구분하는 것은 행정 행위의 주체와 객체 그리고 행정과정에서의 참여에 대한 의미를 찾는 데 활용될 수 있다. 일반적으로 정부라고 하면 전통적인 정부의 행정행위를 지칭하는 것으로 계층적일 뿐만 아니라, 명령과 통제를 기반으로 한다. 막스 베버(Max Weber) 식의 행정은 전통적인 정부의 구조와 행위에 의해 설명될 수 있다. 이러한 경우, 정부를 대표하는 관료는 정부의 행정대상인 주민들을 명령하고 그들의 행동을 통제하는 방법으로 행정행위를 꾸려 나가는 것이다.

반면에 거버넌스라고 하는 경우에는 전통적인 정부의 의미를 초월한다. 거버넌스는 행정의 과정에서 관료와 주민들 간에 일종의 협동적인 관계를 형성하여 행정과정을 꾸려 가는 협치라고 볼 수 있다. 그러므로 행정행위의 공동경영이라고 볼 수 있으며, 관료가 군림하고 명령함으로써 주민들이 복종하는 유형이 아니다. 거버넌스적 행정은 관료와 주민이 함께 논의하고 의견을 교환하여 무엇에 어떤 행정적

---

55) B. Guy Peters, "Governance without Government? Rethinking Public Administration", *Journal of Public Administration Research and Theory* 8, 1998, 223~243 참조. 김석준, 앞의 글, 2000 참조.

노력을 기울여야 할 것인가를 결정할 뿐만 아니라, 행정과정을 함께 꾸려 가는 것으로 행정의 결과에 대해서도 공동적인 책임을 지는 경우까지도 상정하고 있다.56)

행정에 정보기술을 접목함으로써 전통적인 정부의 관행이나 거버넌스적 행정도 그 면목을 바꾸게 된다. 여기에서는 정보기술이 접목된 행정의 정부적 모형을 전자정부라고 하며, 거버넌스적 모형을 e-Governance라고 명한다.

이렇게 보면, 전자정부는 전자기술을 활용하여 기존의 행정업무를 보다 효율적이고 투명한 형태로 전환시킴으로 주민들이 편리함을 얻을 수 있도록 하는 정부의 행정업무 행위를 뜻한다. 반면에 e-Governance는 정부와 시민이 전자기술을 활용하여 정부의 정책과정에 시민이 직접적으로 참여하여 정책을 제안하거나 정책의 시행을 모니터하여 그 결과를 정부에 제공하면 정부는 그러한 사안을 정책과정에 수용 또는 반영함으로써, 정책결정과 정책집행에 시민들이 직접적으로 영향력을 미치는 경우이며, 이는 정부와 시민 간에 형성되는 쌍방향적 정책행위라고 정의될 수 있다.

이러한 것들을 유형적으로 정리해 본다면 다음과 같다.

---

56) Don Kettle, *The Transformation of Governance*(Jhon Hopkins University, 2002)에 따르면 정부는 사회가 정치를 정책과 법률로 전환시키는 데 사용하는 제도적 거대구조이며, 거버넌스는 정치적 과정이나 정책 개발 및 기획 그리고 정부의 상호교환의 결과로 정의된다.

〈표 8〉 정보화와 정부의 유형 및 목적

정부의 유형과 목적			주요내용
전자정부 모형	주민 편의형	정보제공	주민들에게 정부의 활동을 소개하고 정책이나 행정에 대한 일반적인 자료를 제공하여 주민들에게 업무의 홍보와 지지의 확대를 추구
		민원창구	전자적 민원창구를 개설하여 민원의 신청, 서식의 작성 또는 공과금의 납부를 가능하게 하여 행정의 편의성과 효율성을 추구
	의견 수렴형	의견청취	전자적 게시판을 활용하여 주민이 자발적으로 개진한 의견을 청취하여 업무에 반영
		의견반응	주민들이 자발적으로 개진한 의견에 대한 활용에 대해 당사자 또는 일반에게 정책적 또는 행정적 조치사항의 게재
e – Governance 모형	정책 참여형	정책토론	별도로 마련된 전자적 공간에서 특정한 정책주제에 대해 주민들이 자발적으로 참여하여 의견을 개진하고 상호간의 토론
		정책관여	별도로 마련된 전자적 공간에서 특정한 정책주제에 대해 주민들이 자발적으로 참여하여 의견을 개진하고 정부의 관계 공무원들이 함께 상호간의 토론을 진행하며 이의 결과에 대한 정부의 조치를 공개적으로 게재

제4장 정보사회와 법

정보사회의 발전은 법을 바라보는 새로운 시각을 제공해 준다. 특히 구조적인 측면에서 정보사회는 기술적 동인에 의한 변화를 사회적으로 수용하게 만듦으로써 법적 구조의 변화까지도 추동하고 있다.

특히 사이버 공간, 그리고 유비쿼터스라는 새로운 공간개념이 도입됨에 따라 법적 구조라는 측면에서의 논의는 새로운 관점을 요구하고 있다고 판단된다. 따라서 다음에서는 기존 정보법학 논의의 핵심적 공간이었던 사이버 공간과 그에 대한 법적·구조적 측면에 대한 논의 및 그에 뒤이은 유비쿼터스 사회와 그에 대한 법적·구조적 측면에서의 논의를 살펴보도록 할 예정이다.

제1절 사이버 공간의 법적·구조적 분석

1. 온라인의 영역화

미국 대법원은 1996년의 '통신품위법(Communication Decency Act)'에 관한 판결에서 오코너(O'Connor) 재판관은 '위헌'이라는 다수의견에 대해, '일부인용·일부기각'이라는 의견을 제시하면서 '영역을 설정하고 있는 법(zoning law)'[57])이라는

---

57) zoning law라는 것은 용어는 적절한 번역 예가 없어, 필자가 '영역을 설정하고 있는 법'으로 번역하여 보았다. 이것이 그 용어가 담고 있는 내용을 정확히 전달하는 적절한 번역어인지 조심스럽다.

것을 언급한다.

　　"사이버 공간에 장벽을 구축하고, 그것들을 신원을 확인하는 데 사용함으로써, 사이버 공간을 물리적인 세계와 좀더 흡사하게 만들고, 결과적으로는 영역을 설정하고 있는 법(Zoning laws)의 적용을 받을 수 있게끔 만드는 것은 가능하다. 이러한 사이버 공간의 변형은 이미 진행 중이다. 인터넷의 표현자들(인터넷상에 내용을 게시하는 이용자들)은 사이버 공간 그 자체를 '게이트웨이' 기술을 통하여 그 자체를 영역 짓기를 시작했다."[58]

미성년자들의 포르노그래피에 대한 접근을 금지시키는 규정에 대한 위헌 판결에서 오코너 재판관은 사이버 공간을 오프라인처럼 영역을 설정하도록 해주는 '영역을 설정하고 있는 법(zoning law)'을 향한 발전 경향을 당연한 것으로 이야기한다. 다시 말하면, 결국 사이버 공간도 기술의 발전을 통하여 오프라인처럼 통제가 가능하게 될 것이라는 것이다. 과연 그러한 영역 설정이라는 것이 사이버 공간에서 가능한가?

이러한 영역 설정이라는 것은 오프라인에서처럼 신원 인증을 가능하게 해주고, 지적재산에 대한 도난을 방지할 수 있는 유용한 기능을 제공해 준다. 결국 오프라인의 규제적인 법이 사이버 공간에서도 그대로 적용될 수 있는 기반을 의미하는 것이다. 이러한 영역화(territorialization)는 결국 '통제'를 의미한다.

이제 이러한 상황은 우리에게 "자유의 미래냐, 통제의 미래냐"라는 선택의 문제를 제기한다. 공동체에서 아무런 통제도 존재하지 않는 공간이 절대적으로 좋은 것도 아니고, 그렇다고 모든 것들이 공동체적인 가치 안에서 통제되는 사회도 그다지 바람직한 사회의 모습은 아니다. 결국 어느 영역에서 어느 정도의 통제를 선택할 것인가는 우리 공동체 내부에 존재하게 되는 정치적인 문제인 것이다.[59]

---

58) Reno v. American Civil Liberties Union 512 U.S. 844 (1997). Raymond S. R. Ku, Michele A. Farber, Arthur J. Cockfield, *CYBERSPACE LAW: Case and materials*(Aspen Law & Business, 2002), 148~151면.

일반적으로 상충하는 가치들을 놓고서 이 중에서 선택을 할 때, 이러한 선택을 '정치적'이라고 한다. 그것은 세상을 어떻게 질서 지어야 하는지, 어떤 가치를 우선할 것인지에 관한 선택이다.

　지난 백여 년 동안 이와 관련된 문제에 관해 논의를 해 왔고, 이제는 그러한 논의가 끝났기 때문에, 우리는 위와 같은 견해를 당연하고 전제된 견해로 받아들이고 있다. 지난 백여 년 동안 정치철학과도 밀접하게 관련된 문제는 어느 통제 시스템이 가장 잘 작동할 수 있는가였다. 자원들은 국가에 의해서 통제되어야 하는가, 아니면 시장에 의해서 통제되어야 하는가? 그리고 이러한 의문은 이미 해결되었다. 그리고 우리는 이를 모두 정당하다고 믿는다. 단지 몇몇 사례들을 제외하고는 광범위한 이유에서, 국가보다는 시장이 자원을 통제하는 도구로서 더욱 적합하며, 이에 관해서 더 이상의 논란은 없다.

　그러나 이러한 확신은 좀 더 근본적인 질문들을 모호하게 만든다. 국가에 대한 시장의 우월성에 대하여 갖고 있는 우리의 확신은 우리 앞에 제기된 문제들을 묵인하도록 만든다. 문제는 어떠한 주어진 자원에 대하여 어느 통제 시스템이 가장 적합한가가 아니고, 특정 자원이 전적으로 통제에 복종해야 하는가이다. 시장 대 국가의 문제가 아니고, 통제 대 자유의 문제인 것이다.

　공산주의 대 자본주의의 문제가 20세기의 문제였다면, 통제 대 자유의 문제는 21세기의 문제가 될 것이다. 어떻게 통제하는 것이 가장 적합한가가 과거의 문제였다면, 통제할 것인지 여부가 현재 우리의 문제이다.[60]

---

59) 레식 교수는 구조(architecture)는 일종의 법이고, 그것은 사람들이 무슨 일을 할 수 있는지, 할 수 없는지를 결정한다고 한다. 그리고 이러한 구조를 결정하는 것은 상충하는 가치들 중의 선택이라고 하면서, '모든 것은 정치다'라는 로베르토 웅거(R. M. Unger)의 유명한 말을 상기시킨다. 또한 그는 이러한 구조의 정치적 성격은 결국 현재의 사이버 공간이 자유로운 공간이 될지, 통제되는 공간이 될지는 우리의 선택에 달렸다고 이야기한다. Lawrence Lessig, 김정오 역, 『코드: 사이버 공간의 법이론』(나남, 1999), 136면 이하; 또한 미취 카포(Mitch Kapor)가 사이버스페이스 담론에서 "구조는 정치다"(architecture is politics)라는 관념의 주창자라고 소개하면서, 자신의 설명은 이에 기반을 두고 있다고 설명한다. Lawrence Lessig, 김정오 역, 앞의 책, 38면.

60) Lawrence Lessig, 정필운 심우민 역, "혁신의 구조", 「연세법학연구」 제11집, 연세법

결국 사이버 공간의 법적 문제는 이미 법이 그렇게 정해져 있기 때문에 그 자체로 정당하다거나, 해결되었다고 볼 문제는 아니다. 사이버세계는 현실세계의 법을 그대로 적용하기에는 많은 한계를 드러내고 있는 것이 사실이다. 이러한 문제들에 대하여 이제까지 많은 법학자들의 견해는 법에 대한 해석을 통하여 해결할 수 있다는 것이었다. 그러나 이제 우리는 당연하다고 생각하는 법적 제도들이 과연 이 사회를 유지하는 데 필연적인가 하는 질문을 제기할 시기가 된 것이다.[61]

2. 사이버 공간의 법: 규범적 코드와 기술적 코드

사이버 법이론의 연구로 유명한 미국 스탠포드 법과대학원(Stanford Law School)의 로렌스 레식(Lawrence Lessig) 교수는 사이버 공간의 법리학적 연구와 대안제시를 위한 전제로 두 가지의 코드(Code)의 개념을 제시한다. '동부 연안 코드'라는 것과 '서부 연안 코드'가 바로 그것이다.

'동부 연안 코드'란 의회가 제정한 '성문법'을 의미하며, '서부 연안 코드'란 사이버 공간을 작동하게 하는 '소프트웨어와 하드웨어 내부에 새겨져 있는 명령들'을 의미한다. 레식 교수의 이러한 비유는 성문법 제정이 주로 미국의 동부 연안에 있는 워싱턴을 중심으로 이루어지고, 기술적 코드 제작은 주로 미국의 서부 연안에 있는 실리콘 밸리, 레드몬드 등을 중심으로 이루어지는 데 착안한 것이다.[62]

이러한 중의적인 코드의 개념을 그가 이야기한 이유는 다음과 같다. 사회의 규제를 이야기할 때, 과거에는 단지 사회적인 요소들에 수반되는 법이라는 것에 그 초점을 둠으로써 많은 문제들을 해결할 수 있었지만, 정보기술의 발전에 기반을 둔 지금의 정보화 사회에서는 기술적인 변화까지도 고려해야만 한다는 의미로 이해할 수 있을 것이다. 결국 사이버 공간에서의 기술적인 요소인 '코드'라는 것이 법과

학회, 2005.2, 294~295면.

61) Lawrence Lessig, 김정오 역, 앞의 책, 147면 이하.

62) Lawrence Lessig, 김정오 역, 앞의 책, 134면 이하.

유사한 역할을 한다는 견지이다.[63][64]

　　오늘날 이러한 법률가들의 난폭함에는 차이가 있다. 그러한 차이는 코드에 존재한다. 그 코드라는 것은 동부 연안 코드 제작자(워싱턴의 입법자들)에 의해서 구조화된 코드(성문법규)를 의미하는 것이 아니고, 서부연안 코드 제작자(소프트웨어 코드와 그것에 짜 맞추어 들어간 통제적 요소)에 의해서 구조화된 코드를 말한다. 그 견해 차이는 이러한 통제의 시스템이 그것들을 승인해야만 하는 구조 속으로 짜 맞추어질 수 있다는 데서 기인한다. 미셸 푸코(Michael Foucault)에 따른 보일(Boyle) 교수의 표현처럼, 암호화와 통제는 전선(wires)에 새겨 넣어진다. 그리고 이러한 훈육체계(discipline)가 전선에 암호화되어 새겨지게 되면, 이러한 훈육체계는 변호사들이 단순히 과도한 행위를 하는 경우보다도 더욱 중요해지게 된다. 다시 말하면, "당신은 이것을 윈도우 장치에서 읽을 수 있으며, 메킨토시에서는 불가능합니다."라고 하는 전자서적(e-book)의 과도함은 공갈보다도 더 심한 것이다. 이러한 훈육체계는 그것의 이면에 수학적 계산을 지니고 있는 일련의 통제들이라고 할 수 있다. 우리는 그것을 암호화라고 부르며, 이제 이러한 통제들은 그것을 방어해 주는 법적 권력을 가지게 된다. 우리는 그러한 것을 디지털 밀레니엄 저작권법(the Digital Millenium

---

63) 물론 레식 교수는 사이버 공간의 규제요소로서 작용하는 것을 이러한 두 가지의 코드만을 이야기하는 것은 아니다. 단지 여기서 강조하고 싶은바는, 그가 '코드'라는 중의적인 의미의 용어사용을 통해 기술적인 코드라는 것이 성문법과 유사한 역할을 한다는 점을 나타내고자 했다는 점이다. 레식 교수는 '법', '사회규범', '시장', '구조'가 사회 및 사이버 공간의 규제요소로서 작용한다고 주장한다. 이 중 기술적인 코드라는 것은 '구조'와 관련이 있다. Lawrence Lessig, 김정오 역, 앞의 책, 197면 이하 참조.

64) 기술과 사회의 관계에 관한 사회학적 논의로서, '기술결정론적 입장'에서는 기술은 기술 자체의 논리에 따라 진화하며, 이러한 기술의 진화에 의해 사회 변화가 촉발된다고 보는 반면, '사회구성주의적 입장'에서는 기술 변화가 구체적인 사회적 상황과 불가분의 관계를 맺고 있어서 기술발달을 촉진하는 동인은 사회적 상황이며, 기술은 사회적 상황의 반영이라고 본다. 이러한 논의들은 대부분 결정론으로 경도되어 있는 경향을 보여 준다. 따라서 최근에는 이를 극복하기 위한 절충적인 견해로 '기술과 사회의 공진화'가 주장되고 있다. Mark Warschauer, *Technology and Social Inclusion: Rethinking the Digital Divide*(The MIT Press, 2003). 레식 교수가 이러한 기술적 코드와 규범적 코드라는 중의적인 의미의 단어를 사용한 것으로 판단해 볼 때, 그 스스로가 '기술과 사회의 공진화'를 주장하는 균형적인 입장에 서 있다는 것을 알 수 있다.

Copyright Act)이라고 부른다.65)

이러한 설명은 미국적 특수성만을 가진 설명이 아닌, 정보화 사회의 노정에 있는 우리 사회에도 그대로 법적 분석의 도구로서 사용될 수 있을 것이다. 그러나 '동부 연안 코드'와 '서부 연안 코드'라는 표현은 우리나라의 상황에 맞는 표현이 아니기에, 이하에서는 '규범적 코드'와 '기술적 코드'라는 표현으로 대신하고자 한다.

이러한 규범적 코드와 기술적 코드는 각기 독자적인 영역에서 자율적으로 움직이는 것이 아니다. 이러한 것들은 커뮤니케이션 공간의 규제요소로서 상호 보완적인 역할을 하면서 규제를 형성해 나가는 경향이 존재한다.66)

3. 사이버 공간의 규범적 분석 구조: 레이어 모델(Layer Model)

이상과 같은 규범적 코드와 기술적 코드라는 것이 사이버 공간에서 작용하는 방식을 명확하게 알기 위해서는 그 적용 대상이라고 할 수 있는 커뮤니케이션 시스템이 어떠한 구조로 짜여 있는지를 명확히 해야 할 것이다. 물론 이러한 시스템의 구조적인 분석은 단지 기술적인 개념 구분이 아닌, '규범적 분석을 위한 틀'이어야 할 것이다.

요차이 벤클러(Yochai Benkler)는 사이버 공간, 즉 커뮤니케이션 시스템에 대한 개념적 분석 도구로, '물리적 레이어', '논리적 레이어', '콘텐츠 레이어'의 구분을 사용하여 사이버 공간에 대해 설명한다.67) 이러한 분석의 구조는 사이버 공간의

---

65) Lawrence Lessig, 정필운·심우민 역, 앞의 글, 311면.

66) 규범적 코드와 기술적 코드가 실제로 어떻게 상호작용하는지에 대해서는 정필운·심우민, "헌법, 지적재산권법 그리고 사이버 법리학", 「연세학술논집」 제42집, 연세대학교 대학원 총학생회, 2005. (대학원 학술논문공모 우수논문) 참조.

67) Yochai Benkler, "From Consumers to Users: Shifting the Deeper Structures of Regulation Toward Sustainable Commons and User Access", *Federal Communications Law Journal* 52, 2000.

법적규제에 관한 많은 문제들을 분석하는 데 유용하게 쓰일 수 있다. 이를 여기에서는 '레이어 모델(layer model)'이라고 부르고자 한다.[68]

이러한 레이어 모델은 일반적인 커뮤니케이션 시스템의 레이어 구분인 OSI 7 Layer 모델[69]과 버너스리(Berners-Lee)의 4단계 레이어 구분(전송, 컴퓨터, 소프트웨어 그리고 콘텐츠)[70]을 규범적 분석을 위해 단순화시킨 것이다.[71]

(1) 물리적 레이어 (physical layer)

전선(wires), 케이블(cables), 컴퓨터 그리고 컴퓨터들을 연결시켜주는 전선 등이 존재하는 층위를 일컫는 말이다. 이 부분은 특정인(개인 혹은 법인)에 의해 소유되는 레이어로서, 재산권 체계에 의하여 규제(통제)가 이루어지는 공간이다.

이러한 물리적 레이어는 오프라인상의 재산권을 형성하는 법률인 '규범적 코드'에 의해서 규율되는 영역이다.

---

68) 전석호·김원제, 『유비쿼터스 사회와 방송』(커뮤니케이션북스, 2005), 148~167면. 국내 문헌 중에서는 드물게 레이어 모델에 대해 개괄적인 설명을 하고 있으며, 이상과 같은 모델을 '레이어드 모델(layered model)'이라고 표현하고 있으나, 여기에서는 이해의 편의를 위해 '레이어 모델'이라고 하겠다. 또한 이하에서는 요차이 벤클러(Yochai Benkler)의 이론을 응용한 로렌스 레식(Lawrence Lessig)의 설명을 기초로 논의를 전개하도록 하겠다.

69) OSI(Open System Interconnection)는 세계표준화기구(ISO)가 1977년 서로 다른 기종 간의 컴퓨터 통신을 위한 구조개발에 의해 탄생된 규정으로 어떠한 경로와 방식으로 데이터가 송수신되는가를 보여 주는 「네트워크모델」이다. OSI모델은 총 7개의 계층으로 구성된다.

70) Tim Berners-Lee, *Weaving the Web: The Original Design and Ultimate Destiny of the World Wide Web by Its Inventer*(HarperSanFrancisco, 1999), 129~130면 참조.

71) Lawrence Lessig, *The Future of Idea*(Random House, 2001), 23~25면 참조.

(2) 논리적 레이어 (logical layer)

넷(net)을 움직이게 하는 '프로토콜(protocol)'[72]이 존재하는 층위를 의미한다. 이 레이어는 e-to-e(최종사용자에서 최종사용자까지)라는 원칙에 입각하여 설계되었기 때문에 이 부분은 본질적으로 자유롭다고는 할 수 있으나, 이 레이어 위에 일련의 기술적 규제의 규칙들이 추가됨으로써 결국에는 규제(통제)가 가능한 공간으로 변모해 간다.

레식 교수는 이러한 경향을 광대역 통신망 기술의 발달을 그 예로 들고 있다. 초기 인터넷 네트워크라는 것은 누구든지 기본 사용료만 지불한다면 사용할 수 있는 공간이었으나, 광대역 통신망 사업자들은 투자수익 회수 등을 위한 목적으로 논리적 레이어의 프로토콜들을 변화시킨다. 따라서 초기의 개방적이던 '기술적 코드'인 프로토콜은 패쇄적이고 차별적인 규칙들로 변화해 간다는 것이다. 결국 규제(통제)되는 공간이 된다는 것이다.[73] 또한 이러한 레이어에서의 규제가 기술적 코드를 통해서만 이루어지는 것은 분명히 아니다. 이 영역에서의 규제에 있어 '규범적 코드'와 '기술적 코드'가 상호 보완을 이루며 규제작용을 하는 것은 분명하지만,[74]

---

72) 정보기기 사이, 즉 컴퓨터끼리 또는 컴퓨터와 단말기 사이 등에서 정보교환이 필요한 경우, 이를 원활하게 하기 위하여 정한 여러 가지 통신규칙과 방법에 대한 약속, 즉 '통신의 규약'을 의미한다. 통신규약이라 함은 상호간의 접속이나 절단방식, 통신방식, 주고받을 자료의 형식, 오류검출방식, 코드변환방식, 전송속도 등에 대하여 정하는 것을 말한다. 일반적으로 기종(機種)이 다른 컴퓨터는 통신규약도 다르기 때문에, 기종이 다른 컴퓨터 간에 정보통신을 하려면 표준 프로토콜을 설정하여 각각 이를 채택하여 통신망을 구축해야 한다. 대표적인 표준 프로토콜의 예를 든다면 인터넷에서 사용하고 있는 TCP/IP가 이에 해당된다. 강남훈 교수는 인터넷은 TCP/IP(Transmission Control Protocol/Internet Protocol)라는 통신규약(프로토콜)에 입각해서 전 세계의 컴퓨터들을 연결한 네트워크로 정의할 수 있다고 하면서, 정보혁명의 요소 중 하나인 네트워크의 경우에서도 그 기술의 근본에 인간과 인간 사이의 약속이 존재하고 있다는 사실을 확인할 수 있다고 설명한다. 강남훈, 『정보혁명의 정치경제학』(문화과학사, 2002), 36면.

73) Lawrence Lessig, 정필운·심우민 역, 앞의 글, 306~312면.

74) 미국의 경우에 있어 이러한 방식으로 기술적 코드를 뒷받침해 주는 규범적 코드의 예로 레식 교수가 설명하고 있는 것은 Fox Television Stations, Inc., v. Federal Communications

종국적으로 가장 중요한 규제요소로 부각되는 것은 바로 '기술적 코드'라고 할 수 있다.

(3) 콘텐츠 레이어 (content layer)

특정의 주어진 의사소통 시스템 안에서 말해지거나 쓰이는 내용들이 존재하는 공간이다. 이 공간은 자유와 통제가 뒤섞여 있는 공간이라고 할 수 있는데, 저작권법이나 각종 규제법규에 의하여 통제가 가해지는 직접적인 부분이다.

이 영역에서 가장 문제되는 것은 단연 지적재산권의 문제일 것이다. 이 영역도 역시 '규범적 코드'와 '기술적 코드' 양자가 상호 작용하는 영역이다. '규범적 코드'의 예로서는 각종 지적재산권 보호와 관련 법령들을 그 예로 들 수 있을 것이며, '기술적 코드'로서는 기술적 보호조치[75]와 같은 것들을 예로 들 수 있다.

이러한 콘텐츠 레이어에 있어서의 법적 갈등 양상은, 마치 과거의 냉전 체제의 이데올로기 적인 갈등 양상과 유사한 형태를 띠고 있다.[76]

Commission and United States 판결이다. 본 판결은 광대역 통신사업자들을 '언론'이라고 규정하고, 이들에게 수정헌법 제1조상의 권리를 가질 수 있는 법인격을 부여한다고 설명한다. Lawrence Lessig, 정필운·심우민 역, 앞의 글, 304~305면.

75) 이러한 기술적 코드는 규범적 코드인 '기술적 보호조치 우회 금지조항'에 의해 뒷받침된다.

76) 이러한 갈등의 양상을 근대 초기의 토지 재산권 문제와 관련한 인클로저 운동의 상황과 비유하기도 한다. James Boyle, "The Second Enclosure Movement and the Construction of the Public Domain", *Law and Contemporary Problems* Vol.66, 2003. 또한 이 글의 핵심내용 축약본으로는 James Boyle, "Fencing off Ideas", *Daedalus*, Spring 2002. 참조.

〈표 9〉 레이어 모델 구분

	물리적 레이어	논리적 레이어	콘텐츠 레이어
통 제	○	△	○
자 유		○	○
규제요소(코드)	규 범	기술 〉규범	기술 = 규범

4. 논의의 정리

이상에서 살펴본 바와 같이, 사이버 공간의 규제요소로서 '기술적 코드'와 '규범적 코드' 양자를 고려하는 것은 필수적이라고 할 수 있으며,[77] 이러한 규제요소들이 작용하는 영역으로서의 레이어 구분은 영역별로 적합한 규제방법을 고민하는 데 필요한 개념적 구분이라고 할 수 있다.[78]

요차이 벤클러나 로렌스 레식이 이야기하던 기존의 레이어 모델에 의한 논의는 주로 사이버 공간에서의 공유재(commons)의 가치를 두고 벌어지는 논쟁에서 도출된 이론들이기 때문에, 그 주요 논의의 대상이 지적재산권과 관련한 문제에 집중되어 있다. 그러다 보니, 각 레이어들 중 '콘텐츠 레이어'에서의 분쟁 양상이 가장 첨예하게 드러나고 있다.

그러나 커뮤니케이션 시스템으로서의 유비쿼터스 IT의 영역에 위와 같은 개념들을 적용시키면 상황은 상당 부분 달라진다. 뒤에서 언급하게 될 '오프라인의 재영역화'라는 현상과 관련이 있는 신원확인(인증)이라는 측면으로 인하여 개인정보보

---

77) 이러한 규범적 코드와 기술적 코드에 관한 자세한 설명은 Lawrence Lessig, 김정오 역, 앞의 책, 111~149면(제5장) 참조. 로렌스 레식 교수는 이 저술에서 레이어 구분에 대한 이야기는 하지 않고 있다. 레이어 구분에 관한 이야기는 Lawrence Lessig, *The Future of Idea*(Random House, 2001)에서 처음 제시된다.

78) 이렇게 함으로써 네트워크상 동일한 기능을 수행하는 레이어에 대해 동일한 규제원칙의 적용이 가능해지며, 따라서 규제내용이 보다 일반화되며, Physical 네트워크와 애플리케이션 및 서비스를 구별하여 규제수단을 적용할 수 있게 되며, 규제의 최소화를 도모할 수 있다. 진석호·김원제, 앞의 책, 158면.

호 및 프라이버시라는 문제는 기존보다 더욱더 전면에 드러내게 될 것이다. 이러한 문제는 규범적 코드로 인하여 발생한다기보다는 기술적 코드의 발달로 인하여 발생한다고 할 수 있으며, 따라서 법적 논쟁의 주요한 영역은 과거의 '콘텐츠 레이어'를 넘어 '논리적 레이어'에까지 확장되는 경향을 보여 줄 것이다. 다음에서는 이러한 논의들을 이어 가도록 하겠다.

제2절 유비쿼터스 사회의 법적 · 구조적 분석

1. 오프라인의 재영역화

위에서 살펴보았던 '온라인의 영역화'의 시도가 무르익기도 전에, 다시 오프라인의 재영역화(re－territorialization)의 시도가 '유비쿼터스'라는 이름하에 진행되고 있다. 기존의 정보화 사회의 논의는 가상세계(사이버 공간)에 사물세계를 주입하여 정보화 영역을 확장하려는 것이지만, 유비쿼터스 사회에 관한 논의에서는 이와는 반대로 현실세계에 컴퓨터를 내장시켜 네트워크화함으로써 정보화의 영역을 확장하고자 하는 것이다.[79] 이러한 상황을 두고 일반적으로 '인간 중심의 정보화'라는 이야기를 하지만, 실상은 온라인에서 지속되던 영역화의 시도가 이제는 오프라인에서 기존의 영역화를 허물고 온라인과 연계된 영역화를 시도함으로써, 결국 온라인과 오프라인 모두 그 영역화의 정도가 심화될 것이라고 예측해 볼 수 있겠다.

이는 엘빈 토플러가 말하던 『제3의 물결』의 궁극적인 실현이 유비쿼터스 사회에 의해 완성되었다고 평가할 수도 있겠지만, 정보화 사회의 출현으로 그간 우리가 염려해 오던 '감시사회'의 출현이 도래했다고 평가할 수 있다.

---

79) 류영달, 앞의 글, 9면.

2. 레이어 모델(layer model)과 유비쿼터스

현재 우리 사회에서 이루어지고 있는 유비쿼터스 사회에 대한 담론은 아직까지는 특정 사회 유형에 대한 계획이나 전망의 수준에서 이루어지고 있을 뿐, 확연한 현실의 문제는 아니라고 할 수 있다.[80] 그러나 법학적인 관점에서 이러한 사회가 우리에게 제기하는 역기능을 미리 예측해 보고 대비한다는 것은 진정으로 소중한 일이라고 할 수 있다.

유비쿼터스 사회라는 것도 사실은 네트워크를 기반으로 한 광의의 커뮤니케이션 시스템이다.[81] 따라서 위에서 사이버 공간을 레이어에 의해 법적·구조적으로 분석했던 바를 그대로 적용해 볼 수 있겠다. 이를 통하여 가까운 미래라고 하는 유비쿼터스 사회의 규제적인 요소들이 어디에서 어떻게 작용하는지에 대해 명확히 해 볼 수 있을 것이다.

3. 레이어 모델의 변화

위의 사이버 공간의 레이어 모델의 마지막 단계인 '콘텐츠 레이어'라는 단어는 주로 인터넷과 같은 커뮤니케이션 시스템에 기반을 두어 이름 붙여진 것이다. 그 이유는 우리가 흔히 사이버 공간이라고 부르는 가상공간이 텍스트, 영상, 이미지 등 '콘텐츠'라고 불리는 것으로 구성되어 있었기 때문이다.

그러나 우리가 전망하고 있는 유비쿼터스 사회의 경우 그러한 콘텐츠의 차원을 뛰어넘는 논의가 이루어지는 공간일 것이다. 그 이유는 유비쿼터스 사회가 인간 대

---

80) 이호영·유지연, 『유비쿼터스 통신환경의 사회문화적 영향연구』(정보통신정책연구원, 2004), 22~23면.

81) 필자는 '사이버 커뮤니케이션 공간'을 네트워크를 중심으로 의사소통이 이루어지는 공간으로 파악하고, 사이버 커뮤니케이션 공간을 '사이버 공간'과 '유비쿼터스 사회'를 포괄하는 총체적인 개념으로 이해하고자 한다.

인간, 인간 대 사물, 사물 대 사물의 커뮤니케이션이 발생하는 공간이라고 예견되고 있기 때문이다.

〈표 10〉 물리공간 – 전자공간 – 유비쿼터스 공간(제3공간)의 특성 비교[82]

구분	물리공간	전자공간	제3의공간 (유비쿼터스)
공간원소	원자(atoms)	비트(bits)	원자＋비트(atoms＋bit)
공간지각	만질 수 있는 공간	만질 수 없는 공간	만지지 않아도 알 수 있는 공간
공간형식	유클리드 공간, 실제적인 현실	논리적 공간, 컴퓨터상에서 가상적	지능적 공간, 지적으로 증강된 현실
공간구성 (소비방식)	토지＋사물(소유)	인터넷＋웹(접속)	유비쿼터스 네트워크＋지능화된 환경, 사물
공간위상	주소/번지수	고정 IPv4	유무선 연계 IPv6
기능형성	물리적 공간에 사물 집적	컴퓨터에 가상사물 집적	컴퓨터가 사물 속으로 침투
기반 네트워크	도로망, 철도망	PC와 PC를 연결하는 인터넷	사물과 사물을 연결하는 인터넷
공간 개발 기술	토목, 건축	IT	IT＋NT＋BT 융합
공간 경제 원리	규모와 집적	네트워크 외부성	유비쿼터스 외부성(공명성, 공진화)
산업 경제	유형의 1/2/3차 산업	무형의 디지털 경제	모든 환경, 사물의 창조, 이동을 식별－감식－추적－최적화하는 전방 공간 비즈니스/산업
국가 전략	국토종합 개발계획	Cyber－Korea, e－Korea	전자－물리 공간 통합 u－Korea 종합발전 계획

　과거의 물리공간에서부터 현재 예견되고 있는 유비쿼터스 공간까지의 변화를 위 <표 10>로 정리해 보았다. 위 표에서 전자공간이라고 부르는 부분은 이제까지 우리가 '사이버 공간'[83])이라고 부르던 부분이다. 이러한 전자공간의 공간구성 및 소

---

82) 하원규·김동환·최남희, 앞의 책, 2003, 92면.
83) 사이버스페이스는 인터넷 등 통신망에서 이루어지는 정보거래, 커뮤니티, 전자상거래

비방식을 살펴보자면, 인터넷과 웹으로 구성되는 공간으로 그 이용대상은 '콘텐츠'라고 할 수 있다. 그러나 유비쿼터스의 공간 구성방식을 보자면, 유비쿼터스 네트워크와 지능화된 환경과 사물로 구성되는 공간으로, 이용대상으로서의 콘텐츠가 아니라 일상적인 '생활환경의 영역'으로 네트워크가 스며든다고 할 수 있다. 이러한 현상은 IT기술이 NT,[84] BT[85]와 융합되면서 가속화된다.

따라서 기존의 레이어 모델이 적용되던 사이버 공간이라는 영역은 네트워크의 현실 속으로의 확장으로 인하여 그 규제환경이 변화된다고 볼 수 있다. 가장 뚜렷한 변화가 있는 레이어영역은 콘텐츠 레이어라는 영역이라고 할 수 있는데, 네트워크에 의해서 생산되는 것은 단순한 콘텐츠의 수준을 넘어서는 새로운 생활환경이라고 할 수 있다.

따라서 이제 과거 사이버 공간에 관한 규제를 연구하는 학자들이 제시했던 레이어 모델의 '콘텐츠 레이어'라는 단편적인 레이어의 관점은 '환경적 레이어(environmental

---

등 다양한 형태의 활동들이 이루어지고 있는 '가상공간'을 말한다고 하겠다. 굳이 위리암 깁슨(William Gibson)의 소설 뉴로멘서(Neuromancer)를 인용하지 않더라도 요즘의 사이버스페이스라는 용어는 명확한 정의 개념은 없지만 가상공간이라는 개념으로 이해되고 있다. 김윤명 외, 『사이버스페이스법』(법률서원, 2001), 55면.

84) 나노기술(Nano Technology). 나노(nano)란 10억분의 1을 나타내는 단위로, 고대 그리스에서 난쟁이를 뜻하는 나노스(nanos)란 말에서 유래됐으며, 나노의 세계를 처음으로 제시한 사람은 1959년에 노벨물리학상을 받은 리처드 파인만(Richard Phillips Feynman; 1918－1988)이다. 나노기술이란 나노미터 정도로 아주 작은 크기의 소자를 만들고 제어하는 기술을 의미한다. 나노기술은 전자와 정보통신은 물론 기계·화학·바이오·에너지 등 거의 모든 산업에 응용할 수 있어 인류 문명을 혁명적으로 바꿀 기술로 떠올랐다.

85) 생명공학(Biology Technology). 생물공학 또는 생명공학이라고도 한다. DNA 재조합 기술을 응용한 여러 가지 새로운 과학적 방법 등도 이에 속한다. 생물공학의 정의와 대상 내용은 시대에 따라 크게 변화되어 왔다. 현재는 생명과학의 전체 분야를 학제간의 구별 없이 연구하는 기초적 학문과 이를 기반으로 새로운 기술의 개발을 목적으로 삼은 응용분야를 모두 내포하고 있다. 유전공학(genetic engineering)이 대두되면서 바이오테크놀로지란 용어를 쓰기 시작했지만 유전자 공학의 공업적 응용에 국한되지 않고 발효공학, 하이브리도마공학(모노클로날 항체 생산), 농업공학(동식물의 형질전환) 등 광범위한 내용을 포용한다.

layer)'86)라는 명칭으로 변화될 필요가 있으며, 이에 따라 이러한 레이어에 대한 규제 방식도 다양하게 변화될 것이라는 것을 예측해 볼 수 있겠다.

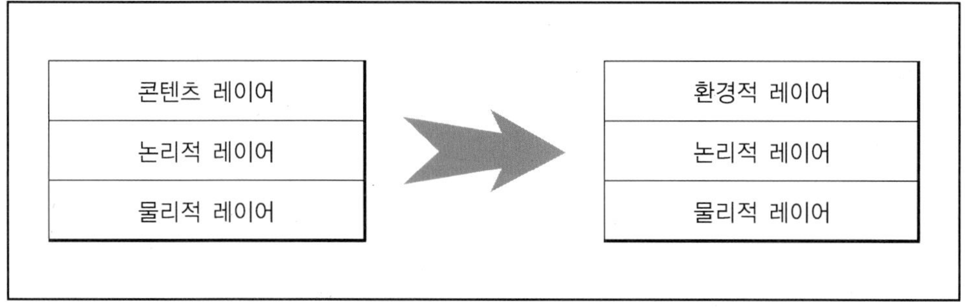

〈그림 1〉 유비쿼터스 사회와 레이어 모델의 변화

4. 각 레이어별 분석

이 부분에서는 '물리적 레이어', '논리적 레이어', '환경적 레이어'의 구분을 통하여 유비쿼터스 사회의 법적 현안들을 개괄적으로 분석해 보고자 한다.

(1) 환경적 레이어의 문제

사이버 공간에서의 문제와 유사하게, 유비쿼터스 사회에서도 가장 첨예한 대립이 예상되는 레이어는 환경적 레이어일 것이다. 또한 이미 지적한 바와 같이 정보라는 것이 생활환경화되는 유비쿼터스 사회에서는 이러한 영역의 대립이 과거 사이버 공간에서의 논의보다 더욱 첨예하게 드러난다는 것은 당연한 이야기라고 할 수 있다.

---

86) '환경적 레이어'라는 용어는 필자가 개발한 용어이다. 이는 본문에서도 언급한 바와 같이, 유비쿼터스 사회에서는 기존의 콘텐츠의 개념으로는 포괄할 수 없는 정보재들이 생산될 것이기 때문이다. 그러나 이러한 용어의 사용은 규범적 분석을 위한 예시적인 표현으로, 다른 관념적 표지도 얼마든지 사용가능하다.

오프라인의 재영역화를 통한 개인에 대한 신원 확인 및 인증 기술의 발달은 과거와는 다른 상황에서의 법적 분쟁양상을 나타내게 될 것이다. 과거 사이버 공간에서 보호되던 '익명성'[87]은 상당 부분 사라질 것이다. 이러한 익명성의 소멸은 지적 재산권 강화의 움직임을 뒷받침해 줄 것이고,[88] 표현의 자유라는 것에 대해서도 상당 부분 제약이 가해질 것이다. 또한 가장 문제가 되는 것은 개인정보보호의 문제인데, 개인의 위치정보나 사생활 영역의 정보들은 이제 소극적으로 사적영역에만 존치해 둘 수 없게 되므로 개인의 자기정보통제권에 관한 논의는 일층 가속화될 것이다.[89]

그러나 기술적 변화의 상황이 이러하다고 법이라는 것이 그러한 경향에 맞추어야 하는 것은 아닐 것이다. 분명 강화되는 통제의 경향 속에서 일정 부분 법적규제를 통하여 우리 공동체의 상황에 적합한 자유를 확보할 수 있어야 할 것이다.

(2) 논리적 레이어의 문제

위와 같은 환경적 레이어에서의 분쟁양상은 자연스레 그 소통의 기반이라고 할

---

87) 이러한 익명성에 관한 자세한 논의로는 한상희, "사이버 공간에서의 익명성과 책임",「<정보인권과 한국의 정보화>토론회」, 진보네트워크센터, 2003 참조.

88) 디지털화된 정보와 연관된 지적재산권 침해행위의 추적이 신원확인 및 인증기술의 발달로 더욱 용이해질 것이기 때문이다.

89) 개인정보통제권 또는 자기정보통제권이란 자신의 정보가 어떻게 수집·처리·관리·이용되는지에 대한 감독권을 의미한다. 이 용어는 최근 헌법재판소의 결정례의 이론적 근거로도 수용되어 '헌법상 독자적 기본권'으로서의 지위를 해석상 인정받았다. 헌재결, 2005.05.26. 99 헌마 513.; 이미 김종철 교수는 근대사회에는 그 등장과 함께 근대국민국가 체제의 감시체제적 특성이 내재해 있었음을 A. Giddens에 대한 인용을 통하여 지적하면서, 공동체 운영의 주체로서의 개인이 자본화되고 권력화된 개인정보에 대한 통제권 혹은 지배권을 확보하는 것이 중요하다고 지적하였다. 그러나 전통적인 프라이버시 개념으로는 이를 뒷받침해 주기에는 부족하다고 하면서, '독자적 기본권'으로서의 개인정보통제권을 주장한 바 있었다. 김종철, "헌법적기본권으로서의 개인정보통제권의 재구성을 위한 시론",「인터넷 법률」제4호, 26면 이하 참조.

수 있는 논리적 레이어에 대한 관심을 불러일으키게 될 것이다. 이미 위에서도 살펴본 바와 같이 이 부분에서의 통제는 주로 기술적 코드에 의해서 이루어지는 성향을 가지고 있으므로, 이러한 기술적 코드에 대한 주도권을 누가 가지고 있느냐에 따라, 네트워크의 규제적 속성이 변화될 것이라고 판단된다.

특히 문제가 되는 것은 네트워크상의 언어 혹은 약속이라고 할 수 있는 프로토콜의 표준이 어떻게 변화되느냐라는 문제라고 할 수 있다. 이는 사이버 공간에서 문제되던 사실상 표준[90]을 통한 독점의 문제가 유비쿼터스 IT의 발달로 인하여 더욱 증폭될 것이라고 판단할 수 있게 해준다. 따라서 이 영역에서는 독점 방지에 대한 논의 및 프로토콜의 공공적 성격에 관한 논의가 필수적이라고 할 수 있을 것이다.

(3) 물리적 레이어의 문제

물리적 레이어는 위에서도 언급했던 바와 같이 현재의 재산권 체계에 의해서 강하게 통제되는 영역이다. 특히 이 영역은 유선과 무선 통신망의 역할이 증대되면서 그 역할이 한층 증대된다고 할 수 있다. 문제는 논리적 레이어에서의 논의와 유사하게 이러한 물리적 레이어의 사회 간접 자본적 성격, 즉 공공성을 어떻게 확보해낼 수 있는가 하는 문제가 제기되는 영역이라고 할 수 있다.

---

90) 기존의 사실상의 표준을 통한 독점의 문제는 특히 소프트웨어 분야에서 많은 문제점을 야기했다. 그러나 통신규약(프로토콜)의 문제에 있어서도 이러한 현상은 예외가 될 수 없을 것이다; 네트워크 효과에 대한 설명을 기반으로 '사실상의 표준 및 독점의 문제'를 다룬 논문으로는 신동룡, "네트워크효과, 사실적 표준 및 독점금지법에 관한 연구 ― 특히 컴퓨터 운용체제 프로그램 시장을 중심으로 ―", 「법학연구」 제12권 제3호, 연세대학교 법학연구소, 2002. 참조.

구분	중심 규제내용	
환경적 레이어	• 창의유발 • 내용규제	• 통제강화 경향 방지 • 주요 분쟁 영역
논리적 레이어	• 사실상 표준의 문제 • 독점규제	• 소통목적 공공성 확보 • 주요 분쟁 영역
물리적 레이어	• 사회 간접 자본 • 독점규제	• 정보격차 해소

제3절 유비쿼터스 사회와 레이어 모델의 실천적 함의

1. 레이어 모델의 실제적 필요성

이상에서 각 레이어별로 유비쿼터스 사회에서 문제될 수 있는 점들을 개괄적으로 정리해 보았다. 이러한 레이어 모델을 통한 규제구조의 분석에 있어 유의할 점은 구체적 법적 문제들이 특정 레이어영역에 한정해서 발생하는 것은 아니라는 점이다.

예를 들어, 표현의 자유문제의 경우 위에서 제시한 세 개의 레이어 모두에서 문제되는 것들이다. 따라서 이상에서 제시한 레이어 모델의 의의는, 커뮤니케이션 시스템상의 문제들에 대해 법적 대안들을 마련하기 위해서는 각 레이어별로 성격에 적합한 규제방식이 적용되어야 한다는 것이다.

이러한 방식의 법적 규제방식을 제안하는 이유는 정보·통신 영역에 있어서의 과거 규제방식의 문제점에서 기인한 바 크다. 미디어 서비스와 그 전송망을 결부시

키는 전통적인 규제모델에 의하면, 유선통신, 무선통신, 지상파 방송, 케이블TV, 위
성통신, 위성방송 등 기술 발전에 따라 새로운 서비스가 도입될 때마다 독립 서비
스 군을 병렬적으로 구분하여 그 서비스별로 서로 다른 규제원칙과 수단들을 독자
적으로 개발, 적용해 왔다.[91]

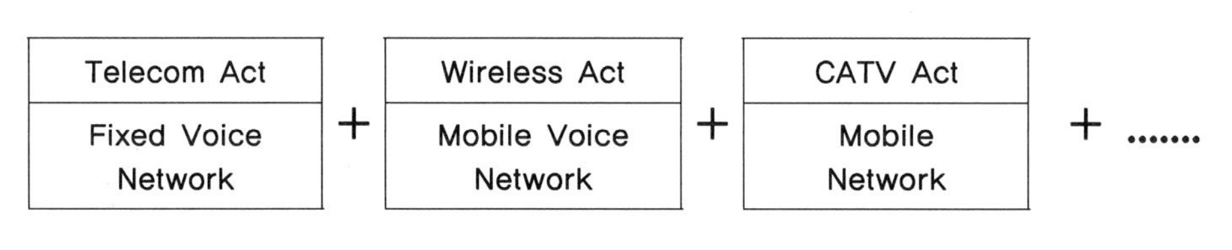

〈그림 2〉 전통적인 정보통신 규제모델[92]

위 '환경적 레이어'에 대한 설명으로 미루어 볼 수 있듯이, 유비쿼터스 사회에는
과거보다 다양한 커뮤니케이션의 어플리케이션들(applicatons)[93]이 존재하게 될 것
이다. 이러한 상황에서 과거와 같은 규제방식을 택할 경우 규제의 일반성을 확보해
내는 것이 어려워질뿐더러, 자칫 여러 규제수단들 사이의 혼선을 빚어낼 우려가 높
다. 특히 이러한 상황은 유비쿼터스 사회의 특성 중 하나라고 지칭되는 디지털 컨
버전스(Digital Convergence)[94] 현상의 가속화와 더불어 더욱 큰 문제를 야기한다

---

91) 전석호·김원제, 앞의 책, 154면.

92) 전석호·김원제, 위의 책, 155면 그림 6-1 참조.

93) 어떤 종류의 작업을 돕기 위해 설계된 컴퓨터 프로그램, 즉 응용 프로그램이라고도 한
다. 컴퓨터로 재고 관리를 하는 경우, 이 재고 관리가 응용이 되고 그것을 실행하는 프
로그램이 응용 프로그램이다. 응용은 이런 점에서 컴퓨터를 작동시키는 운영 체계, 응
용의 실행에 도움을 주고 컴퓨터 시스템의 유지 관리를 지원하는 유틸리티 및 프로그
램을 작성하는 언어와 구별된다. 응용(프로그램)은 처리 대상 업무에 따라서 텍스트,
숫자 또는 도형을 조작하기도 하고 이들 요소 전부를 조작하기도 한다.

94) 디지털 컨버전스는 디지털 기술 기반의 여러 제품이나 서비스가 융합되어 새로운 형태
의 제품이나 서비스로 탄생하는 것을 의미한다. 음성·데이터·영상과 같은 '정보의 융

고 할 수 있다.

이상과 같은 전통적인 규제모델의 한계점을 정리하면 다음과 같다.[95]

(i) 전통적인 모델은 서비스 간의 경계가 분명함을 전제로 하고 있으나, 정보 및 전송기술의 디지털화에 힘입은 융합 환경에서는 어떤 망도 사실상 모든 종류의 트래픽을 전송할 수 있어 이러한 구분은 비현실적일 수밖에 없다.

(ii) 전통 모델은 '전부 아니면 전무' 식의 방법으로 규정을 적용하는 문제점이 있다. 융합적 서비스의 도래에 따른 임기응변적인 정책이나 입법 조치는 일관성을 상실한 채 규제의 혼란만 가중시키고 있다.

(iii) 점차 모든 네트워크가 상호 접속되고, 주요 정책 이슈가 그러한 상호 접속의 조건에 관한 것으로 변모했음에도 기존의 규제모델은 서비스 간의 엄격한 구분을 전제로 하고 있어 여러 가지 적용상의 한계를 드러낼 수밖에 없다.

(iv) 시장에서의 경쟁 역학관계가 이면의 네트워크 구조에 의해 특징(네트워크 구조상의 기능상 특성, 그의 경제적·사회적 특성)지어지는 상황을 고려하지 않고, 최종 이용자에게 제공되는 서비스에만 규제 관심을 집중하고 있어 비현실적일 수밖에 없다.

이러한 한계는 정보·통신 영역에서의 규제방식의 변화가 요청된다는 것을 명확하게 보여 준다. 이러한 대안적 규제모델은 여러 가지 형태로 제시될 수 있다. 그중 하나가 바로 위에서 제시한 바 있는 레이어 모델이다. 이러한 모델을 통하여 커뮤니케이션 시스템의 각 레이어별 특성을 고려한 규제가 가능하게 될 것이며, 동일한 레이어상의 문제를 일반성을 가지고 규율할 수 있게 될 것이다. 또한 정보·통신 기술의 발달 및 융합으로 인하여 다변화되는 사업 및 서비스 영역의 문제에 대해서도 유동적으로 대처할 수 있게 될 것이다.

합'이나 방송·통신·인터넷과 '네트워크의 융합', 컴퓨터·통신·정보가전과 같은 '기기의 융합' 등과 같이 디지털 기술을 기반으로 새로운 형태의 제품이나, 서비스를 생성하는 것을 나타내는 것이다.

95) 전석호·김원제, 앞의 책, 156~157면 참조.

2. 방송·통신 융합 갈등과 레이어 모델

위에서 언급했던 바와 같이, 최근 방송·통신 융합을 두고 정보통신부와 방송위원회의 갈등이 자주 노출된 바 있었다. 이러한 갈등은 각자 자신들이 규제의 중심이 되겠다는 밥그릇싸움으로 비추어지기도 했다. 이에 따라, 방송과 통신의 융합에 따른 규제기구를 구성하자는 논의가 진행되었으며,96) 최근 이러한 논란은 이명박 정부의 정부부처 개편에 따라 잠정적으로 일단락되기는 하였다.97) 분명한 것은 이러한 논의가 부처 이기주의의 방편으로 이용되어서는 안 된다는 것이다. 이 과정에서 중요한 것은 커뮤니케이션 시스템의 특성을 고려한 일원적인 규제구조(single regulatory framework)를 지닌 모델98)을 개발·적용하는 것이다.

이러한 문제에 대하여 위에서 제시한 레이어 모델을 통하여 간략하게 남아 그 해결책을 장기적인 관점에서 모색해 볼 수 있을 것이다. 결국 과거 사업자 또는 서비스별 규제방법보다는, 커뮤니케이션의 특성을 고려한 레이어별 규제방식을 도입하는 것이 적합하리라고 본다. 방송과 통신의 융합에 따른 규제기구에 관한 논의에서는 이러한 규제모델을 견지하여야 할 것이다.

방송과 통신의 융합현상에 따른 규제기구 형성의 문제에 있어 단기적인 처방으

---

96) 연합뉴스, 2005년 8월 19일, "방송위－정통부 구조개편위 구성 '평행선'".

97) 이명박 정부의 정부부처 개편에 따라, 정보통신부와 방송위원회를 통합하여 '방송통신위원회'를 대통령 직속으로 신설하였으며, 행정자치부는 '행정안전부'로 명칭을 변경하기도 하였다. 기타 정보사회와 일정부분 관련성이 있는 기관들은 '지식경제부'(산업자원부＋정보통신부 일부＋과학기술부 일부), '교육과학기술부'(교육부＋과학기술부 일부), '문화체육관광부'(문화관광부＋정통부 일부＋국정홍보처)로 개편되었다. 그러나 이 책에서는 기존 논의와의 지속성 유지를 위하여 부득이하게 기존의 명칭을 사용하기로 한다. 세부적인 개편 내용에 대해서는 청와대 홈페이지(http://www.president.go.kr/kr/cheongwadae/organization/government.php)를 참조할 것.

98) EU의 DIRECTIVE 2002/21/EC 참조; Official Journal of the European Communities, 2002.4.24.(http://europa.eu.int/information_society/topics/telecoms/regulatory/new_rf/documents/l_10820020424en00330050.pdf), 33면.

로는 양 부처가 양보와 협의를 통하여 문제를 일시적으로 해결할 수도 있지만, 이
러한 융합현상의 문제는 비단 이들 두 부처 간의 문제만은 아니기 때문에 또 다른
융합현상으로 인한 갈등이 빚어질 수 있다. 따라서 장기적인 관점에서는 레이어별
기능에 따른 규제기구가 형성될 수 있는 방안이 모색되어야 할 것이다.99)

3. EU 및 OECD의 적용사례

레이어 모델을 규제의 정책적인 목표로 도입하고 있는 사례는 아직 드물다. EU의
「전자적 커뮤니케이션과 서비스에 대한 공공적 규제구조에 관한 지침」(DIRECTIVE
2002/21/EC/이하, EU 프레임워크)100)이 그 대표적인 실례라고 할 수 있다. EU는
인터넷의 광범위한 보급에 의해 정보통신 산업의 구조가 급격하게 변화하여 '수직
통합'에서 '레이어별 분리'로의 전환이 가속화되고 있다는 것에 주목하였다. 이에
EU는 2002년 3월에 EU 프레임워크라는 수평적인 규제체계를 도입을 결정하고,

---

99) 방송·통신 융합의 문제와 관련하여, 최근에는 위에서 제시하고 있는 레이어 모델이
규제모델로서 크게 설득력을 얻고 있다. 이러한 주장을 포함하고 있는 논문으로는 방
석호, "방송·통신 융합에 따른 법제도적 정비방인 연구 ― 사업규제를 중심으로", 「방
송연구」 2004년 여름호, 2004; 주정민, "IPTV의 방송통신 융합적 특성과 도입정책에
관한 연구", 「사이버커뮤니케이션학회보」 통권 제15호, 2005; 김원제, "유비쿼터스 미
디어 환경의 규제 정책 패러다임에 관한 연구", 「한국방송학보」 제19권 제2호, 2005.
등이 있다. 또한 전통적인 매체특성론 혹은 3분할설에 대한 헌법적 비판은 한상희, "뉴
미디어시대에서의 표현의 자유 ― '미디어융합'현상에 대한 헌법이론의 구축을 위하여",
「인터넷법률」 제11호, 2002가 있다.

100) DIRECTIVE 2002/21/EC OF THE EUROPEAN PARLIAMENT AND OF THE
COUNCIL of 7 March 2002 on a common regulatory framework for electronic
communications networks and services (Framework Directive); 유럽연합은 2002년 유럽
의회 및 각료이사회를 통하여 전자커뮤니케이션 네트워크와 서비스에 대한 규제프레임
워크 지침(EU 프레임워크)과 이에 기초한 5개의 특별지침을 발표하였다. 이상우 외, "융
합환경의 네트워크·콘텐츠 규제 ― 유럽연합 사례의 포괄적 이해(Ⅰ)", 『KISDI 이슈리
포트』(정보통신정책연구원, 2005), 21면.

각 가맹국에 새로운 규제체계로 전환할 것을 의무화하였다.[101]

EU 프레임워크는 지난 1997년에 발표된 녹서(Green paper)[102][103]를 보완하여 융합 환경에 부합하는 통신규제모델로서의 콘텐츠/네트워크 분리규제(레이어별 규제)를 제안하고 있으며, 규제의 대부분이 시장 지배력 남용 문제와 관련되어 있음을 인식하고, 이를 해결하기 위하여 일반 경쟁법으로부터 시장 정의와 시장 지배력 개념을 차용하여 정보통신 시장에 이를 적용하는 등 포괄적이고도 기술중립적인 조치들을 포함하고 있다.[104]

이와 같은 EU의 새로운 규제모델은 종전과 같이 기술 특정적인 방식으로 서비스를 법에 정의하지 않고, 특정 서비스가 다른 서비스와 대체될 수 있으면 그 서비스 전달에 사용된 기술에 관계없이 양자를 같은 서비스로 보며, 같은 법적 제약이 적용된다는 원칙을 도입한 것이다. 이러한 EU 프레임워크는 무엇보다도 최초로 네트워크와 콘텐츠를 분리하는 레이어별 규제 구조를 지향하고 있다는 점[105]에서 획

---

101) Official Journal of the European Communities, 2002.4.24, 48면.

102) Green Paper on the Convergence of the Telecommunications, Media and Information Technology Sectors, and the Implications for Regulation(http://europa.eu.int/ISPO/-convergencegp/97623.html); 녹서(Green paper)란 위원회가 출판한 특정영역에 대한 토론 보고서(discussion paper)로서 주로 조직 또는 개인 등 이해집단에 보내지는 문서이다. 반면 백서(White paper)는 특정영역에 대한 위원회의 조치를 제안하는 문서이다. 1997년 유럽연합은 융합의 개념, 융합으로 나타나는 변화, 이러한 변화에 대응하기 위한 규제방향 등을 논의한 녹서를 발표하였다. 이는 1990년대 이후 통신과 방송의 융합이 핵심적인 이슈로 등장하면서 기존 규제체계가 새로운 서비스의 등장을 방해한다는 주장이 제기되었기 때문이다. 이상우 외, 앞의 글, 14~15면, 9면.

103) 본 녹서에서는 세 가지 대안을 검토한다. 첫째, 통신영역과 방송영역을 분리규율하고 있는 현재의 규제체계를 유지하면서, 새로운 서비스에 대해 필요한 경우 현재의 규제원리를 임시방편적으로 확장하는 방안, 둘째, 현재의 통신과 방송영역의 규제체계를 유지하면서, 새로운 서비스에 대해 별도의 영역을 만들어 규제를 수행하는 방안, 셋째, 현재의 수직적 규제체계를 수정하여 기존 서비스와 새로운 서비스를 포괄할 수 있는 새로운 규제체계를 점진적으로 도입하는 방안이 그것이다. 이상우 외, 앞의 글, 14~15면.

104) 전석호·김원제, 앞의 책, 158면.

105) Official Journal of the European Communities, 2002.4.24, 33~34면.

기적이라고 평가할 만하다.

이 밖에도 OECD도 융합환경에 대비하여 새로운 규제체계를 제안하였다.106) OECD규제 프레임워크 제안은 EU 프레임워크와 상당한 유사성이 존재한다. 그 이유는 EU회원국이 다수이기 때문에 논의과정에서 EU 프레임워크의 원칙과 내용이 상당 부분 제시되고 수용되었기 때문이라고 판단된다.107) 이 제안은, 대부분의 OECD 국가들의 경우 전송플랫폼에 의존하여 통신과 방송에 대해 수직적 규제체계를 운영하여 왔다고 지적하고, 비슷한 특성의 서비스에 대해서 동일한 규제환경을 제공하고 일관된 규제를 적용할 수 있는 수평적 규제체제로의 전환을 제안하고 있다.108)

4. 일본의 정보화 법체계 전환

일본 IT 전략본부는 e－Japan 성과를 기반으로, IT를 통한 개혁에 일본의 역량을 결집시켜 기술의 진전이 사회개혁에 직결되는 자율적인 IT 사회를 실현하기 위해 2006년 1월부터 2010년까지의 추진전략인 'IT 신개혁 전략'을 발표했다.

---

106) OECD, Working Party on Telecommunication and Information Services Policies; The Implications of Convergence for Regulation of Electronic Communications, DSTI/ICCP/TISP(2003)5/FINAL, 2004. (http://www.oecd.org/dataoecd/56/24/3298396-4.pdf).

107) 김원식 외, "융합환경의 네트워크·콘텐츠(Ⅱ) —OECD 사례 및 시장개방의 시사점—", 『KISDI 이슈리포트』(정보통신정책연구원, 2005), 5면.

108) EU 및 OECD가 제안하고 있는 콘텐츠/네트워크 분리 규제구조는 우리나라의 상황에서도 중요한 시사점을 던져 준다고 평가할 수 있다. 이러한 규제모델과 위에서 제안하고자 했던 규제모델의 차이점은 '네트워크' 부분에서 존재한다. EU 프레임워크의 '네트워크'는 전송(transmission)과 망(network)을 포함하는 개념이지만, 필자가 제안하는 모델에서는 이를 '논리적 레이어'와 '물리적 레이어'로 나누어 제시하고 있다. 이는 네트워크의 특성에 기반을 둔 구분이었는데, 전반적으로는 크게 차이점이 있는 것은 아니라고 판단된다. 다만, 구체적으로 레이어가 어떻게 구분될 수 있는지에 대해서는 면밀하게 검토해야 할 것이다.

일본이 IT 신개혁 전략을 책정하면서 기본으로 한 이념은 첫째, 21세기 전반적인 사회문제나 과제를 IT가 가진 구조개혁력으로 해결해 나가고(구조개혁에 의한 비약), 둘째, 기술우선이 아닌 이용자·생활자 중심의 관점을 IT전략책정의 기본으로 하며(이용자·생활자 중시), 셋째, 커다란 사회적 과제를 IT로 해결하고 그 해결모델과 구조개혁력을 세계에 제공한다는 것이다(국제공헌·국제경쟁력 강화).

아울러 본 전략이 목표로 하는 것은 '언제 어디서나, 무엇이든, 누구나' 이용가능한 유비쿼터스 네트워크 사회의 실현이다. 그리고 이를 통해 지속적으로 세계 최고의 기술 환경을 가진 최첨단 IT 국가로 발전하고, 국민의 관점에서 생활을 향상시키며 개혁시켜 나가겠다는 것이다. 이를 위해 본 전략에서는 장기적 관점에서 향후 5년 동안 중점적으로 대응하기 위한 목표, 실현을 위한 방안, 평가지표 등을 정하고, 이를 국가적 차원에서 확실하게 추진함으로써 세계 IT 혁명을 이끄는 선두주자가 되겠다는 의지를 담았다.

2006년 7월 26일, 제38회 IT 전략본부에서는 IT 신개혁 전략에 기초한 최초의 중점계획인 '중점계획-2006'을 결정했다. 이 계획은 IT 신개혁 전략에 명시된 목표를 확실하게 달성시키기 위해 정부가 신속하게 중점적으로 추진할 수 있는 시책 등을 정리한 것이다.

또한 2007년 4월에는 2010년까지의 전략 로드맵인 'IT 신개혁 전략 정책 패키지'를 발표했는데 이 정책 패키지는 IT 신개혁 전략의 기본 방향성과 목표를 정립한 것이다. 아울러 IT 전략본부는 2007년 5월 말까지 '중점계획-2007'을 발표할 계획이다.

다른 한편으로 일본 총무성은 네트워크(광, 모바일), 정보가전, IPv6, RFID 등 일본이 경쟁력을 가진 ICT기반 기술을 실용화·범용화시키고 이러한 기술을 결합한 식품추적관리, 복지시스템, 홈시큐리티 등 선구적인 ICT 이용·활용 방법을 진전시키기 위해 2004년 12월에 'u-Japan정책'을 책정해서 적극적으로 추진하고 있다.

이러한 전반적인 정보화 추진체계 속에서, 2007년 6월 19일, 일본 총무성 산하 '통신/방송의 종합적 법체계에 관한 연구회'는 중간보고서를 공표했다.[109] 이 보고서에서는 통신과 방송으로 이분되어 왔던 종래의 구조가 디지털 및 IP화에 더 이상 대응할 수 없게 된 현 상황을 두고, 통신/방송 관련 법제도를 시급히 재편해야 한다는 제언이 담겼다. 이 보서는 향후 통신/방송 법체계를 '콘텐츠', '플랫폼', '전송 인프라', '전송 서비스', '전송 설비' 등 레이어형 구조로 전호시켜, 새롭게 '정보통신법(가칭)'으로 통합할 것을 제언했다.

또한 이 보고서는 현행법에서 방송(전파)과 통신(인터넷)으로 송신수단별로 분류되어 있는 통신/방송 콘텐츠에 대해, 사회적 기능이나 영향력에 기초한 유형으로 규제할 것을 제안했다. 언론기관으로서 강력한 여론형성 기능을 보유하고 재해방송 등 시민생활에 중요한 전달 기능을 담당하고 있는 지상방송을 '특별 미디어 서비스', 전용단말기를 이용하여 지상 방송과 비슷한 접근 형태를 취할 수 있는 CS방송이나 유선방송을 '일반 미디어 서비스', 인터넷 송신 등 그 외의 콘텐츠를 '공연통신(公然通信)'으로 분류하자는 것이다.

---

109) 日本國 通信·放送の総合的な法体系に関する研究会, 『中間取りまとめ』, 2007.

제5장 한국사회의 정보화 법체계 분석

우리나라의 정보기술의 발전은 이제 정상적인 궤도에 다다른 듯하다. 그러나 이러한 기술적 발전을 뒷받침해 주는 법제도들은 이에 훨씬 못 미치는 상황인 것처럼 보인다. 이러한 이유로 인하여 우리 사회에서는 관련 법제도들을 변화시키고자 하는 다양한 논의들이 이루어지고 있다.

다음에서는 이러한 배경하에 논의되고 있는 정보화 법체계 정비와 관련된 사항들을 논의해 보고자 한다. 특히 중점을 둘 부분은 우리사회가 가지고 있는 정보화 법체계에 대한 논의이다. 법체계에 대한 논의는 개별 법제의 타당성과 실효성에 대한 논의에 앞서 고민해 보아야 할 문제로, 추후 우리나라의 정보사회 발전이라는 측면에서 매우 중차대한 문제들 중 하나라고 할 수 있다.

제1절 현행 정보화 관련 법체계

1. 서론

우리나라의 정보사회에 대한 법제도적인 측면에서의 연구는 임시방편적으로 이루어지고 있는 것이 실정이다. 이러한 경향은 사회적 혼선을 초래하는 입법의 증가라는 문제를 노정하고 있다. 입법의 증가는 급속한 변화와 발전이라는 현대사회의 특성을 바탕으로 하여, 국가의 정책적인 고려가 법의 영역에 투영된 결과라고 할 수 있을 것이다.

입법의 증가라는 문제는 '법의 홍수'[110] 등으로 지칭되는 문제로 법학적인 관점에서 많은 논란을 빚어내고 있다. 특히 이러한 논의는 서구(특히, 독일)에서 '법제화(Verrechtlichung) 논쟁'이라는 이름하에 진행되었었다.[111] 물론 '법제화 논쟁'의 중심 화두는 서구에서 진행 중인 사회국가적 법제화[112]와 관련하여 논의되었던 것이다. 즉 국가가 분배정책적인 고려를 법에 투영하는 방식의 문제에 대한 논의로서, 근본적으로는 현대 사회에서의 정책과 법의 결합이 불러오는 근본적인 문제를 야기한다.

특히, 지식정보사회의 파급력은 그 범위가 매우 방대하여, 사회 각 분야의 급격한 변화를 초래하고 있다. 특히 이러한 발전 경향은 사회를 전문화·다변화시키는 데 있어 중추적인 역할을 담당하고 있다. 사회의 전문화 및 다변화의 양상은 이미 지적한 바와 같은 정책과 법의 결합을 증대시키고 있는 실정이다. 그러나 이러한 정책적 입법의 추진 체계에 대한 논의는 그 실천적인 입법의 노력과 결합되지 못하고, 오히려 정책적 고려를 내포하고 있는 개별적 입법 및 법제들이 체계를 무시한 채 난립하고 있으며, 이는 결과적으로 우리사회의 정보화 전망을 흐리게 하고 있다.

좀 더 구체적으로는 이러한 경향은 다음과 같은 주요한 문제점들을 발생시키고

---

110) John H. Barton, "Behind the Legal Explosion", *Stanford Law Review Vol.27 No.3* (1975), 567면 이하.

111) 이에 대해 참조할 만한 국내 문헌으로는 이상돈·홍성수, 『법사회학』(박영사, 2000); 홍성수, "절차주의적 법모델에 대한 연구: 하버마스와 루만의 이론을 중심으로", 고려대학교 석사학위논문, 1999; Voigt Ruediger, 변무웅(역), "법정책학: 이 분과의 역사적 정체성에 관하여", 「법과정책연구」 제3집 제1호, 2003 등이 있다.

112) 사회국가적 법제화의 특징으로는, ① 사법영역의 특징으로, 사적자치 원리의 수정이다. ② 공법영역의 특징으로, 행정이 보다 적극적인 형태를 띠게 된다. 하버마스(Jürgen Habermas)는 이러한 사회국가적 법제화가 "처음부터 자유의 보장과 자유의 박탈이라는 양면성"을 갖는다고 한다. 즉 형식법의 한계를 넘어서기 위한 실질법으로의 변화가 실질적 평등의 가능성을 열어 놓았지만 자유의 침해라는 반대의 얼굴도 갖고 있다는 설명으로 이해된다. 이상돈·홍성수, 『법사회학』(박영사, 2000), 121~125면.

있다. (ⅰ) 규율영역의 불확정성으로 인한 이해관계 충돌의 증대, (ⅱ) 관계 법률의 규제영역 중첩, (ⅲ) 매체 특성보다는 관계기관의 이해관계에 따른 입법의 난립, (ⅳ) 이상과 같은 중첩 및 충돌로 인한 규제비용의 증대 등이 그것이다.

2. 정보화 법제 입법 연혁: 정책적 입법의 증대경향

이러한 정책적 입법의 증대 경향은 우리나라의 정보화 법제 입법연혁을 확인해 보면 더욱 극명하게 드러난다. 우리나라의 정보화 입법 연혁은 크게 4단계로 구분하여 볼 수 있다.[113] 즉 (ⅰ) 전기통신기반의 확장(1902년－1986년), (ⅱ) 전산화의 추진(1987년－1994년), (ⅲ) 국가사회 정보화의 추진(1995년－2005년), (ⅳ) 국가사회 정보화의 전면화: 유비쿼터스 사회의 실현을 위한 노력(2006년 － 현재)으로 구분해 볼 수 있다. 각 시기의 구분은 국가적인 측면에서의 정책적 주안점을 중심으로 구성되어 있으며, 이하에서 보게 될 것처럼 이를 뒷받침하기 위한 정책적 입법들이 늘어나고 있는 추세이다.

(1) 전기통신기반의 확장(1902년－1986년)

제1단계(1902－1986)는 희소성과 공익성의 단계로서 희소한 전기통신자원을 효율적으로 배분하여 공공이익을 증진하는 데에 규제의 초점이 있으며, 이에 따라 1개 또는 극소수의 중앙집권적인 대규모 조직이 수직적 성격의 독점 내지 과점을 형성하여 비경쟁적인 체제를 구축한 시기이다. 전기통신자원의 확대에 중점을 둔 이 시기는 전기통신정책적 관점에서 보면, 다시 정부독점의 시대(1902－1981)와 비정부적 독점시대(1981－1986)로 나누어 볼 수 있다. 정부독점의 시대는 1961년 「전기통신법」의 제정 등을 통하여 정부가 직접 통신을 관장한 시기이며, 비정부적

---

113) 손상영 외, 『국가사회 정보화법체계연구』(정보통신정책연구원, 2001), 25면 이하 참조 및 변형.

독점시대는 통신서비스 제공업무를 정부기능으로부터 분리하여 전문화·혁신을 도모한 시기로서 한국전기통신공사(1981)의 설립과 궤를 같이한다. 이 시기에 제정된 주요 IT 관련 법규로는 전기통신법(1961), 전파관리법(1961), 전신전화설비공사업법(1971), 한국전기통신공사법(1981), 전기통신기본법(1983), 공중전기통신사업법(1983) 등을 들 수 있으며, 특히 전기통신법의 제정(종전의 전신법을 대체)과 한국전기통신공사법의 제정에 의한 한국통신의 설립 등은 정보통신정책의 전환점으로서의 중요한 의미를 가진다.

(2) 전산화의 추진(1987년 – 1994년)

제2단계(1987 – 1994)는 전기통신과 컴퓨터를 연결하는 전산화의 시기로서 1990년대 중반부터 시작된 국가사회 정보화와 인터넷의 혁명을 위한 준비단계라고 할 수 있다. 이 시기는 국가경쟁력 강화를 위해 세계 각국이 투자가치가 높고 사회 전반에 파급효과가 큰 정보통신기술 관련 사업의 가능성을 인식하기 시작한 시기이기도 하다.

전산망의 개발보급과 이용 등을 촉진함으로써 정보화사회의 기반을 조성하기 위해 1986년 5월 12일에 「전산망보급확장과이용촉진에관한법률」이 제정되어 1987년부터 시행되었고, 이 법률에 따라 정부는 2차에 걸친 국가기간전산망사업(제1차 : 1987 – 1991, 제2차 : 1992 – 1996)을 추진하였다. 국가기간전산망사업은 행정, 금융, 교육·연구, 국방, 공안 등 5대 국가기간전산망으로 크게 분류하여 구축하고, 1995년 5월에 산업정보망 그리고 8월에 종합물류전산망을 추가하여 국가기본DB 및 네트워크를 구축하였다. 전산망법은 전산망의 개발보급과 이용 등에 관한 기본계획·시행계획의 수립, 대통령 소속하에 전산망조정위원회 설치(위원장: 국무위원급), 선투자 후정산방식에 의한 재원조달, 한국전산원의 설립 등에 관한 규정을 두어 국가기간전산망사업의 효율적인 추진을 강력히 뒷받침했다.

한편, 전기통신정책적 관점에서 볼 때, 이 시기는 경쟁과 능률성의 단계로서

1980년대 이후의 대외적 정보통신환경 변화에 맞추어 경쟁과 규제완화의 방향으로 움직이기 시작한 시기이기도 하다. 1970년대 말 미국의 카터 행정부는 침체된 국내경제를 활성화하고 고부가가치의 전기통신산업을 국가전략산업으로 육성하기 위하여 집중적인 투자와 경쟁체제도입 등 정책을 수립·추진함과 아울러 외국시장의 개방을 강력히 요구하였다. 이러한 미국의 태도 뒤에는 마이크로웨이브, 광대역통신(broad band communications), 컴퓨터 분야의 획기적인 기술발전이 있었다. 미국의 움직임은 영국·일본 등 다른 나라의 전기통신정책에 커다란 영향을 미쳤으며, 우리나라도 마찬가지이다.

우리나라는 1980년대 접어들면서 국내외 전기통신시장의 환경변화에 대응하기 위하여 경쟁도입과 규제완화 등의 입법적 조치를 행하였다. 특히 1989년 12월에는 민간사업자의 사업영역 확대요구를 수용하는 것을 내용으로 하는 전기통신기본법과 공중전기통신사업법의 개정이 있었고, 1990년 7월 19일에는 전기통신사업구조조정안을 확정하여 단계적인 민영·경쟁체제의 구축을 추진하기로 하고, 1991년 8월 10일 전기통신기본법, 전기통신사업법을 개정하여 그 내용을 반영하였다. 이 시기는 전면적인 통신시장의 경쟁 확대라는 목표를 향한 과도기적인 단계로서 복점통신시장체제로의 점진적인 체제전환을 이루어 낸 시대로 특징지어진다(1991.12.3 데이콤의 국제전화서비스 제공, 1994.6.30 신세기이동통신 허가, 1994.6.4 선경의 한국이동통신(SK) 인수, 1995.3.29 데이콤의 시외전화 제2사업자 선정 등).

제2단계에 제정된 IT 관련 주요법규로는 전산망보급확장과이용촉진에관한법률(1986), 컴퓨터프로그램보호법(1986), 유선방송관리법(1986), 소프트웨어개발촉진법(1987), 정보통신연구·개발에관한법률(1991), 무역업무자동화촉진에관한법률(1991), 방문판매등에관한법률(1991), 종합유선방송법(1991), 공공기관의개인정보보호에관한법률(1994) 등을 들 수 있다.

(3) 국가사회 정보화의 추진(1995년 – 2005년)

제3단계(1995 – 현재)는 전 세계적인 정보화 움직임과 통신시장개방의 추세를 반영하여 정보통신시장의 자유화와 경쟁이 심화되고, 그에 따라 정보통신 시장질서와 정보이용에서의 혼돈과 동시에 새로운 질서를 모색하는 시기로서 자유화와 혼돈의 단계로 특징지을 수 있다. 1990년대 들어 동서냉전체제의 붕괴, WTO체제의 출범(1995) 등으로 세계는 무한경쟁의 상황에 직면하게 되었으며, 각국은 정보화를 21세기 무한경쟁의 국제경제질서하에서 최대의 경쟁무기로 인식하였다.

먼저 미국의 클린턴 행정부는 국가정보통신기반(National Information Infrastructure: NII) 추진계획(1993.9)과 세계정보통신기반(Global Information Infrastructure: GII) 구축 구상(1994.3)을 제시하였다. 그리고 이에 자극받은 유럽국가와 일본 등도 나름대로 정보고속도로 구축계획을 마련하였으며, 우리나라도 1994년 11월 초고속정보통신기반구축 종합추진계획, 1996년 6월 정보화촉진기본계획 등을 마련하였다.

이 시기에 있어서 정보통신 규제패러다임의 특징적인 내용으로는 통신서비스시장의 개방을 통한 경쟁촉진(1996년에 27개, 1997년에 13개의 새로운 기간통신사업자 허가－1996년 6월 3개 PCS사업자 선정, 1997년 6월 하나로통신 및 온세통신을 각각 제2시내전화사업자, 제3시외전화사업자로 선정), 정보통신부의 신설(1994.12), 정보화촉진기본법의 제정(1995)과 정보화촉진기본계획의 수립(1996) 등을 들 수 있다.

(4) 국가사회 정보화의 전면화: 유비쿼터스 사회의 실현을 위한 노력(2006년 – 현재)

제4단계국가사회 정보화는 1990년대 중반 이후 추진되어 온 법제도에 바탕을 두고, 그 이전에 비해 법적 규율의 범위가 크게 확대되었으며, 이에 대응하는 법제정비의 필요성이 강하게 대두되고 있다. 이에 정부는 유비쿼터스 사회의 실현에 중추적인 역할을 하게 될 RFID/USN, IPv6, 신기술 융합 등 지식정보사회의 고도화와 지능기반사회로의 진입을 가속화할 수 있는 법제도 정비를 지속적으로 추진할 예

정이다.114)

2006년과 2007년, 참여정부는 IT를 통한 국가경쟁력 강화를 위하여 정보통신산업을 육성하고 정보사회의 공공 및 민간영역의 각종 서비스를 활성화하기 위해 지속적인 노력을 기울였다. 즉 정보통신산업 육성을 위하여, 총 9건의 법률을 제정 또는 개정하였으며, 정보사회의 각종 서비스를 활성화시키기 위하여 21건의 관련 법률을 제·개정하였다. 이 가운데 공공부문의 서비스 활성화를 위한 법률 제·개정이 16건으로 특히 전자정부 서비스 구현을 위한 노력이 활발하였다. 또한, 정보통신망 접근성 및 보편적인 서비스를 확보함으로써 정보사회 기반을 질적으로 신장시키기 위한 정부의 노력이 최근 크게 증가하고 있음을 확인할 수 있다. 끝으로, 신규 정보서비스에 대한 이용기준을 제시하여 정보사회 지식재산권에 대한 이용규준을 정립함으로써 원활한 정보유통의 기반을 마련하였으며, 공공기관 및 일정기준의 정보통신서비스제공자에게 '제한적 본인확인제'를 도입함으로써 정보사회 정보통신윤리 확립을 위한 초석을 다졌다.

2006년과 2007년 동안 주목할 만한 법제도 개선 실적은 다음과 같다. (1) 독촉절차에서 재판서류를 전자적으로 작성·제출·송달할 수 있도록 함으로써 국민의 편의를 도모하게 하는 「독촉절차에서의전자문서이용등에관한법률」 제정, (2) 법제명을 「전자정부법」으로 변경하고 전자문서 유통 및 행정정보 공동이용 대상기관을 확대하며, 행정정보 자원관리 기본계획의 수립 및 시행을 명시한 '전자정부구현을위한행정업무등의전자화촉진에관한법률' 개정, (3) 성폭력범죄 재범 방지의 실효성을 확보하기 위하여 '위치추적 전자장치'를 부착할 수 있도록 하는 「특정성폭력범죄자에대한위치추적전자장치부착에관한법률」 제정, (4) 전자공청회 실시근거를 마련한 「행정절차법 일부개정법률안」 국회통과, (5) 전자금융의 특성을 반영하여 거래당사자의 권리·의무 등 법률관계를 명확히 하는 「전자금융거래법」 제정, (6) 수표 및 어음교환업무의 전자화의 법적근거를 마련하는 「수표법 일부개정법률안」 및 「어

---

114) 대한민국정부, 『2007 정보화에 관한 연차보고서』, 28면.

음법 일부개정법률안」 국회통과, (7) 게임·음악산업과 영화·W비디오물의 진흥을 위한 「게임산업진흥에관한법률」, 「음악산업진흥에관한법률」, 「영화및비디오물의진흥에관한법률」 제정, (8) IT 기술발전에 따라 새롭게 등장한 서비스의 정보이용 규준을 제시한 「저작권법」 개정, (9) 통신매체이용음란죄의 법정형을 상향조정하고, 본인 의사에 반하여 촬영된 성적 촬영물의 유통행위를 처벌하는 「성폭력범죄의처벌및피해자보호등에관한법률」 개정, (10) 공공기관과 일일평균 이용자수 10만 명 이상으로서 일정기준에 해당하는 정보통신서비스제공자에게 게시판이용자의 본인 확인을 의무화하는 「정보통신망이용촉진및정보보호등에관한법률」 개정이다.

또한 정부는 미래지식정보사회를 견인하기 위한 정보화 법제 정비 노력을 다양한 분야에 걸쳐 끊임없이 추진하고 있다. 2004년 정부는 '제1차 국가사회 정보화 촉진을 위한 법령정비계획(2005~2007년)'을 마련하여 18개 부처 61개 법령 제·개정을 추진하였다. 2007년 3월 기준, 61개 제·개정 대상법령 중 37건에 대한 제·개정이 이뤄졌으며, 향후 미래 지식정보사회를 대비하여 정보화 법제도 개선을 목적으로 '제2차 국가사회 정보화 촉진을 위한 법령정비계획(2008~2010년)'을 수립하고 있는 중이다.115)

3. 현행 정보화 관련 법체계

정보화 법체계에 대한 연구는 그다지 많지 않고, 다만 주요 정책적 이슈를 중심으로 하여 정보화 법체계를 분류하고 있는 실정이다. 기존에 논의되고 있는 정보화 법제의 분류는 크게 다음과 같은 두 가지, 즉 광의의 정보화 법제와 협의의 정보화 법제로 분류될 수 있다.116) 그러나 유의할 점은 이러한 분류가 애초에 전제되어 있던 것도 아니며, 그렇다고 하여 모든 정보화 관련 법제를 포괄할 수 있는 체계적

---

115) 한국정보사회진흥원, 『2007 국가정보화백서』, 252면 이하.
116) 손상영 외, 앞의 책, 30면 이하.

분류도 아니라는 점이다.

(1) 광의의 정보화 법제

광의의 정보화 관련법규는 정보사회의 실현을 위해 정치·경제·사회·문화 등 국가사회 전반에 걸쳐 정보기술의 도입·적용·활용을 뒷받침하고 정보사회가 추구할 이념과 가치를 탐구하는 이른바 정보법 또는 정보사회법의 영역이라고 할 수 있다. 정보화가 정보를 생산·유통 또는 활용하여 사회 각 분야의 활동을 가능하게 하거나 효율화를 도모하는 것이므로, 정보화 관련 법령에는 정보통신부 소관 법령뿐만 아니라 행정자치부, 산업자원부, 문화관광부, 과학기술부, 법무부 등 다른 정부부처의 소관 법령도 폭넓게 관계된다. 광의의 정보화관련법규의 기본이 되는 법률로는 국가사회 정보화의 기본틀을 제시하고 있는 정보화촉진기본법(1995.8 제정, 1999.1 개정)을 들 수 있다.

국가사회정보화 추진의 기본법이라고 할 수 있는 정보화촉진기본법의 체계를 바탕으로 정보화법제(광의)를 구분해 보면 <그림 3>과 같다. 정보화촉진기본법과 여타 법령들이 서로 논리적인 관계 속에서 제·개정된 것이 아니기 때문에 이러한 분류가 반드시 적합한 것이라고 할 수는 없지만, 각 법령의 입법취지 내지 주된 규정내용을 감안하여 분류해 본 것이다.117)

---

117) 손상영 외, 앞의 책, 32면.

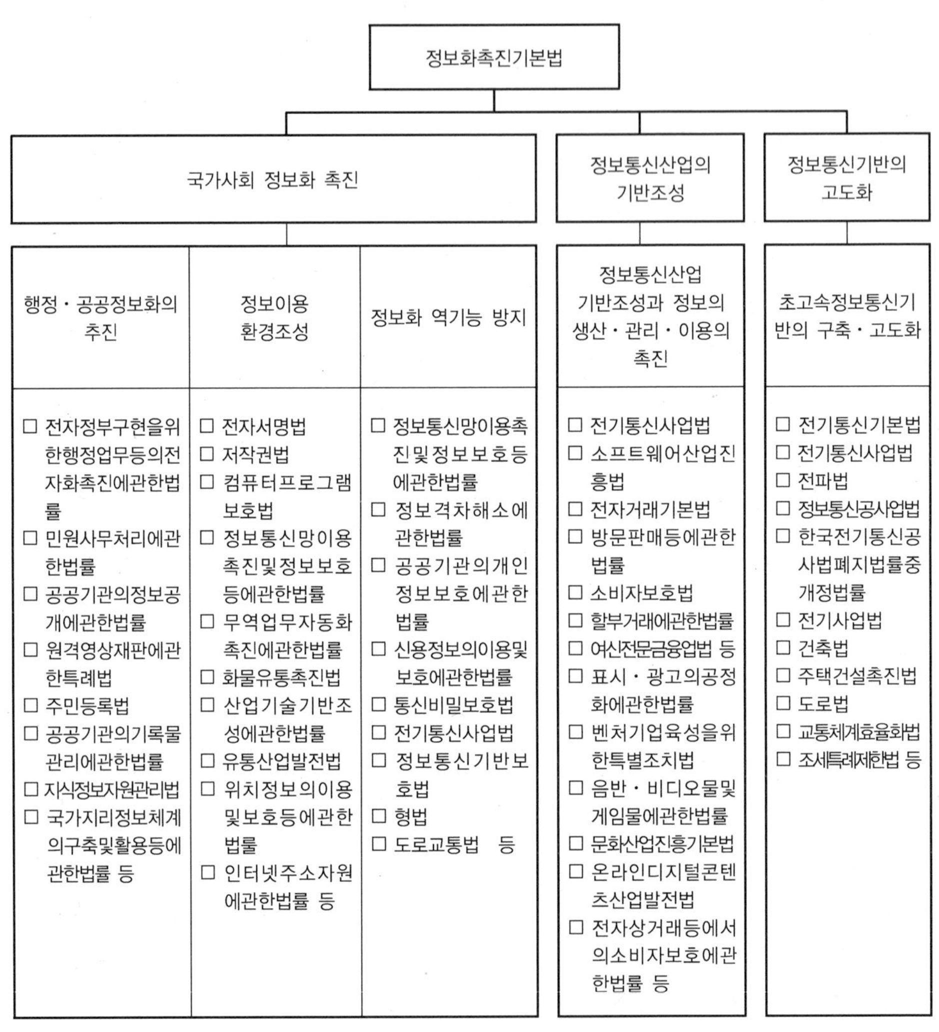

〈그림 3〉 광의의 정보화 법제 분류

(2) 협의의 정보화 법제

협의의 정보화 관련법규는 정보의 수집·가공·저장·검색·송신·수신·활용 등 그 처리과정을 규율하고 뒷받침하는 정보통신기반법제로서 주로 정보통신부의

소관에 속하는 정보통신 관련 법규가 대체로 이에 해당한다고 볼 수 있다.[118]

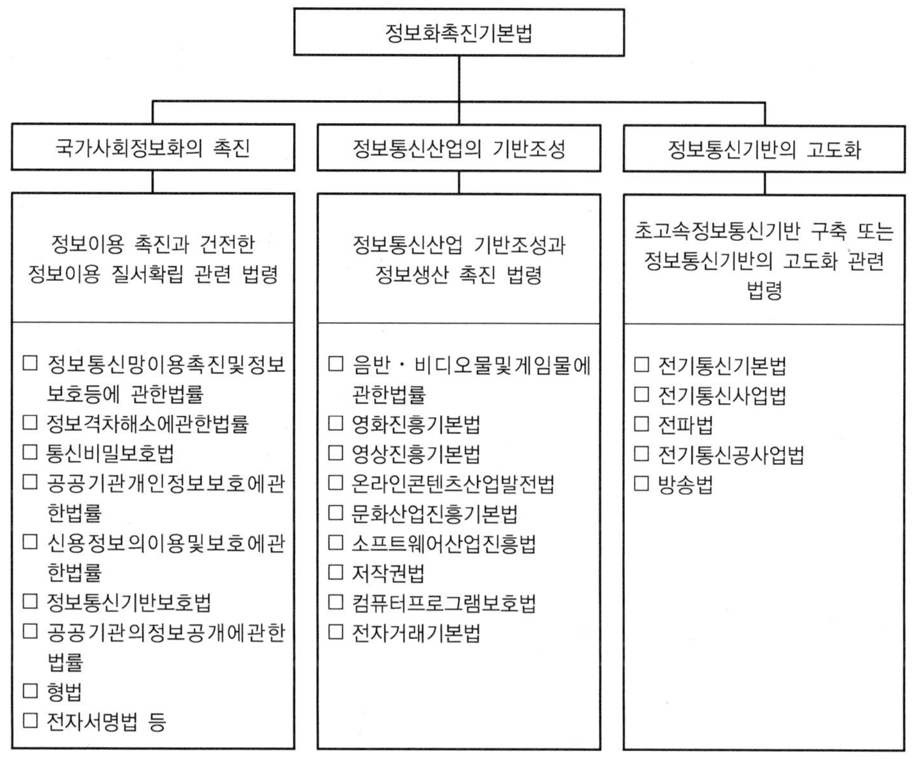

〈그림 4〉 협의의 정보화 법제 분류

<그림 4>의 분류에서 볼 수 있듯이 협의의 정보화법제 분류는 국가사회 정보화의 모습을 모두 담아내지 못한다는 느낌을 받는다. 이는 정보화라는 변화의 움직임이 이미 촉진의 대상을 넘어서서 사회의 저변에서 체화(體化)되어 가고 있다는 것을 보여 준다. 즉 정보화가 일정한 목표점을 가지고 달려가는 달성의 대상에서 사회 곳곳에서 이루어지고 있는 생활로서 이해되어야 함을 의미한다.

---

118) 손상영 외, 앞의 책, 32면.

따라서 광의의 입장에서, 정보화법제는 정치·경제·사회·문화 등 국가사회 전
반에 걸쳐 정보·통신기술의 도입·적용·활용을 촉진 및 안정화함으로써 국민의
지적능력 향상, 정보주체성 확립, 삶의 질 향상을 추구하고, 지식정보사회의 건전한
발전·운영을 위한 이념·가치와 방향을 제시해 주어야 한다.[119]

(3) 소 결

이상과 같은 법제의 분류는, 기본적으로 우리사회의 정보화가 진행되면서 전제되
어 있던 구도는 아닐 것이다. 다만 산재해 있는 정보화 관련 법제를 분류하고, 체
계적인 정책운영에 기여하기 위한 전제 작업으로 진행된 분류로 이해되어야 한다.
그러나 현실적으로 오늘날 우리사회의 정보화 법제의 체계적인 분류의 기준을 마
련하기란 그리 쉬운 일이 아니다. 따라서 이상의 분류는 대부분 우리 사회의 정보
화가 가지고 있는 정책적 분류를 포함하고 있다는 측면에서, 현행 정보화 법제의
체계를 보여 주는 일면이라고 평가할 수 있을 것이다.

이러한 분류를 통해서 우리가 기본적으로 파악할 수 있는 사항은, 그간 정보화
법제의 입법에 있어 체계적인 정책적 관점이 투영되지 못한 채로 진행되어 왔다는
것이다. 우리의 정보화 법제는 급격한 사회 변화에 적응하기 위해 분산된 입법이
추진되어 온 결과이며, 이에 따라 기본법[120]인 정보화촉진기본법과 관련 법률과의
논리적인 연관성이 충분히 고려하지 못한 결과를 초래하였다. 즉 사회적 문제로 대
두되는 문제점들에 대한 부분적 해결책들이 제·개정이 이루어지는 법률에 우선적
으로 규정되는 등 각 법률들의 명확한 역할분담이 이루어지지 않았으며, 이로 인해
내적으로 규정들이 혼재되거나, 외적으로 법률들이 혼용되는 결과를 낳고 있다.[121]

---

119) 손상영 외, 앞의 책, 33면.

120) 일반적으로 법체계에 있어 '기본법'이라는 용어에는 어떤 분야의 정책의 기본적인 방
　　향을 정하고 관련정책의 체계화를 도모하려는 의미가 담겨 있다. 박영도, "기본법의
　　법제상 위치",『법제연구』제5호, 1993, 275면.

121) 손상영 외,『국가사회 정보화법체계 연구』(정보통신정책연구원, 2001), 32면.

또한 이러한 법제 현황이 가지는 문제점의 가장 큰 근원 중 하나는 정보화 추진체계에 있어 부처별 할거주의라고 할 수 있다. 최근 이와 유사한 현상을 극명하게 볼 수 있는 문제가 방송·통신 융합과 관련한 정보통신부와 방송위원회 사이의 갈등이었다.[122]

이러한 임시방편적 입법은 일반적으로 두 가지 방향으로 전개되고 있다. 하나는 기존의 법령들을 현실에서의 즉각적인 필요에 따라 별다른 심사숙고 없이 제·개정하는 경향이며, 다른 하나는 외국의 선진 입법 사례를 우리의 현 상황을 고려하지 않은 채로 무작정 수입하는 경향이다.

제2절 현행 정보화 법체계의 문제점과 그 극복을 위한 제언

1. 현행 정보화 법체계의 문제점

이상에서 간략하게 살펴본 바와 같이, 현행 정보화 법체계의 문제점은 한마디로 '체계적 관점'의 불비로 평가할 수 있을 것이다. 다음에서는 이러한 정보화 법체계에 대해 기존에 지적되던 문제점들과, 이에 추가하여 새롭게 제기되고 있는 현재의 상황에 비추어 판단해 볼 수 있는 현행 정보화 법제의 체계적인 문제점에 대해 논하고자 한다.

---

122) 예컨대, 한국경제신문, 2005년 7월 13일, "방송인가, 통신인가"; 전자신문, 2005년 7월 8일, "'새 서비스'vs'TV 방송 입장 팽팽'"; 이 밖에도 부처별 할거주의로 인한 갈등의 불씨가 남아 있는 분야인 온라인 게임에 관한 정보통신부와 문화관광부 사이의 갈등을 빼놓을 수는 없을 것이다. 또한 최근 이들 부처는 디지털 콘텐츠식별 사업에 대한 주도권을 놓고 신경전을 벌이고 있는 상황이다. 세계일보, 2005년 11월 9일, "정통·문광부, '디지털콘텐츠식별' 사업 놓고 티격태격" 등

(1) 이념적 구심점의 미비

현행 정보화법제의 문제점으로는 우선, 정보화법제의 운영에 있어서 이념적 구심점이 없다는 것이다. 물론 정보화촉진기본법이 있기는 하지만, 급격한 사회변화에 적응하기 위하여 분산되어 추진된 법률의 제·개정은 정보화촉진기본법 및 여타 관련 법률들과 논리적인 관계 속에서 이루어지지 않았다. 이러한 이유로 사회적 문제로 대두되는 내용이 제·개정되는 법률에 우선적으로 규정되는 등 각 법률들의 명확한 역할분담이 이루어지지 못한 경우가 발생하였으며, 따라서 각 법률이 추구하는 기본이념과 어울리지 않는 규정이 삽입되는 결과를 낳았다.[123]

(2) 기술발전에 경도된 법제 형성

다음으로 제기되는 문제점은 기술발전에 경도된 법제 형성이다. 물론 정보화의 촉진과정에서 필연적인 것일 수 있으나, 정보화가 사회 전반에 스며들고 있다는 점을 생각한다면 기술발전·산업활성화와 같은 정책추진을 위한 규정과 국민들의 생활과 관련된 규정을 분리해 나갈 필요성이 있다. 즉 공법적인 부분과 사법적인 부분을 분리·운영하여서 정보화규범의 일반화를 통해 일반법과의 규범조화를 추구하여야 할 것이다.[124]

(3) 국가사회 정보화 이상향의 미비

현행 정보화 법제는 국가사회 정보화의 이상 구현에 있어서 미흡한 측면을 드러내고 있다. 현행 법제에는, 물론 정보화촉진기본법이 있긴 하지만, 국가사회 정보화의 이상, 즉 지식정보사회의 이상향이 분명하게 구현되어 있지 못하다. 이는 앞서 지적한 이념적 구심점의 부재와도 일맥상통한다고 볼 수 있다. 산업사회에서 사람

---

123) 손상영 외, 앞의 책, 44~45면.
124) 손상영 외, 앞의 책, 45면.

들은 사법과 관련 법률들이 자신들의 법률행위, 물권, 채권 등을 규정하고 있으며, 이를 통하여 자신들의 재산과 권리가 보장되고, 거래의 안전이 보장된다는 것을 인식하고 있다. 결국, 법의 테두리 안에서 행위와 소유, 거래에 대한 자유가 보장된다는 것이고, 이것은 궁극적으로 산업사회 이상의 발현인 것이다.125)

(4) 네트워크의 특성 반영의 미흡

기본적으로 정보사회의 전제는 '네트워크(network)'이다. 그러나 현행 정보화 법제는 이러한 네트워크의 특성을 고려하기보다는, 기존의 일반 오프라인 법제와 유사한 고려를 통하여 규제를 이행해 왔다. 네트워크라는 것은 기본적으로 '최종 사용자에서 최종 사용자까지(e-to-e)'라는 기술적 이념에 바탕을 두고 있다. 따라서 기존의 일방향 소통을 중심으로 한 미디어 규제와는 차원이 다른 문제들을 양산해 내고 있다. 예를 들면, 현행 지적재산권법 및 이와 관련된 제반 법규의 경우, 이러한 네트워크가 가지는 특성의 일면(개방성)만을 고려하여 오히려 규범적인 측면의 보호를 강화하기 위한 규정들을 점차 증가시켜가고 있는 실정이다. 그러나 오히려 이러한 지적재산권법이 전반적인 체계 속에서 고려해야 할 점은 소통과 공유의 관점을 어떻게 개별적인 법 자체에 접목시킬 것인가의 문제일 것이다.

(5) 구조 형성적(역동성) 관점의 부재

정보사회의 출현 및 발전과 같은 규제환경의 전반적 변화는 새로운 법해석원칙(dogmatics) 및 법형성원칙을 현출한다. 특히 최근 대두되고 있는 소프트 로(soft-law)의 출현은 이러한 사실을 반증해 주는 것이다. 따라서 새로운 법해석 및 법형성 원칙을 현행 법제에 반영해야 할 필요성이 대두된다. 그러나 우리사회의 현행 정보화 법제를 분석해 보면, 이러한 측면에 대한 고려가 미흡함을 알 수 있다. 오

---

125) 손상영 외, 앞의 책, 46면.

히려 부처별 할거주의에 입각하여, 자신들의 입지를 공고화하기 위한 법제가 증가하고 있는 실정이다. 오히려 오늘날 정보화 법제에 필요한 관점은 새롭게 변화되고 있는 규제환경을 어떻게 반영해 낼 것이며, 또한 구조적인 측면에서 그러한 변화를 어떻게 바람직한 방향으로 촉진할 것인가 하는 '구조 형성적' 측면의 고려가 필수적으로 요구된다고 할 수 있다.

(6) 체계적 정합성의 부재

다양한 정보화 법제들이 충돌하지 않고 순기능을 촉진하는 방향으로 작동하기 위해서는, 그러한 다양한 법제들 간의 체계적 정합성이라는 것이 고려되어야 한다. 즉 입법단계부터의 체계적인 정합성에 대한 고려가 있어야 한다는 것이다. 그간의 입법은 특정의 원칙이나 기준 없이, 또한 다른 법률들과의 긴밀한 연관성에 대한 고려 없이 진행되어 온 측면을 위에서 살펴본 법제 분류에서 파악해 볼 수 있다. 따라서 입법이론적인 측면에서 이러한 체계적 정합성에 대한 고려는 반드시 포함되어야 한다.

2. 현행 정보화 법체계 정비의 중심 고려사항

(1) 촉진법 체계에서 기본법 체계로의 전환

위에서 지적한 정보화 법제의 이념적 구심점으로서의 역할을 수행할 법률이 필요하다. 이러한 역할을 현재 수행하고 있는 법률은 바로 '정보화 촉진 기본법'이다. 그러나 이러한 정보화 촉진 기본법은 위에서 지적한 바와 같은 미비점에 더하여, 현재 우리나라의 정보화 추진단계(국가사회 정보화의 전면화: 유비쿼터스 사회의 실현을 위한 노력)가 가지는 위상과 부합되지 않는다. 기본의 '촉진법 기본법' 체계에서, 이제는 완성단계에 접어는 우리나라의 정보화를 선도할 수 있는 '기본법' 체계로의 전환을 필수적으로 고려하여야 할 단계가 되었다. 즉 오늘날 정보화라는 변화의 움직임은 이미 촉진의 대상을 넘어서서 사회의 각 영역에서 체화(體化)되어 가고 있음을 보여 주고 있다. 즉 정보화가 일정한 목표점을 가지고 달려가는 달성의 대상에서 사회 곳곳에서 이루어지는 생활로서 이해되고 있는 것이다. 이는 정보화촉진기본법이 단순한 촉진법으로서의 성격에서 일반적인 '정보사회기본법'으로 그 성격이 전환되어야 함을 의미한다.

(2) 유비쿼터스 패러다임의 수용

유비쿼터스 사회라는 것은 기존에 진행되어 오던 정보사회의 논의의 견지에서 본다면, 어쩌면 그리 새로운 변화는 아닐 것이다. 단지 기존의 정보사회의 논의에 있어 그것의 가장 궁극적인 발전을 보여 주는 일면이라고 평가할 수도 있다. 그러나 이러한 유비쿼터스 사회의 출현은 몇 가지 지점에서 과거와는 다른 법적 문제를 노정하고 있다.

첫째, 유비쿼터스 사회는 네트워크의 전면화라고 평가할 수 있다는 견지, 즉 사람과 사람 간의 커뮤니케이션뿐만 아니라, 사람과 사물, 사물과 사물 간의 커뮤니케이션이 전면화된다는 점에서 기존의 정보화 법제가 전제로 하고 있는 배경과 차이가 있다.

둘째, 이러한 커뮤니케이션적인 측면에서의 변화는 또한 '네트워크의 전면화'를 뜻하는 것으로서 이제 규제는 단지 문제되는 부분에만 집중되는 것이 아니고, 전반적인 규제환경을 동시에 고려해야 하는 상황이 된 것이다.

셋째, 이러한 유비쿼터스 기술의 발전은 기존 자유주의 법체계가 전제로 하고 있던 국가-사회의 구조를 변화시킨다. 이제는 각 개개인들의 문제가 사회로 총체화되는 것이 아니라, 개인 그 자체가 사회적이고 법적인 논의의 화두로 대두되고 있는 것이다.

따라서 이러한 유비쿼터스 사회의 출현은 기존의 법제와는 차별화된 관점의 법제를 필요로 한다고 할 수 있다.

(3) 네트워크의 특성 고려

　　정보화 법제의 정비에 있어, 가장 긴박하게 고려되어야 할 사항은 바로 현행 법제를 재정립하는 부분이다. 최근 정보통신부와 방송위원회, 정보통신부와 문화관광부 간의 규제 및 관할 영역에 대한 다툼은 이러한 체계적 재정립의 필요성을 강하게 제기하는 사례이다. 이러한 체계적 재정립에 있어 핵심은 그 기준이 무엇이어야 하는가이다. 이러한 기준을 설정함에 있어 고려될 수 있는 것이 위에서 언급한 '네트워크'의 특성이다. 따라서 새로운 정보화 법제의 체계적 정비에 앞서 이러한 네트워크의 특성에 대한 분석이 선행되어야 할 것이다. 궁극적으로 이는 유비쿼터스 패러다임의 법체계적인 수용에 있어 중점이 되어야 할 부분은 바로 위에서 지적한 바 있는 '네트워크'의 특성에 대한 고려가 필요하다는 점이다.

각 론

제6장 규제모델의 고찰

일반적인 입법 논의에 있어 또한 중요한 것은 어떠한 규제모델을 설정하고, 그것에 관한 입법을 행할 것인가이다. 이는 최근 EU의 통합, 새로운 거버넌스(governance)에 대한 논의 등을 통하여 새롭게 부각되고 있는 법적 담론이라고 할 수 있다. 특히 규제 주체에 대한 논의는 인터넷 등을 비롯한 정보사회의 규제와 관련하여 활발히 논의되고 있으며, 이하에서 논의되고 있는 규제모델의 논의에 있어서도 상당 부분 그러한 영역을 포괄하고 있다.

전 세계적으로 네트워크가 날로 최신화되면서 법적 문제가 증가하는 것은 불가피한 현상이다. 그렇다면 최소한 법적인 측면에서라도 이러한 문제들에 대응할 수 있는 방법은 없을까? 이러한 입법을 위한 이론적 틀로서 다양한 규제모델들이 고려될 수 있다. 이하에서는 이러한 모델들을 세부적으로 논의하고, 이러한 논의에 부수하여 발생할 수 있는 문제들에 대한 참조점도 함께 파악해 보고자 한다.126)

제1절 무규제의 가능성

사이버 공간이라는 새로운 '공간'의 초기 설립자들은 컴퓨터 사용자들이 무엇이든 할 수 있도록 함으로써, 사이버 공간을 어떠한 규제기구도 존재하지 않는 무정부적인 공간으로 생각하였다. 그러나 사이버 공간상의 공동체가 역사상 이제까지

---

126) 이하의 논의는 Rolf H. Weber, *Regulatory Models for the Online World*(Kluwer Law International, 2002)을 참조하였음.

존재해 왔던 사회들과는 구별되는 것이었음에도 불구하고, 그들이 생각하였던 규제와 통제가 없는 공간이라는 관념이 잘못된 것임을 깨닫는 데는 많은 시간이 걸리지 않았다. 나아가 인터넷이 미국 정부기관 연구의 우연적 부산물이라고 평가되던 시절에조차도, 이 기술적 네트워크의 사용에 대한 일반적 규제는 없었고, 다만 그 기술의 상업적 이용에 대한 금지만이 존재했을 뿐이다.127)

사이버 공간에서의 행동은 필연적으로 현실적·물리적 생활을 영위하는 개인 및 기관에게 영향을 미친다. 우선 여러 상황 속에서 규제담당자들은 규제 여부에 대하여 고민하고, 나아가 규제를 행하는 경우 현재의 법적 구조를 침해하지 아니하면서 어느 범위까지 예방적이거나 교정적인 수단의 동원이 가능한지에 대해 고민한다. 현대 사회에서 인터넷을 비롯한 네트워크상의 여러 문제들의 경우 우리들의 생활에 있어 너무도 중요한 것이 되어 버렸기에 규제받지 않을 수 없는 상황이 되었다.128)

따라서 무규제는 우리가 선택할 수 있는 사항이 아니라고 판단된다. 왜냐하면 사이버 공간에서의 전원적인 자연 상태란 현실적으로 존재한 바 없고, 앞으로도 존재하지 않을 것이기 때문이다. 결론적으로 사이버 공간에서의 무정부주의를 주장했던 초기의 인터넷 주창자들의 접근은 비현실적인 것이었으며, 따라서 경시될 수밖에 없었다. 네트워크는 특정한 거버넌스를 요구하고 있으며, 온라인에 대한 규제는 가능하다고 보는 것이 옳을 것이다.

---

127) Llewellyn J. Gibbons, "No Regulation Government Regulation, of Self-Regulation: Social Enforcement or Social Contracting for Governance in Cyberspace", 6 *Cornell Journal of Law and Public Policy* (1997), 477~501면.

128) Andrew L. Shapiro, *The Control Revolution*(New York: Public Affairs, 1999), 217~230면; Lawrence Lessig, *Code and Other Laws of Cyberspace*(New York: Basic Books, 1999), 213~221면.

제2절 전통적인 정부규제

정부규제의 전통적인 방식은 입법부에 의해 법제화된 법률 등을 통한 방식이다. 이러한 정부규제의 방식은 그 절차적 정당성의 확보와 강제력 있는 규범의 창출이라는 점에서 장점이 있다.

현재의 법률이 온라인상의 대부분의 측면을 규율하고 있는 것은 아니지만, 상당부분 그러한 규제는 이미 존재한다. 예를 들면, 국가의 규제기구들은 온라인에서 발생하는 불법행위에 대하여 통제하고, 분쟁절차를 규율하며, 구제책을 제시한다. 10여 년 전 인터넷이 상업화된 이래로, 현재 셀 수 없이 많은 법률이 사이버 공간에서의 특정 행위를 규제할 목적으로 제정되었다. 민주주의 원칙에 부합한다면, 전통적인 정부규제는 다음과 같은 측면에서 다양하게 정당화될 수 있다.[129]

(ⅰ) 인종, 성별 등에 기반을 둔 신분적 차별의 방지
(ⅱ) 적절한 콘텐츠 규제의 확립
(ⅲ) 개인정보의 적절한 활용
(ⅳ) 정보에 대한 불평등한 접근의 방지 등

더욱이 정부규제의 주요한 기능은 일반적인 적용가능성을 가지는 법적 강제력이다. 이러한 법적 강제력의 모델은 행정 및 사법기관이 현실적으로 집행·적용하는 실정법을 이용한다. 비록 사이버 공간에 대한 국가 법규범의 적용이 용이하지 않다고 할지라도, 이것이 정부규제가 쓸모없다는 것을 의미하는 것은 아니다.

반면, 정부규제에 있어 일반적으로 언급되는 단점은 다음과 같다.[130]

---

129) Neil Weinstock Netanel, "Cyberspace Self-Governance: A Skeptical View from Liberal Democratic Theory", 88 *California Law review* (2000), 452면 이하.

130) Rolf H. Weber, 앞의 책, 59면.

(ⅰ) 국가의 법조항을 입안·제정하는 규제기구들은 이에 필요한 충분한 '기술적' 지식을 가지고 있지 않다. 따라서 이들은 기업 및 로비스트들의 영향을 받을 위험이 있다.

(ⅱ) 입법을 통한 규범적 접근이 현실적 요구사항들을 충족시키지 못하는 경우, 이러한 법률은 시장참여자들을 설득하지 못함으로써 그들의 행위를 규제하는 데 실패할 수도 있다.

(ⅲ) 민주적 입법 절차는 일반적으로 많은 시간이 소요되기 때문에, 규범이 현실의 기술적 발전 속도를 따라가지 못하는 경우가 발생할 수 있다. 나아가 법규범은 시장과 같이 탄력적이지 않기 때문에 더욱 그러하다.

이러한 이유로, 시장의 실패를 조정하기 위한 정부규제는 의문시되고 있고, 많은 경우에 있어 '규제의 실패'를 의심받을 만한 상황에 있음을 부인할 수 없다.

지난 30여 년에 걸쳐, 학자들은 수많은 규제이론들을 개발하였다.[131]

(1) **규범적 규제이론(Normative Regulatory Theory)**은 효율성과 분배의 분석에 기반을 두고 있는 후생경제학(welfare economics)적 측면에서 평가한다. 이 이론은 미국의 경제학자들의 강력한 지지를 받아 왔고, 주로 시장진입과 가격규제영역을 다루고 있다.

(2) **실증적 규제이론(Positive Regulatory Theory)**은 규제기구와 규제를 받는 사람들 사이의 상호작용을 설명한다. 특히 양자 간에 예기치 않은 결과를 야기하는 상호작용을 증명함으로써 많은 이론적 접근을 발전시켰다. 이에는 다음과 같은 것들이 있다.

- 경험적으로, 규제기구는 전혀 중립적이지도 않을 뿐만 아니라, 스스로의 목적을 위해 존재하는 경향이 있다. 다시 말해 규제기구의 현실적 행태는 기업, 소비자 또는 공익 중 어느 하나의 목적에 편향적일 수 있다. 나아가, 규제기구는 광범위한 영향을 미치는 결정을 회피하거나 이익단체 간의 분쟁을 최소화하려는 경향을 보인다. 궁극적으로는 규제기구 구성원 자신들의 직업적 연속성의 보장, 즉 재선출 또는 임기종료 후 재임용에 대한 고려도 이에 한몫을 하고 있다.

---

131) Rolf H. Weber, 앞의 책, 59면 이하 참조.

- 관료이론(bureaucracy theory)에 의하면, 규제기구가 자신의 예산을 최대화하려 한다는 사실을 지적한다. 이에 의하면, 규제기구는 필연적으로 자신의 권한 범위를 확대하려 하고, 그 행위에 대한 심사는 억제하려 한다고 한다.
- 포획이론(capture theory)은 규제기구와 관련된 이익단체의 로비활동의 측면에서 접근한다. 즉 성공적인 로비의 경우, 이익단체는 정부의 '혜택'을 받고, 부의 재분배를 가져온다.
- 정치경제이론(theory of the political economy)은 정치권력의 시장, 특히 변화하는 정치적 상황의 규제와 상관관계를 가지는 규제기구의 판단에 대한 정치행위의 영향력을 설명하고자 한다.

제3절 국제적 협약 및 협력을 통한 규제

인터넷 등에 의한 커뮤니케이션 네트워크의 속성은 전 지구적인 수준의 법적 구조를 창출해 낸다. 구조적인 측면에서 국제적 규제는 국제적 발전의 적절한 대응이라고 할 수 있으며, 이러한 접근은 기술적, 경제적 및 법적 주제를 지도하는 지위에 있다. 국제법적 기본 구조를 창출하려는 시도는 단순히 전 세계를 대표하여 어느 한 국가의 입법기관으로 하여금 발안하게 함으로써는 성공할 수 없다. 국제적 규제는 많은 국가들의 협동적인 노력을 요구하기 때문에, 이러한 접근은 적어도 인터넷 등의 온라인에 접근할 수 있고 이를 사용하는 시민들이 있는 국가들의 다수가 규범제정절차에 참여하는 경우에만 실현될 수 있다.[132]

이론적으로, 국제적 협력은 특정한 행위를 제한할 수도 있고(예컨대, 인터넷상의 프라이버시 보호, 정크메일에 대한 규제), 또한 그 사법, 행정 그리고 입법의 측면 가지도 포괄하는 광범위한 것일 수도 있다. 그러나 개별적 국제규범의 실제적인 적용범위의 모호성뿐만 아니라, (비록 일관적이고 이해가능한 전 지구 차원의 법적

---

132) Klaus W. Grewlich, *Governance in Cyberspace*(Kluwer Law International, 1999), 25면.

기본 구조가 매우 매혹적으로 보일지라도) 어느 한 국가의 입법기관이 당면해야 하는 국제법의 실행에 있어서의 복잡성은 과소평가될 수 없는 것이다. 나아가 사이버공간에서의 법적 시스템의 한계와 관련된 난점들의 경우 참여국들의 가치 창출과정에서 발생할 수 있는 실질적인 차이를 고려한다면, 이러한 차이는 전 지구적 맥락에서는 더욱 악화될 수도 있다. 정치적 현실과 국익을 위한 부차적인 저항과 난관들은 극복하기 어려울 것이고, 특히 국제적인 측면에서 입법·행정·사법권을 모두 가진 조직이 별로 없다는 점에서 더욱 그러하다.

국제법에서 일반적으로 수용되는 법원칙은 여전히 형성과 소멸을 반복하는 과정에 있고, 국제법적 시스템의 존재는 여전히 논쟁적인 주제이다. 그럼에도 불구하고 역사는 법의 일반원칙이 상이한 사회적 상황하에서도 발전되어 왔음을 보여 준다.

(i) 로마법은 만민법(ius gentium)으로 인식되었는바, 법원들은 로마 일반법의 적용이 부적절하거나 관련 외국법을 발견하지 못한 경우, 이를 로마제국의 시민이 아닌 외국인에게 적용하였다.

(ii) 11세기 이탈리아 도시들에 기원을 두고 있는 중세 상인들은 교역 및 다른 상거래에 적용되는 관습적인 법규로 구성된 소위 상인법(lex mercatoria)을 발전시켰다.

(iii) 17세기에 그로티우스(Hugo Grotius)는 고래의 전통에 영향을 받은 국제법의 근대적인 몇몇 원칙들을 발전시켰다.

(iv) 이미 19세기에, 각국 정부는 (우편, 통신, 해상, 지적재산권과 같은) 특정한 문제들은 그 국가 간 거래를 용이하게 할 일반적 규범이 필요함을 인식하였다.

그 성질이 어떠하건 간에 국제법적 규칙을 승인하는 특정 국가의 동의는 당해 국가의 재량권 및 주권에 대한 제한임을 의미한다. 그러나 이러한 제한은 동일한 규범이 다른 국가에도 적용될 수 있고, 그와 같은 법률관계로의 진입이 문제해결에 도움을 주는 경우에 실현될 수 있다. 이러한 이유로, 오늘날 국제적 규범이 이전보다 더 확대되고 있다.

제4절 자율규제

이미 논의한 바와 같이, 사이버 공간의 초기설립자들은 그 지리적 특성으로 인하여 온라인에 대해서는 정부규제가 자리할 수 없을 것이라고 믿었고(무규제적 접근방법), 이러한 이유로 사이버 공간은 자율적인 규제가 더 적합하다고 생각하였다. 비록 이러한 접근방법이 현실에 부합하지 않다는 것이 밝혀졌다고 할지라도, 자율적 규제가 온라인에서 현실적으로 역할을 할 수 있음은 간과되어서는 안 된다. 그러나 사이버 공간의 주창자들, 특히 존슨(Johnson)과 포스트(Post)는 실제로 '자율규제의 확립된 형태'를 요구하기보다는, '자연발생적 규제'를 선호하였다. 그러한 규제의 '자율성'은 규칙제정과 관련된 특정 형식으로부터의 독립성을 의미한다.[133]

전통적으로, 자율규제는 '보충성의 원칙'을 따르는데, 이는 특정 공동체의 참여자가 스스로 적절한 해결책을 발견하지 못하는 경우에만 정부가 개입할 수 있음을 의미한다. 그러나 일반적으로 공법은 사법의 윤곽을 설정해 주기 때문에, 자율규제의 메커니즘이라는 측면을 포함한다.[134] 원칙적으로 자율규제는 그것이 법률을 통한 국가규제보다 효율적인 경우에 그 정당성이 인정된다. 그러므로 사적 영역이 스스로 처리할 수 있는 것을 다루는 정부규제는 사회적 손실로 평가된다. 더 넓은 견지에서 본다면, 자율규제는 환경의 변화에 반응하는 규범이자 속지주의 원칙으로부터 독립적인 규칙을 발전시키고 설정하는 규범이다. 그러므로 법원칙은 점차 자율규제의 장점을 인식해 가고 있다고 할 수 있을 것이다.

일반적으로 자율규제는 두 가지 다른 개념으로 구별된다.[135]

---

133) Neil Weinstock Netanel, "Cyfberspace Self-Governance: A Skeptical View from Liberal Democratic Theory", 88 *California Law review* (2000), 446~451면.

134) Henry H. Jr. Perritt, "The Internet is Changing the Public International Legal System", 88 *Kentucky Law Journal* (1999~2000), 892면.

135) Llewellyn J. Gibbons, 앞의 글, 509면 이하; Klaus W. Grewlich, 앞의 책, 291면 이하.

(ⅰ) 자율규제는 자신들의 행위를 제한하는 문제를 스스로 결정한다는 사적 단체와 관련된 개념요소라고 할 수 있다.

(ⅱ) 자율규제는 정부에 의해 설정되는 구조 내에서 발생하는 개념일 수 있는데, 이러한 형태는 때때로 국가감독 자율규제(audited self-regulation)라 불린다.

자율규제의 범위와 구조는 명백히 현실 세계 내의 상황에 의존한다. 무엇보다도 다음의 요소들을 염두에 두어야 한다.

(ⅰ) 자율규제적 접근방법은 참여자의 수와 문제의 속성에 근거하는 특별한 디자인이 요구된다.

(ⅱ) ① '사적 규칙'에 관하여 동의하는 동일 시장영역의 참여자들의 경우, 그리고 ② 상충하는 이해관계를 조정하기 위하여 위와 같은 '사적 규칙'을 채택하고자 하는 다른 영역의 시장참여자들의 경우에 있어서는 각기 다른 자율규제적 접근방법이 확립될 필요가 있다. 온라인에서 시장의 이러한 두 측면은 인터넷 산업과 사이버 공간의 사용자이다.

(ⅲ) 자율규제는 실질적인 문제를 다루는 절차적 규칙과 실체적 규칙을 포함할 수 있다.

자율규제의 각기 다른 형식에 따라 법원칙도 달라진다.136)

(ⅰ) 자율규제의 전통적인 형태는 동일 시장영역 내 또는 서로 다른 시장영역을 가지는 기업 간의 소위 집단적 협정에서 발견될 수 있다. 예를 들면, 양 경우 모두 독점금지법의 문제가 발생할 수 있다.

(ⅱ) 다소 유연한 자율규제의 형태는 신사협정의 성격을 띠고 있다. 이는 보통 직접적으로 강제할 수는 없지만, 참여자들에게 그 규칙에 부합하여 행동할 것을 요하는 도덕적 압력 수단이 된다.

(ⅲ) 행위규칙은 참여자로 하여금 어떠한 특정 조항을 자발적으로 준수하게끔 권유

---

136) Rolf H. Weber, 앞의 책, 81면.

할 목적을 지닌다. 특히 온라인에 적용될 수 있는 일종의 행동규칙은 '네티켓
(netiquette)'이라 불린다.

  자율규제의 법적 특성에 보편적으로 적용되는 이론적인 법원칙은 아직까지 설정
된 바 없다. 다만 다음의 몇 가지 사항들이 고려될 수 있다.137)

  첫째, 주지하다시피 법률은 가장 주요한 법원이다. 자율규제적 성격을 지닌 조항
들은 공적인 강제력이 없고, 보통 일반적이고 추상적인 방법으로 모든 사람들에게
적용되기 때문에, 그러한 규범들은 법률과 같은 특성을 가질 수 없다. 기껏해야 자
율규제는 도덕적 압력으로서 사용될 수 있거나, 계약 또는 단체규칙에 근거한 제재
를 이끌어 낼 수 있을 뿐이다.

  둘째, 계약은 국가기구의 지원으로 강제될 수 있는 '사법 또는 사적 규범'으로
간주될 수 있다. 그러한 형태의 자율규제는 계약, 특히 신사협정에 대한 이해와 상
당히 유사하다. 그러나 그 용어의 선택에 있어 '합의'라는 단어를 포함하고 있을지
라도, 이러한 법적 관계가 계약상 합의에 완전히 부합하는 것은 아니다. 상당히 많
은 경우에 신사협정관계의 참여자들은 이를 비구속적인 책임으로 생각하고, 나아가
신사협정의 강제조항은 일부러 포함시키지 않으려 한다. 이와 동일한 원칙이 행동
규칙에도 적용된다.

  셋째, 계약에 대한 전통적인 이해와 관련한 도그마틱적인 문제를 극복하기 위해
서, 현대의 법원칙은 '사회계약(social contract)'이라는 개념을 받아들였다. 일반적
으로 사회계약은 어떠한 제도의 참여자들이 그 법적 강제력의 결함에도 불구하고
합의된 조항을 도의적으로 따르는 것으로 이해된다. 이론적으로 사회계약은 모든
구성원이 동일한 의무를 이행할 때 얻게 되는 이익, 예컨대 사회질서 및 재산권의
보존 등을 고려하여 각자가 의무에 따라 행동하는 사람들 간의 합의를 말한다. 그
러나 현실에 있어 그러한 사회계약이라는 개념이 자주 파기되는데, 그 이유는 많은
경우 구성원들이 몇몇 이유로 인하여 현존하는 사회적 규범을 무시하거나 저항하

---

137) Rolf H. Weber, 앞의 책, 81~83면.

기로 결정하는 때이다.

넷째, 자율규제는 또한 사회통제모델로서 이해될 수도 있다. 이와 같은 통제시스템은 인간의 행위에 규범적으로 적합한 규칙들로 구성된다. 사회적으로 승인된 규칙들은 강제가능한 제재를 통해 실현된다. 사회통제모델은 공동체 통합을 위한 사회적 강제력, 즉 악담 또는 험담에서부터 당해 공동체로부터의 추방에 이르기까지의 다양한 수준의 제재를 사용한다. 이러한 이론적 접근의 문제점은 온라인에서의 참여자들은 공동체의 구성원이 아니고, 다시 말해 많은 네티즌들은 온라인공동체로부터 쉽게 추방될 수 없는 여행자에 불과하다는 것이다. 인터넷서비스 제공자에 의해 당해 시스템으로부터의 차단이 이론적으로 가능하다 할지라도, 그러한 제재는 현실적인 억제책이 되지 못한다.

다섯째, 지난 수년 동안, 법원칙은 법의 새로운 개념, 즉 실질적인 법과 법이 아닌 것 사이의 무엇인가를 의미하는 '소프트 로(soft law)'를 발전시켜 왔다. 그럼에도 불구하고, 소프트 로라는 용어는 아직까지 명백한 범위와 신뢰할 만한 내용을 가지고 있지 못하다. 일반적으로 소프트 로라는 법률에 근접한 사회적 관념이자, 보통 특정 형태를 가지는 기대 및 수용될 만한 행동규칙이라고 설명될 수 있을 것이다.

자율규제는 종종 시장영역의 이미지를 고양시키거나 상거래의 가능성을 증진시키기 위하여 특정 공동체의 참여자들에 의해 사용되어 왔다. 나아가 자율규제는 입법자들로 하여금 자신의 영역에 대해 규제할 수 있는 형식적인 법률을 통과시키지 못하도록 설득하기 위한 수단으로 사용될 수도 있다. 그러나 이러한 전략적이고도 심리적인 요소들로 인하여 자율규제가 더 이상의 장점들이 존재하지 않는다고는 할 수 없다. 자율규제의 일반적인 장점으로는 다음의 것들이 언급된다.[138]

---

138) Klaus W. Grewlich, 앞의 책, 324~325면.

(ⅰ) 특정 공동체의 참여자들에 의해 창출되는 규칙들은 그것들이 현실적인 필요에 부응하고 기술을 반영하기 때문에 효과적이다.

(ⅱ) 자율규제는 변화하고 있는 기술에 법적 구조를 유연한 방식으로 적용시킬 기회를 제공해 준다.

(ⅲ) 자율규제적 규칙들은 특정 국가 기구에 의해 부과된 것이 아니기 때문에, 그 규칙의 준수에 대하여 인센티브를 제공할 수 있는 좋은 기회가 된다.

(ⅳ) 자율규제는 보통 비용절감의 효과를 가져올 수 있다.

(ⅴ) 효과적인 자율규제는 규칙의 제정과 이행이라는 측면에서 관련 당사자로 하여금 지속적으로 자문절차에 참여하도록 한다. 관련 당사자들의 개입은 필연적으로 자율규제적 메커니즘이 현실적 필요를 정확하게 반영하는 것을 보장할 수 있다.

자율규제 자체의 자립적 특성과는 달리, 이는 또한 사적 규범이 그 적용영역에 있어 광범위한 재량을 허용하는 일반적인 실정규범들을 해석하는 데 도움을 줄 수도 있다.

자율규제 메커니즘에서 예측할 수 있는 단점 역시 간과되어서는 안 된다. 이는 주로 사적 규범의 편입절차뿐만 아니라, 그 강제절차와 관련되어 있다. 특히 다음과 같은 것들이 고려되어야 한다.[139]

(ⅰ) 자율규제조항의 제정이라는 맥락에서, 법률의 입법절차의 속성은 고려되지 않는다. 그 절차는 때때로 불투명하고, 모든 관련단체가 필연적으로 개입되는 것은 아니다. 나아가 자율규제는 일반적인 규칙이라기보다는 사안별(case-by-case) 규칙에 집중하는 경향이 있다. 궁극적으로 자율규제는 몇몇 참여자들만이 그 규칙과 기준의 창출, 감독 및 실행에 있어 중요한 자원을 사용하는 반면, 다른 참여자들은 단지 그들의 존재로부터 혜택을 받는 일이 발생할 수도 있다.

(ⅱ) 자율규제 메커니즘은 일반적으로 법적 용어에 구속되지 아니한다. 그러한 법적 특

---

139) Henry H. Jr. Perritt, 앞의 글, 923면.

성을 개의치 않기에, 그 규범은 단지 이를 승인한 사람들에게만 적용가능하다. 자율규제 준수의 필요성은 국외자(outsider) 또는 묵시적 순종자(dark sheep)의 문제를 야기하며, 그러한 국외자의 수가 상당한 경우, 자율규제체제는 그 정당성을 상실할 위험이 있다.

(iii) 자율규제는 관련 시장참여자의 합의에 매우 많이 의존하기 때문에, 그 기준들은 자율규제의 영역에 동의한 이해당사자들의 의지에 의존하는 영역별로 구분될 수 있다. 결과적으로 인접시장에서 보호의 수준이 동등하지 않거나, 불합리한 모순을 야기할 수도 있다.

(iv) 자율규제 메커니즘이 항상 안정적인 것은 아니다. 사실상 특정 공동체의 참여자들은 자율규제적 구조를 특정한 절차에 따르지 않고 파기하기로 결정할 수 있다. 그러므로 당해 시장에서의 중요한 행위자에게 많은 부담을 지우는 자율규제의 구조는 그 속성상 취약할 수밖에 없는 위험이 존재한다.

(v) 자율규제의 주요한 문제는 강제절차의 부족, 즉 사적 규범과 자율규제가 충돌하는 경우 그것이 필연적으로 제재를 야기하는 것은 아니라는 문제와 관련된다. 계약이 체결된 경우에 한하여 벌칙 부과의 위협은 제재가 될 수 있는 것이고, 나아가 시장참여자가 결사체를 조직하는 경우, 묵시적 순종자는 그 결사체로부터 배제될 수 있다. 그러나 현실적인 강제력은 정부규제와는 반대로 불가능하다.

그럼에도 불구하고, 위에서 언급한 자율규제의 메커니즘을 고려한다 할지라도, 정부규제가 확립되기 어려운 영역에서 자율규제가 효율적이고도 유연한 장점을 가진다는 점이 경시되어서는 안 된다. 그러므로 자율규제는 온라인에서의 법적 문제들을 다루는 적절한 수단이 될 수 있다.

제5절 기술적 구조를 통한 규제

최근 법적 기본 구조의 형성에 있어서도 기술적 환경을 심각하게 고려해야 할 필요가 있다는 것을 점차 깨닫게 되었다. 다시 말해, 국가, 국제기구 또는 사이버공동체 등의 어떠한 기구에 의해서든지 규범 창설절차는 그 기반에 있어 글로벌 네트워크의 특이성을 적절하게 고려하지 아니하고는 성공할 수 없다. 1998년 조엘 라이덴버그(Joel Reidenberg)에 의해 수행된 최초의 이론적 시도는 '정보법(lex informatica)'라 불리는 틀을 개발하려고 시도하였고,[140] 몇 년 후, 로렌스 레식(Lawrence Lessig)은 특히 미국에서 주된 논쟁 주제가 된 '코드에 기반을 둔 규제'라는 개념을 제시하였다.[141] 이와 같은 두 접근은 더욱 자세히 검토할 가치가 있다.

1. 정보법(Lex Informatica)

'정보법'이라는 개념으로 구체화된 라이덴버그의 목적은 기술을 통해 정보정책에 관한 규칙들을 형성하는 것이다. 정보법에 대한 필요는, 시장참여자들이 자신들의 상호관계에 있어 기본적인 공정성을 보증할 지역적 주권의 규칙으로부터 독립적인 법적 장치인 상인법(lex mercatoria)의 필요성과 비교될 수 있겠다. 정보법은 정책결정자가 이해해야만 하는 '기술' 그리고 커뮤니케이션 네트워크상의 정보의 소통(흐름)을 위한 일련의 '규칙'들로 구성되어 있다.[142]

라이덴버그는 세 가지 실질적인 주제, 즉 콘텐츠, 개인정보 및 지적재산과 관련된 소유권을 정보법적 접근의 구체화된 예시로서 분석하였다.[143]

(i) **콘텐츠(내용)**: 정보 콘텐츠(예컨대, 인종주의, 포르노그래피 및 명예훼손 등과의

---

140) Joel R. Reidenberg, "Lex Informatica: The Formulation on Information Policy Rules in Cyberspace Through Technology", 76 *Texas Law Review* (1998), 553면 이하.

141) Lawrence Lessig, 앞의 책, 3면 이하.

142) Joel R. Reidenberg, "Lex Informatica: The Formulation on Information Policy Rules in Cyberspace Through Technology", 76 *Texas Law Review* (1998), 555면.

143) Joel R. Reidenberg, 앞의 글, 558면 이하.

관련에서)의 규제는 민주적 사회에 대하여 근본적인 정치적 문제들을 제기한
다. 라이덴버그는 표현의 자유와 같은 가치를 손상시킴 없이 각기 다른 콘텐츠
(내용) 기준들을 조화시키고자 하는 청책적 문제를 해결하기 위해 고안된 가능한
방책으로써 인터넷 콘텐츠 선별기준(Paltform for Internet Content Selection[PICS])
을 구체화하였다. PICS는 인터넷에서 활용 가능한 자료를 설명해 주는 등급 기준
체제를 정의하는 일련의 기술적 설명서이다. 기술적 기준으로서 PICS는 콘텐
츠, 등급 및 필터링 기준에 관해서 중립적이다. 특히 PICS는 다양한 관할영역
별 특이성을 다룰 수 있게 함으로써 각기 차별성을 가지는 콘텐츠 및 평가기
준을 적용할 수 있다.

(ii) **개인정보**: 개인정보에 대한 정책적 문제는 글로벌 네트워크에서 유포되는 정보
의 사생활보호 기준의 발전 및 적용과 관계된다. 유럽연합과 미국 간의 논쟁에
서 보는 것처럼, 사생활보호의 기준은 국가마다 상이하기 때문에 정합적인 척
도는 필수적이다. 가능한 해결책으로써 라이덴버그는 정보의 익명성을 창출하
는 몇 가지 기술적 메커니즘을 제시한다. 나아가 PICS에 기반을 둔 모델은 사
용자로 하여금 개인정보의 제공을 결정할 수 있도록 해 준다. 그럼에도 불구하
고 PICS에 기반을 둔 필터링 및 환경설정장치는 완벽한 해결방안이 아님을 인
식하여야만 한다. 그러나 신원조회 및 인증에 대한 개인의 선택을 통하여 사생
활보호 수준은 향상될 수 있다.

(iii) **소유권**: 사이버 공간에서는 특허권, 상표권 및 특히 저작권법 등에 의한 법적
보호를 받는 정보의 복제가 다수 발생할 수 있다. 전통적인 지적재산권 체제는
정보소유자에게 단지 제한적인 보호수단만을 제공할 뿐이다. 라이덴버그는 웹
캐싱(web caching)과 신뢰시스템(trusted system)에 주목한다. 신뢰시스템의 이
점은 소프트웨어의 소유자가 그 사용을 통제할 수 있는 지위에 있게 한다는
점이다.

일반적으로 말하면, 정부규제체제와 정보법상의 규칙 간의 유사점들은 간과될 수
없다. 나아가 규범제정절차에서 양자 모두 필수적인 규칙뿐만 아니라, 상황에 적합
한 규칙을 만들 수 있게 해 준다. 그러나 정보법은 더욱 개방적인 접근에 의존한
다. 그러한 시스템적 구성은 두 종류의 실체적인 규범, 즉 기술 기준에 내포된 불

변의 정책과 기술적 구조에 내포된 유연한 정책을 허용한다. 따라서 정보법은 다양한 기술적 메커니즘에 따라 규칙에 손쉬운 상황적합성을 제공한다.[144]

본질적으로 정책선택은 기술과 규제를 통하여 가능해진다. 법적 규제와 정보법 간의 차이점은 다음과 같이 설명될 수 있다.[145]

<표 12> 법적 규제와 정보법의 차이점

	법적 규제	정보법
구 조	법 률	구조 표준
관할영역	물리적 영역	네트워크
내 용	실정법/법원 표현	기술적 역량 관습적 관행
제정자	국 가	기술자
상황 적합적 규칙	계 약	구성(환경 설정)
상황 적합적 규칙 제정 절차	저비용 적정 비용 표준형태 고비용 협상	기존 구성 설치 가능한 구성 사용자선택
주요 강제수단	법 원	자동적, 자기실행

정보법의 개념은 다양한 긍정적인 측면들을 가지고 있다. 기술적 환경에 근거한 유연한 표준들의 도입은 상황에 적합한 규칙을 가능하게 하고, 나아가 참여자의 필요는 기술적 구조를 조절할 수 있는 디자인으로서 기능할 수 있다. 그러한 환경하에서의 정책결정자의 관심은 원칙적으로 기술적 고안의 발전에 영향을 미칠 수 있는 접근방법들로 연결된다.

그러나 유연성과 개방성이라는 것이 단점이 전혀 없는 것은 아니다. 적합한 법적

---

144) Joel R. Reidenberg, 앞의 글, 577~580면.
145) Joel R. Reidenberg, 앞의 글, 569면.

구조는 개인들 간의 상호의존적인 관계를 설립하기 위한 최소한의 예측가능성을 요구한다. 규제구조가 오직 기술적인 발전에만 기반을 둔 경우, 법적 예측가능성은 감소할 수도 있다. 나아가 기술적 해결을 위한 구조설정의 책임을 누가 부담할 것인가라는 문제가 제기된다. 특히 이와 같은 새로운 정책결정자의 민주적 정당성은 논란의 여지가 있다.

원칙적으로 정보법의 개념은 더욱 구체화될 필요가 있다. 그러나 이와 같은 필요성은 레식이 발전시킨 코드에 기반을 둔 규제와 같은 접근방법 등을 통하여 중복됐기 때문에 고려되지 아니하였다. 특히 미국에서의 논쟁은 정보법에 대한 깊은 고려 없이 코드에 기반을 둔 규제에 집중되어 왔다. 이러한 측면에서 이하에서는 레식의 개념의 평가에 초점을 맞출 것이다.[146]

2. 코드에 기반을 둔 규제

코드에 기반을 둔 규제이론은 주로 로렌스 레식에 의해 개발되어 왔다. 비록 '코드'라는 용어가 니클라스 루만(Niklas Luhman)과 같은 사회과학자에 의해 사용되었지만, 이 용어의 의미를 이해하기 위해서는 레식의 접근이 가지는 기본적 구조는 사회과학적인 그것과는 다르게 설명돼야 한다. 레식에 따르면 인간의 행동은 법률, 시장, 사회규범 및 구조라는 네 가지 강제력 사이의 복잡한 상호관계에 의해 규제된다고 한다.[147]

---

146) Rolf H. Weber, 앞의 책, 92~93면.
147) Lawrence Lessig, 앞의 책, 88면.

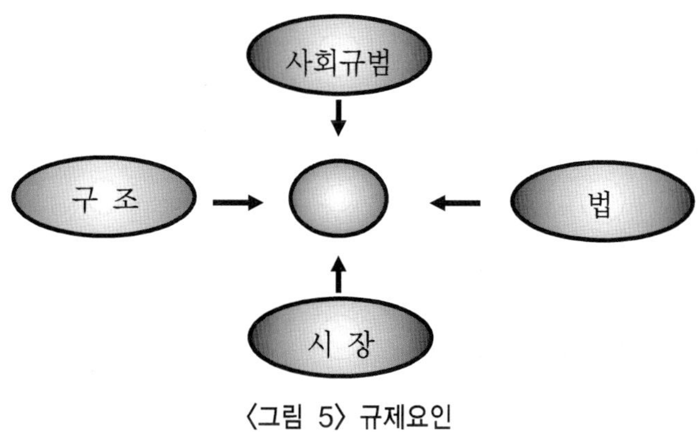

〈그림 5〉 규제요인

    법률규범과 유사하게 코드적 해결은 원칙적으로 권한을 할당하고 집행하는 정보를 반영한다. 이와 같은 코드적 해결에 대한 레식의 접근은 권한으로서의 규칙의 처분가능성 규칙(property rules)과 책임성 규칙(liability rules)을 지적한 시카고 법과대학의 캘러브레시(Calabresi)와 멜러머드(Melamed)의 견해에 기반을 두고 있다. 처분가능성 규칙은 시장참여자로 하여금 자신의 선호에 따른 계약을 통하여 최초의 권한할당을 변화시키는 것을 말한다(획득하기 전에 협상을 요구). 책임성 규칙이라는 개념은 당사자로 하여금 국가에 의해 부과된 책무를 이행하지 않고서는 권한 이전이 허용되지 않는 것을 말한다(먼저 획득을 허용하고 나중에 지불을 요구한다). 처분가능성 규칙은 거래비용[148]이 낮은 경우 효율적이고, 책임성 규칙은 거래비용이 새로운 권한의 할당을 어렵게 하는 경우 효율적이다. 따라서 온라인에서의 낮은 거래비용은 참여자간의 자신들의 선호수준을 최적화하기 위해 교섭하는 것을 허용하는 처분가능성 규칙에 더 부합한다.

    '법률', '시장' 및 '사회규범'이라는 용어는 이미 모든 사회에서 친숙하고 잘 알

---

148) 각종 거래에 수반되는 비용을 말한다. 거래 전에 필요한 협상, 정보의 수집과 처리는 물론 계약이 준수되는가를 감시하는 데에 드는 비용 등이 이에 해당된다. 또한 처음 계약이 불완전해서 재계약할 때 드는 비용도 포함된다. 시장이 발전할수록 경제활동에서 차지하는 비율이 증가하는데, 이를 줄이는 것이 기업의 중요한 목표가 된다.

려진 개념들이다. 네 번째 규제요인인 구조는 레식에 의해 물리적 현상, 자연 및 기술이 결합된 강제수단으로 설명된다. 개인의 행위규제는 네 가지 강제력의 측면에서 보아야만 한다. 특히 구조는 사이버 공간이 개인들에게 있어 어떠한 생활공간이 될지를 경정하는 역할을 한다.[149]

레식에 따르면, 코드는 다소 명료하지 않은 개념이다. 사이버 공간은 레식의 저서의 제목이 지시하는 코드에 의해 구성된다. 코드는 어떤 종류의 네트워크(특히 인터넷)를 구성하는 하드웨어 및 소프트웨어에 대한 고안이고, 커뮤니케이션 프로토콜은 위의 요소들로 하여금 상호간에 반응하도록 하는 기획으로 설명된다. 코드의 강제성은 자기실행적이고, 참여자들의 특정한 간섭 없이 적용된다.

구조는 네 가지 규제요인의 하나이기 때문에, 코드의 디자인은 실질적으로 인간의 행동에 영향을 끼친다. 특별한 코드에 따라 특정한 행위가 가능할 수 있고, 그 실행이 어려울 수도 있다. 코드는 사이버 공간에서 거의 완벽한 통제를 할 수 있기 때문에 더욱 강력한 규제요인이 된다. 하나의 예로서, 코드의 광범위한 통제는 보호되는 자료에 대하여 접근과 사용이 법률이 허용하는 것보다 더욱 커다란 통제를 가하는 '신뢰시스템'의 실행을 통해 달성될 수 있다.[150]

결과적으로, 레식은 특정 세계에 도달하였는데, 이는 코드가 법률이 과거에 그러했던 것보다 더욱 효율적이고도 더욱 많은 양의 성취를 이끌어 낼 수 있는 세계이다. 나아가 코드는 "법률로부터 코드로, 주권으로부터 소프트웨어로의 효율적인 규제권한이 전이되는" 세상으로 연결됨으로써 법률을 대체할 수도 있다. 코드에 기반을 둔 규제는 즉각적이고, 최종적이며 완전한 변화를 야기하기 때문에 효율적이다.

기술적 구조를 넘어, 코드에 기반을 둔 규제는 적어도 어느 정도까지는 법적 규칙에 의해 영향을 받는다. 이러한 영향력은 국가 또는 국제적 차원의 입법자나 사적 규칙의 제정자로부터 나오는 것이라고 할 수 있다. 이러한 견지에서, 네 가지

---

149) Lawrence Lessig, 앞의 책, 67면, 70면, 87~89면.
150) Lawrence Lessig, 앞의 책, 129~130면.

규제요인들의 도표는 다음과 같이 다시 변용될 수 있다.[151]

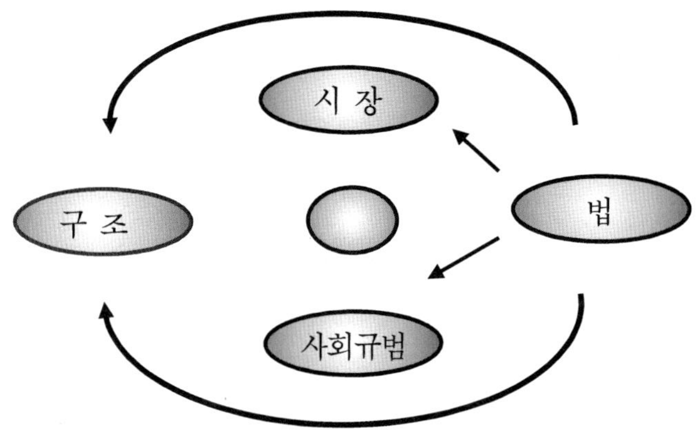

〈그림 6〉 다른 규제요인들에 대한 법의 영향

  항상 명백하게 구별되는 것은 아니지만, 코드이론의 두 번째 부분은 코드에 대해 누가 통제를 하고 책임을 지는가 하는 문제를 취급해야만 한다. 왜냐하면 레식이 정확하게 진술하는 것처럼 사이버 공간의 코드는 변경될 수 있기 때문이다. 레식은 사이버 공간은 어떠한 개입이 없는 경우 완벽한 통제의 공간이 될 수도 있고, 따라서 정부는 그러한 상황을 탈피하기 위하여 넷상의 코드를 변경하거나 보충하기 위한 조치를 취해야 하며, 넷상에서의 행위를 더욱 쉽게 규제할 수 있는 방도를 강구해야만 한다고 주장한다. 레식은 정부가 코드를 설립할 수 없거나 하지 않으려 하는 경우, 상업거래가 통제기능을 압도하게 되는 것을 우려하며, 나아가 코드는 공공정책의 반영이 되어야 한다고 한다. 레식은 시민사회와는 달리 기업환경에서는 견제와 균형의 존재를 받아들이지 아니한다.[152]

  이 점에서, 레식은 자유주의적 관점에 기초하여 비판을 제기하면서, 분석적이고

---

151) Lawrence Lessig, 앞의 책, 93면.

152) Lawrence Lessig, 앞의 책, 207면.

이론적인 접근으로부터 정치적(헌법적) 판단으로 전환한다. 다음과 같은 이의가 제기될 수 있다.[153]

(i) 상업이 코드를 통해 완전히 통합된 규제에 이르게 될 것이라는 위험은, 코드 구조에서 활용가능하다고 설명됐던 각각의 구조가 가지는 차별성을 무시했다는 측면에서, 레식의 접근방법은 온존하게 정합적인 것으로는 보이지 않는다.

(ii) 통합성을 불가능하게 만듦으로써, 기술적인 구조의 상이한 단계에서 코드에 기반을 둔 규제는 종종 사적이거나 준사적인 실체에 의한 독자적인 정책결정의 결과로 귀결되기도 한다.

(iii) 퇴출은 시장에서의 '규범적' 규제요인인데, 행동의 성과나 특정한 발전의 조건에 만족하지 아니한 사람은 보통 시장을 떠날 수 있다. 레식은 이와 같은 퇴출(exit)을 온라인 공동체에 대하여 적당하지 않은 선호표출의 메커니즘으로 생각한다. 그러나 퇴출이론의 창안자인 앨버트 허쉬만(Albert Hirschman)에 의하면 퇴출은 특정 상황에 대한 불만족을 표현하기 위한 간접적이고 비인격적이며 비참여적인 메커니즘이고, 정치영역에서 발언이 전형적인 것과 마찬가지로 퇴출은 경제영역에서 전통적인 도구이다. 경제적 또는 정치적인 관점에서 볼 때 어떠한 퇴출이 가능한 수단인지 여부는 문제되는 시장의 상황에 따라 달라진다. 그럼에도 불구하고 몇몇 저자들은 종종 선호표출의 메커니즘으로서 퇴출은 바람직하지 아니하고, 수많은 시장의 행위자, 다양한 시장의 제품 및 하나의 조직으로부터의 탈퇴와 다른 조직으로의 진입의 용이성은 사이버 공간에서 선호를 표출하는 신뢰할 만한 메커니즘을 제공한다고 주장한다.

레식의 접근방법은 외관상 다음과 같이 해석될 수 있다. 가장 합법적인 정치기구가 코드가 가지는 위계질서의 최상위에 위치하여야 한다. 왜냐하면 코드 구조의 결정은 시장의 가치보다는 정치적 가치를 포함하기 때문이다. 결과적으로 레식은 집단적 행동을 요구한다.[154]

---

153) Rolf H. Weber, 앞의 책, 97~98면.
154) Lawrence Lessig, 앞의 책, 59~66면, 220면.

제6절 규제모델들의 역동적 결합

네 가지 규제모델(전통적 정부규제, 국제적 합의, 자율규제 그리고 코드에 기반을 둔 규제)의 이론적 분석을 통해 이들 중 어느 한 모델 그 자체만으로는 실패할 것이라는 결론을 도출할 수 있다. 다양한 개념들의 혼합 또는 모자이크은 피할 수 없는 듯하다. 특히 온라인과 관련되는 몇몇 중요한 문제들의 후속적인 논의들은 이들 모델 중 어느 한 모델이 가지는 독점적인 추론에 기반을 두어서는 안 된다.[155]

그러나 입법자들은 다음의 세 가지를 이해하여야만 한다. 즉 (1) 공간이 어떻게 창출되는지, (2) 공간이 왜 창출되는지 그리고 (3) 공간이 살아남고 번영하기 위해 무엇을 해야 하는지가 그것이다. 나아가 온라인은 사회의 구성원들에게 조화롭게 공존하기 위한 보호기능을 실행할 수 있는 정책적 규칙으로 구성되는 거버넌스를 필요로 한다.[156]

---

155) Rolf H. Weber, 앞의 책, 100면.
156) Klaus W. Grewlich, 앞의 책, 12면.

제7장 개인정보보호와 감시사회

정보사회에 대한 논의가 생겨나기 시작하면서, 가장 부각이 되어 왔던 문제는 바로 '감시사회'문제였다고 할 수 있다. 정보의 복제와 전송이 용이해지고, 정보 자체의 중요성 또한 높아지면서 감시사회가 빚어내는 다양한 폐해들이 속출하고 있다. 더욱이 최근 사회적 화두로 대두되고 있는 '유비쿼터스 사회'의 출현은 감시사회라는 극단적인 우려를 내포하고 있는 것이다. 바로 이러한 상황이 개인정보보호에 대한 관심을 요구하고 있는 것이다.

다음에서는 개인정보라는 것이 어떠한 개념을 가지고 있는 것이며, 프라이버시라는 개념은 무엇이며 그 한계 및 극복방안은 무엇인지 그리고 관련 법제현황과 그 정비방향에 대해서 논해 보도록 하겠다.[157]

제1절 정보사회의 도래와 개인정보보호

1. 개인정보의 의의

(1) 개인정보의 개념

개인정보는 개인에 관한 정보로서, 개인을 특정할 수 있는 모든 정보를 의미한

---

157) 본 장의 내용과 관련하여 좀 더 자세한 사항은 권헌영, "정보사회에서의 개인정보보호: 개인정보권의 의의와 입법체계", 「연세법학연구」 제12집 1권, 연세법학회, 2005를 참조.

다. 개념상 개인정보의 주체에 법인을 포함시킬 것인가가 문제되는데 개인정보의 주체에는 자연인만 포함된다고 새기는 것이 일반적이다. 따라서 개인정보는 생존하는 자연인의 내면적 사실·신체나 재산상의 특질·사회적 지위나 속성에 관하여 식별되거나 또는 식별할 수 있는 정보의 총체[158] 또는 개인의 인격주체성을 드러낼 수 있는 정보로서 특정 개인의 동일성을 식별할 수 있는 일체의 정보[159]를 일컫는 개념으로 이해할 수 있다.

우리나라의 경우 법률용어로서의 개인정보는 생존하는 개인에 관한 정보로서 당해 정보에 포함되어 있는 성명·주민등록번호 등의 사항에 의하여 당해 개인을 식별할 수 있는 정보[160]를 말한다(공공기관의개인정보보호에관한법률 제2조 제2호). 이러한 개인정보의 정의는 민간부문에 적용하는 경우에도 대동소이하다.[161]

개인정보가 가지는 개념적 표지들은 살펴보면 다음과 같다. 먼저 개인정보는 '개인'에 관련된 정보이다. 이 점에서 순전히 단체와 관련된 정보와 구별된다. 다음으로 개인정보는 개인에 '관한' 정보이다. 이는 그 정보가 사적인 성질을 가진다는 것이 아니라 정보의 주체인 개인의 특성이나 인격과 관련된 사항을 내용으로 한다는 의미이다.[162] 마지막으로 법적 보호의 대상이 되는 개인정보는 개인의 '신원파

---

158) 정영화, "인터넷상 개인정보보호 및 분쟁해결에 관한 연구", 인터넷법연구 제1호, 한국인터넷법학회, 2002, 22면.

159) 강경근, "인터넷에서의 개인정보", 「인터넷법률」 제4호, 2001, 8~9면.

160) 당해 정보만으로는 특정 개인을 알아볼 수 없는 경우에도 다른 정보와 용이하게 결합하여 당해 개인을 알아볼 수 있는 것을 포함한다. 이민영, 『개인정보법제론』(진한 M&B, 2005), 25면.

161) 정보통신망이용촉진및정보보호등에관한법률 제2조 제6호는 '개인정보'라 함은 생존하는 개인에 관한 정보로서 성명·주민등록번호 등에 의하여 당해 개인을 알아볼 수 있는 부호·문자·음성·음향 및 영상 등의 정보(당해 정보만으로는 특정 개인을 알아볼 수 없는 경우에는 다른 정보와 용이하게 결합하여 알아볼 수 있는 것을 포함한다)를 말한다고 규정하고 있다. 전자서명법 제2조 제13호도 같은 내용을 규정하고 있다.

162) 개인정보자기결정권의 보호대상이 되는 개인정보는 개인의 신체, 신념, 사회적 지위, 신분 등과 같이 개인의 인격주체성을 특징짓는 사항으로서 그 개인의 동일성을 식별할 수 있게 하는 일체의 정보라고 할 수 있고, 반드시 개인의 내밀한 영역이나 사사(私事)의

악’을 가능하게 하는 정보에 국한된다. 개인의 신원을 파악할 수 있게 하는 정보란 누구에 관한 정보인가를 제3자가 알아챌 수 있도록 하는 정보를 말한다.[163]

(2) 개인정보의 유형

개인정보는 개인의 일반적인 인적 사항에서부터 생체·의료·교육·고용·재산·정치적 성향·사회참여·문화생활 등에 이르기까지 다양하며 이들은 정태정보와 동태정보로 구별할 수 있다. 정태정보라 함은 개인의 현재 상태 또는 속성에 대한 기술적(descriptive) 정보로서 개인을 식별하거나 특성을 판별하는 기초가 된다. 동태정보는 정태정보가 축적되면서 새롭게 만들어진 것으로 개인의 성향이나 행동유형의 분석을 가능하게 해 주는 추론적(inferential) 정보라고 할 수 있다. 정보기술은 정태적·기술적 정보의 축적을 용이하게 함으로써 방대한 동태적·추론적 정보의 생산을 가능하게 해 주고 구분된 정보의 교차참조(cross-referencing)를 통해 개인의 디지털 정체성을 새롭게 만들어 낼 수도 있다. 즉 독립적으로 생성된 데이터베이스가 정보통신망을 통해 서로 연결됨으로써 개인에 대한 매우 정밀한 새로운 정보가 구성될 수 있다는 의미이다.

한편 개인정보는 그 보호의 정도에 따라 절대적 개인정보와 상대적 개인정보로 분류할 수도 있다. 절대적 개인정보는 그 공개를 절대적으로 제한하여 가장 강력한 보호가 요청되는 내면의 개인정보를 말하는데 여기에는 DNA 정보·성적 특성·건강 및 의료기록·신조나 양심의 주관적 가치 등이 해당된다. 상대적 개인정보는 법령의 규정이나 계약 또는 행정기관의 직권에 의해서 공개나 사용이 가능한 개인정보를 말하는데 예컨대 주소·학력·이력 등이 이에 해당된다.[164] 이와 같은 유

영역에 속하는 정보에 국한되지 않고 공적 생활에서 형성되었거나 이미 공개된 개인정보까지 포함한다. 또한 그러한 개인정보를 대상으로 한 조사·수집·보관·처리·이용 등 행위는 모두 원칙적으로 개인정보자기결정권에 대한 제한에 해당한다. 헌재결 2005.05.26. 2004헌마190.

163) 권건보, “자기정보통제권에 관한 연구”, 서울대학교 박사학위논문, 2003, 23~24면.

형구별을 통해 절대적 불가침으로서의 비밀과 공적 생활관계를 유지하기 위해 필요한 개인정보가 개념상 분리될 수 있음을 알 수 있다.[165] 이는 개인정보권의 내용과 범위 및 한계를 실정법에 의하여 구체적으로 정하는 입법과정에서 매우 유용한 기준이 되는 유형구별이다.

(3) 정보사회와 개인정보보호

개인정보의 보호는 정보사회에 이르러 비로소 문제된 것은 아니다. 개인의 정치 참여의 확대·복지혜택의 부여·국방이나 납세 등 공적 의무의 부과 등을 위해 공적 기관에 의한 개인정보 수집은 근대국가의 성립과 더불어 체계적으로 이루어져 왔다. 서구에서는 대략 19세기 초엽부터 행정 권력이 주체가 되어 국민에 대한 대대적인 조사활동을 벌이기 시작했다. 나이·가족 수·가구·인구는 물론이고 수입·주거환경·범죄기록·작업환경·질병 등에 관한 광범위한 조사가 이 시기에 이루어졌으며 숫자로 치환된 결과를 분석하고 그 의미를 이해하기 위해 통계학이 발달했다.[166] 통계학(statistics)이라는 말 자체가 국가(state)의 통치와 관련된 학문을

---

164) 정영화, 앞의 글, 27~28면.

165) 전통적으로 프라이버시에 관한 개념과 제도를 선진적으로 발전시켜 온 미국에서도 최근 입법추세에 있어서는 개인정보를 개념적으로 분화하고자 하는 시도가 구체화되고 있다. 2002년 4월 제안된 온라인개인사생활비밀보호법안(The Online Personal Privacy Act(S.2201))에서는 개인정보를 개인식별정보(personally identifiable information)와 민감정보(sensitive information)로 범주화하고 있다. 개인식별정보로 성명, 주소, 전화번호, 전자우편 주소를 나열하고 이에 대해서는 정보 주체가 명백하고 충분히 알 수 있도록 고지하지 아니하고서는 수집 및 공개를 못 하도록 규정하고 있다. 또한 민감정보로는 개인신용정보, 의료정보, 인종정보, 종교활동정보, 성적 취향, 정당활동정보, 사회보장번호를 나열하고 이외의 정보로서 성명, 주소, 온라인쇼핑 정보 등은 민감정보가 아닌 것으로 예시하여 구분하고 있다. 이에 대하여 자세한 사항은 Norian, Paige, "the struggle to keep personal data personal: attempts to reform online privacy and how congress should respond", 52 *Cath.U.L.Rev.* 803(2003), 822~823면 참조.

166) 이것은 정보관리가 국가기능의 중요한 부분으로 자리잡게 된 것을 의미하며, 실제로는 금융과 조세, 인구통계 등 각종 '공식통계'의 체계적인 수집으로 드러났다. 이 같

뜻했다. 한편 사적 기관에 의한 개인정보 수집 또한 개인의 선호에 따른 맞춤 서비스의 제공이나 거래의 편의를 증진시키려는 의도하에 꾸준히 증대되어 왔다.

이와 같이, 기관이나 조직에 의한 개인정보의 수집과 이용 자체는 정보사회의 새로운 현상은 아니지만 정보기술의 발달에 따라 수집·축적되는 개인정보의 범위와 규모가 확대되고 축적된 개인정보를 활용하는 방식이 고도화됨으로써 공적 및 사적 기관에 의한 개인정보의 오·남용이 이전보다 훨씬 심각한 문제로 대두하게 되었다. 정보통신 인프라의 구축과 더불어 전자정부 서비스의 확대·온라인 상거래의 증대 등으로 인해 개인정보의 유출위험이 더욱 증대되고 있으며, 무선 인터넷의 활성화 및 유비쿼터스(ubiquitous) 통신환경의 전개에 따라 개인정보침해는 더 빈번해질 것으로 보인다. 여기서 국가운영 및 사회활동의 원활한 수행을 위한 개인정보의 수집·활용의 필요성과 개인정보보호의 필요성을 어떻게 조화시킬 것인가의 문제가 대두된다.

2. 프라이버시의 한계와 개인정보통제권의 출현

(1) 프라이버시의 의의

가. 프라이버시에 관한 개념적 이해

개인정보보호의 연원이 프라이버시(privacy)[167]에 기초하고 있다는 것은 이견이 없으며, 때로는 이를 같은 차원에서 이해하고 있으므로, 프라이버시에 관한 개념 등을 살핌으로써 개인정보보호에 대해 기초적 접근이 가능할 수 있다.

프라이버시와 관련하여서는 프라이버시라고 하는 개념과 프라이버시권이라고 하

은 변화는 실증성을 주요 덕목으로 하는 근대과학, 특히 통계학과 경제학의 상호 발전과 상호 긴밀한 연관성을 가진다. A. Giddens, 진덕규 역, 『민족국가와 폭력』(삼지원, 1991), 213~215면.

167) 우리 헌법상의 개념에서는 '사생활의 비밀'에 해당하다고 판단되나, 여기서는 편의상 프라이버시라는 용어를 그대로 사용키로 한다.

는 권리개념의 차이가 존재한다는 점을 인식할 필요가 있다. 이에 대하여 '법이 평가하는 것은 무엇이 프라이버시인가가 아니고 어떠한 환경에서 프라이버시가 법적 보호의 영역에 속하는가이다'라고 하는 하이만 그로스(Hyman Gross)의 고찰[168]은 의미 있는 분석이다. 즉 프라이버시라고 하는 것은 개념적으로 볼 때 프라이버시 그 자체로 존재하는 것이 아니라 프라이버시를 어떻게 평가하느냐의 문제일 뿐이다. 그리고 프라이버시권이라는 개념도 프라이버시에 대한 법적 보호 정도를 어느 정도까지 확대할 수 있느냐 하는 범위의 문제로 귀결되는 것이다.

이러한 관점에서 프라이버시의 개념에 관한 법의 역할은 그 방향을 설정하고 올바르게 나아가도록 하는 역할을 하는 것이지 결코 프라이버시의 개념을 확고부동하게 결정하는 배타적 도구가 되지 못한다. 결국 프라이버시의 법적 개념은 이에 관하여 경쟁하는 가치들 간의 이익형량의 결과이거나 상충하는 법익 중에서 선택된 이익이라고 할 것이다. 이처럼 법이 어떠한 이익을 프라이버시로 보호하여야 할 것인지를 개념적으로 밝히는 것은 현실적으로 매우 어려운 일이기 때문에 결국 우리는 현재의 법적 테두리 내에서 보호되는 이익이 프라이버시라고 정의할 수밖에 없다.

프라이버시에 관한 개념적 접근과 더불어 고찰하여야 할 사항이 바로 영역적 접근이다. 공적 영역과 사적 영역에서의 관점은 프라이버시를 바라보는 관점을 근본적으로 차별화하기 때문이다. 서구문명에서 공적 영역과 사적 영역이 차별적으로 취급된 것은 철학적 배경에 있어서 매우 오랜 전통이다.[169]

일반적으로 공적 영역은 작은 공동체로부터 국가와 국제사회에 이르기까지 공개적인 영역으로 취급받아 왔지만, 사적 영역은 개인이나 가족을 위하여 불가침의 은

---

168) Hyman Gross, "The Concept of Privacy", 42 *N.Y.Y. L. Rev.* 34(1967), 36면.

169) George Duby, "Foreword", in *A History of the Private Life I: From Pagan Rome to Byzantium viii*(Paul Veyne ed. & Arthur Goldhammer trans)(Belknap Press of Harvard University Press, 1987); Jürgen Habermas, *The Structural Transformation of the Public Sphere*(Thomas Burger trans.)(Polity Press, 1991).

둔 공간으로 여겨졌다. 즉 사적 영역으로 인정되는 범위에서는 공적 권위로부터의 자유를 추구할 수 있고 스스로의 결정에 따라서 삶을 영위할 수 있도록 공적 규율이나 통치가 인정되는 공적인 삶과는 전혀 다른 세상으로 이분화된 것이었다.[170] 이처럼 공적 영역과 사적 영역은 인간이 삶을 영위하는 데 있어서 필수적인 두 개의 차원으로 이해되었다. 사실, 프라이버시라는 말을 사용한다는 뜻은 그가 개화된 문명사회의 일원이라는 뜻이 된다. 왜냐하면 공적 영역에서의 문명화된 삶을 상정하지 아니하고서는 사적 영역으로 취급받는 프라이버시의 존재 자체가 불가능하기 때문이다. 오로지 사적 영역만이 존재하는 삶은 결국 공동체의 삶을 인정하지 않는 은둔자가 아니면 미개인일 수밖에 없는 것이다.[171]

이처럼 프라이버시에 관한 관념은 공적 생활을 영위하는 삶에서 출발한다. 공적 영역과 대별되는 자신만의 사적 공간이 있음과 이에 대하여 타인이나 국가에 대하여, 즉 공적 영역에 대하여 이는 사적 영역임을 주장하는 근거가 바로 공적 영역의 존재인 것이다.

이러한 공적 영역과 사적 영역에 대한 이분법적 관념은 인간행동에 대한 사회적 규제의 필요성에 따라 등장한다고 한다.[172] 즉 개인이 일정한 사회적 책임을 지고 있거나 사회가 개인의 행동을 적절히 규율하거나 또는 그 욕구에 대한 일정한 처벌이 필요하게 될 때 비로소 공적 영역의 개입이 필요하게 된다는 것이다. 이러한 공적 영역은 타인에게 상해를 입히거나 개인으로 하여금 특정한 행위를 강제할 필요성이 생기거나 법원에 관련 증거가 제출되거나 공동체 방위를 위한 지출을 공동 부담하여야 할 때 또는 사회 공동의 이익을 위하여 공동협력이 필요한 때 생성되게 된다고 한다. 그러나 밀(Mill)은 이러한 공적 영역에 있어서도 개인의 사적 영역에 대한 침해는 최소화되어야 하고 자발적이고 자유로운 환경에서 이루어져야

---

170) Edwards Shils, "Privacy: Its Constitution and Vicissitudes", 31 *L. & Contemp. Probs.* (1966), 281, 283면.

171) Hannah Arendt, *The Human Condition*(University of Chicago Press, 1958).

172) John Stuart Mill, *On Liberty*. 12면.

한다는 한계를 명시하고 있다.

나. 프라이버시의 정의와 보호이익

프라이버시가 무엇인지에 대한 개념정의를 하고자 하는 노력은 별 성과를 거두지 못하고 있는 것으로 평가된다. 웨스틴(Westin)에 의하면 프라이버시는 개인이나 단체 또는 기관이 스스로에 관하여 타인과 의사소통을 함에 있어서 그 시기, 방법과 정도를 결정할 수 있도록 하는 것을 말한다.[173] Westin은 프라이버시가 고립성(solitude), 친밀성(intimacy), 익명성(anonymity), 은닉성(reserve)의 개념요소를 갖고 있다고 설명한다.

1) 고립성

고립성(solitude)은 평온, 공연하게 타인이나 공공으로부터 떨어져 있는 것을 의미한다. 마음의 평정은 물리적 고립으로부터 가능하게 된다는 것이다. 초자연이나 신과의 대화나 또는 신의 가호를 위한 목적 등 고립성의 근거는 다양하게 제기될 수 있으나 일단 물리적 고립이라고 하는 목표는 프라이버시 개념요소 중에서 가장 달성가능성이 높은 것임에는 틀림없다.

2) 친밀성

친밀성(intimacy)은 인간이 은둔을 원하는 최소단위의 일원으로서 하는 행위로서 둘 사이에서나 혹은 개인적으로 서로에 밀착하여 편안함과 솔직함을 느끼도록 하는 것을 말한다. 대표적인 예로서는 부부관계, 가족관계, 친목회(friendship circle), 배타적 파벌(clique)을 들 수 있다. 이러한 친밀성은 인간이 인간관계를 맺는 데 있어서 갖게 되는 기초적 심리상태가 되는 것이므로 프라이버시로서의 의의가 크다고 보겠다.

---

173) Alan Westin, *Privacy and Freedom*(Bodley Head Ltd., 1967).

3) 익명성

익명성(anonymity)은 인간이 공적 영역에서 활동하게 되는 경우에 아직은 스스로의 정체를 밝히지 않고 감시받지 않는 상황에서의 자유로운 행동을 하고자 하는 경우에 필요한 것이다. 전철을 타거나 스포츠 경기장에 가거나 거리를 걸을 때 그는 다른 사람의 눈길 속에 있지만 유명인사가 아닌 한 그의 정체를 밝히고 그에 따라 행동할 것을 요구받지 아니한다. 그저 상황에 따라 행동을 하기만 하면 되는 것이다. 만일 우리가 시스템적으로 감시받는 객체임을 자각하고 있다면 공공장소에서 편안하게 자유로움을 느끼며 행동하는 것은 불가능하다고 할 것이다. 이런 점을 감안하면 익명성이 우리의 일상생활에서 얼마나 중요한 역할을 하고 있는지 새삼 느끼게 되는 것이다.

이러한 공적 행위에 관한 익명성과 더불어 사상의 공표에 있어서 익명성이라고 하는 것은 또 다른 차원의 중요성을 갖는다. 표현 행위에 있어서의 익명성은 사상의 자유시장을 지탱하는 중요한 덕목이 된다. 익명성이야말로 공적 프라이버시(public privacy)의 핵심요소가 되는 것이다.

4) 은닉성

은닉성(reserve) 프라이버시 개념요소 중에 가장 이해하기 어려운 요소이다. 은닉성은 원치 않는 침해로부터 심리적 장애물을 설치하는 것을 말한다. 인간이 자신을 둘러싼 환경으로부터 자신에 대한 접근을 차단하는 한계를 설정하는 경우에 이러한 은닉성이 발현된다. 인간의 삶은 대부분 고립되어서(solitude) 익명으로(anonymity) 진행되기보다는 어느 정도의 친밀성을 갖고(intimacy) 다른 사람과 연결되어 있게 마련이다. 그러나 아주 친밀한 관계라 할지라도 타인과의 의사소통은 완벽한 것이 아니며 타인과 공유하지 않고 자신만 갖고 있고자 하는 부분이 있는 것이다. 지극히 사적인 것이거나 아주 성스러운 것, 치욕스런 것, 표현하기에 불경스런 것 등이 바로 그런 것이다. 이러한 은닉성은 인간관계에서 '정신적 거리(mental distance)'를 자아

내고 이는 또 사회적 관계에서는 '사회적 거리(social distance)'를 만들어 일상적 사회생활에서의 의사소통에 적용된다.

다. 정보프라이버시에 관한 해석

정보화가 급진전하고 프라이버시에 관한 관념이 시장에 의하여 주도되는 경향을 갖게 되면서 프라이버시권이 양도 가능한 권리로 이해되고, 개인의 취향에 따라 정보프라이버시의 취급이 달라지는 상황에 처하게 되었다. 그러나 정보프라이버시의 보호가치는 훨씬 더 중요한 의미가 있다.

우선, 정보자기결정권(informational autonomy)은 사회 구성원으로서의 개인에 대한 공정하고 정당한 처우를 결정하는 데 매우 중요한 역할을 하기 때문이다. 칸트(Kant)로부터 롤스(Rawls)에 이르기까지 서양철학은 인간의 존엄성을 강조하는 기조를 유지하고 있고 그에 따라 인류평등사상이 도출되었다. 이러한 인간존엄과 인류평등은 사회제도의 원칙과 실천원리를 이루고 있다. 자신의 자료에 대한 자결성을 강조하는 정보프라이버시가 개인을 식별할 수 있는 정보나 데이터에 대한 정보주체의 권리를 중시하는 것은 이러한 인간존엄과 인류평등 사상에 기초하고 있는 것이다.174) 한 개인에 관한 자료를 처리하는 것, 즉 개인정보를 처리하는 행위에 대한 통제나 절차의 명확한 수립을 강조하는 것은 바로 이것이 인간을 객체로 인식되지 아니하도록 하는 데 의의가 있는 것이다. 처리되는 개인정보의 주체가 인간으로서의 존엄성을 잃고 다만 처리하는 자의 입장에서 객체적 자료로 전락하거나 그저 고객이나 이웃, 주민이거나 부동산 소유자로만 편면적으로 취급되고 또는 금융관계에서의 이용대상으로나 가치 있는 유전정보의 집합체로 여기지는 것은 근본적으로 문제가 있다는 인식인 것이다.

또한 정보프라이버시는 정보적 자기결정권을 의미하는데 이는 인간으로서의 존

---

174) Julie E. Cohen, "Examines Lives: Informational Privacy and the Subject as Object", 52 *Stan. L. Rev.* 1273 (2000).

재 의의를 뒷받침하는 데 중요한 몫을 한다. 자주적 인간으로서 자신을 둘러싼 환경을 이해하고 결정하는 데 정보프라이버시는 필수요소가 되는 것이다. 나아가 자주적 시민으로서의 인간은 주체적으로 말하고 행동하게 되는데 개인의 주체적 행동, 의사결정, 집회나 결사 등은 헌법적으로 보호되는 중요한 권리를 형성한다.

이러한 철학적 해석은 정보프라이버시에 있어서 정보 주체의 권리를 도출하는 데 유익하다. 결국 개인정보처리에 관하여 정보 주체의 동의요건 설정이나 열람 및 정정청구권 등 참여권을 인정하는 기초적 이론이 되는 것이다.

(2) 프라이버시의 한계와 새로운 도구개념의 필요성

개인정보보호의 법적 근거를 설명할 때 프라이버시권이라는 개념으로 포괄하여 접근하는 것이 일반적 경향이다.[175)176)] 결국 사생활비밀과 가장 근접한 프라이버시권이라는 틀 내에서 개인정보자기결정권이나 개인정보통제권을 그 핵심 내용으로 설명하는 것이다.[177)]

그러나 개인정보의 수집·처리가 일반화되고 있는 상황과 개인정보 자체가 유통

---

175) 권영성, 『헌법학원론』(법문사, 2000), 427~431면; 김철수, 『헌법학개론』(박영사, 2000), 522－524면; 정영화, "사이버스페이스와 프라이버시권 — 현행 개인정보보호법제의 문제점을 중심으로", 「헌법학연구」 제6권 제3호. 50－85면; 성낙인, "프라이버시와 개인정보보호를 위한 입법정책적 과제", 「영남법학」 제5권 제1·2호, 1999, 21－60면.

176) 특히 법학계에서의 논의는 개인정보보호의 토대로서의 프라이버시권의 기원과 법적 근거 및 성질을 규명하고 정보사회의 진전에 따른 새로운 프라이버시의 침해유형을 지적하면서 그 대응책으로 외국의 입법사례들을 참조하여 새로운 프라이버시권의 보호영역을 모색하는 것이 일반적인 경향이었다. 김종철, "헌법적기본권으로서의 개인정보통제권의 재구성을 위한 시론", 「인터넷법률」 제4호, 2001, 24면.

177) 이인호, "주민등록번호·지문날인과 개인정보자기결정권", 인터넷법률 제8호, 법무부, 2001, 50면 이하; 김주환, "디지털시대의 개인정보보호와 사민권", 「인터넷법률」 제4호, 법무부, 2001, 45면 이하; 유황빈, "디지털시대의 개인정보보호 기술", 「인터넷법률」 제4호, 법무부, 2001, 61면 이하; 김기중, "전자주민카드와 전자감시사회", 한국정보법학회 발표자료, 1997.

의 대상으로 범주화되고 있는 현대 사회의 경향으로 볼 때 프라이버시의 틀 내에서 개인정보를 이해하는 것은 매우 부적절한 것이다. 개인정보를 포함한 정보관리 및 유통이 일상화되고 있는 현상에서 정보에 대한 접근권과 정보수정요구권이나 정보삭제요구권이라는 적극적인 내용을 그 용어에 담고 있지 못하다. 프라이버시는 전통적인 프라이버시권이 사적영역의 비밀성을 외부적 간섭으로부터 보호하려는 개인의 권리로서 인정되기 시작하였기 때문이다.[178]

이 점을 인식하고 비교적 최근에는 많은 사람들이 개인정보통제권이나 자기정보통제권이란 개념을 사용한다.[179] 개인정보통제권 또는 자기정보통제권이란 자신의 정보가 어떻게 수집·처리·관리·이용되는지에 대한 감독권을 의미한다.[180]

제2절 개인정보보호제도 국제적 차원의 논의

개인정보보호에 대한 논의가 국제기구에 의하여 처음 논의된 것은 UNESCO가 1970년 ICJ(International Commission of Jurists; 국제사법재판소)에 프라이버시와 개인정보보호에 관한 보고서를 의뢰한 것이었다. 2년 후인 1972년 ICJ는 이와 관련한 보고서를 제출하였고, 다음 해인 1973년에 세계 최초의 개인정보보호관련 국내입법인 스웨덴의 Datalag의 제정이 이루어졌다. 이어 미국이 the Privacy Act of 1974를 제정하는 등 1980년대 중반까지 유럽 및 북미를 중심으로 본격적인 개인정보보호법제의 발전으로 이어지게 되었다.

80년대부터는 정보통신기술의 발전으로 인하여 computer에 의한 Data의 처리가 대량으로 처리되는 것이 가능하여짐에 따라 개인정보(Personal Data)의 보호, 특히

---

178) 김종철, 앞의 글, 29~30면.
179) 예컨대 김종철, 앞의 글, 23면 이하.
180) 김종철, 앞의 글, 36면.

전산화되어 처리되는 개인정보보호의 필요성이 강하게 제기되었고 이에 국제기구들은 이를 위한 여러 지침을 제시하기 시작하였다. 가장 먼저 OECD는 '개인데이터의 국제유통과 프라이버시 보호에 관한 가이드라인'181)을 채택하여 각국의 개인정보보호를 위한 노력과 국내입법의 제정을 권고하였고, UN은 개인정보 전산화 가이드라인182)을 공표하였다. 이후 EU에서도 개인정보의 처리와 보호에 관한 지침183)을 발표하여 국제기구 차원에서의 개인정보보호를 위한 노력이 이어지게 되었다.

개인정보에 관한 국제기구의 노력은 사회 각 분야가 가진 특수성에 따라 여러 방면에서 논의되기도 했는데, 이러한 노력은 ILO의 1995년 노동자의 개인정보보호를 위한행동강령184), UN의 2001년 7월 26일의 유전자 프라이버시와 차별금지에 관한 UN 경제사회이사회 결의안 2001/39와 2003년 7월 22일의 유전자 프라이버시와 차별금지에 관한 결의안 2003/232 등으로 나타났다.

초기에 혼자 있을 수 있는 권리로 이해되어 온 프라이버시권은 과학기술의 급속한 발달과 언론기관의 상업화 및 정보사회의 진전 등의 외부 환경적 요인에 의해 '자기와 관련된 정보를 통제할 수 있는 권리'라는 적극적, 능동적인 권리로 발전하였다. 정보사회에서의 프라이버시권은 '사생활을 공개당하지 않을 권리' 또는 '사생활의 자유로운 형성과 발전을 방해받지 아니할 권리'에서 '자기와, 자기의 책임하에 있는 자에 관한 정보를 통제할 수 있는 권리'로 변화하게 되었다. 프라이버시권

---

181) Organization for Economic Cooperation and Development guidelines, Annex to the recommendation of the Council of 23 September 1980, "Guidelines governing the protection of privacy and transborder flows of personal data".

182) "Guidelines for the Regulation of Computerized Personal Data Files", Adopted by General Assembly resolution 45/95 of 14 December 1990.

183) DIRECTIVE 95/46/EC OF THE EUROPEAN PARLIAMENT AND OF THE COUNCIL of 24 October 1995 "on the protection of individuals with regard to the processing of personal data and on the free movement of such data".

184) The ILO's code of practice on the protection of workers' personal data.

에 대한 논의가 계속되고 이어 등장한 컴퓨터 등 정보기술의 발전은 자신에 대한 정보의 유통과 이용에 대한 우려를 심화시켰고 개인정보의 보호에 관한 관심으로 이어지게 되었다.

1. OECD

개인정보의 보호에 대한 국제 동향에 있어서 가장 먼저 가이드라인 등 회원국의 입법적 조치를 촉구한 것은 OECD의 가이드라인이다. 1980년 경제협력개발기구(OECD)에서 「프라이버시보호와 개인정보의 국제유통에 대한 가이드라인에 관한 이사회권고(이하, OECD 프라이버시보호가이드라인)」가 작성되었다. OECD 이사회가 1980년 9월 채택한 프라이버시보호와 개인정보의 국제유통에 대한 지침은 개인정보의 수집 및 관리에 관한 국제사회의 일치된 의견을 반영한 것으로써, 회원국이 준수해야 할 일반적인 가이드라인(지침)을 규정한 것이다. 이 지침은 장래의 기술발전을 충분히 수용할 수 있는 기술 중립적인 가이드라인 원칙을 반영했고, 현재 동 가이드라인에서 규정된 원칙들이 각 회원국에서 제대로 시행되기 위한 조치를 강구하는 데 중요한 지침이 되고 있으며 인터넷상에서 동 원칙이 원활하게 시행되도록 하기 위한 기술과 방법의 개발에 논의가 집중되고 있다.

동 가이드라인은 회원국에 대하여 ① 적절한 국내 입법을 채택하고, ② 실행규약(Code of Conduct)이나 기타의 형식으로 자율규제를 장려하여야 하며, ③ 개인의 권리행사를 도울 수 있는 적절한 방법을 제공하여야 한다. 또한, ④ 개인정보보호원칙을 따르지 않는 경우 적절한 제재조치를 취하고 이로 인한 피해에 대한 구제수단을 마련하여야 하며, ⑤ 정보 주체에 대한 불공정한 차별이 없도록 보장하여야 한다. 동 가이드라인은 여덟 가지 개인정보보호 기본원칙을 천명하고 있는데, 이러한 개인정보보호 원칙은 UN 가이드라인이나 EU지침을 비롯하여 각국의 개인정보보호법에 큰 영향을 끼쳤다. OECD 가이드라인 역시 회원국 내에서 준수되어야 할 개인정보처리에 관한 최소한의 기준을 제시한 것이라고 밝히고 있고, 세계적으로도 개인정보보호를 위한 기본원칙과 기준으로서 인정받고 있다. 구체적인 OECD 가이드라인 제8원칙의 주요내용은 아래와 같다.

<표 13> OECD 개인정보보호 8원칙

OECD 8원칙	주요내용
수집제한의 원칙 (Collection Limitation Principle)	• 적법하고 공정한 방법을 통한 개인정보의 수집 • 정보 주체의 인지 또는 동의를 얻어 개인정보 수집 • 민감한 개인정보의 수집제한
정보 정확성 원칙 (Data Quality Principle)	• 이용목적과의 관련성 요구 • 이용목적상 필요한 범위 내에서 개인정보의 정확성, 완전성, 최신성 확보
목적명시의 원칙 (Purpose Specification Principle)	• 수집 이전 또는 당시에 수집목적 명시 • 명시된 목적에 적합한 개인정보의 이용
이용제한의 원칙 (Use Limitation Principle)	• 정보 주체의 동의가 있거나, 법규정이 있는 경우를 제외하고는 목적 외 이용 및 공개 금지
안전성 확보의 원칙 (Security Safeguard Principle)	• 개인정보의 침해, 누설, 도용 등을 방지하기 위한 물리적·조직적·기술적 안전조치 확보
공개의 원칙 (Openness Principle)	• 개인정보의 처리 및 보호를 위한 정책의 공개 • 개인정보관리자의 신원 및 연락처, 개인정보의 존재사실, 이용목적 등에 대한 접근 용이성 확보
개인참가의 원칙 (Individual Participation Principle)	• 정보 주체의 개인정보 열람·정정·삭제청구권 보장 • 정보 주체가 합리적 시간과 방법에 의해 개인정보에 접근할 수 있도록 보장
책임의 원칙 (Accountability Principle)	• 개인정보관리자에게 원칙 준수의무 및 책임 부과

OECD 정보·컴퓨터·통신정책위원회(ICCP)는 1999년에 「범세계적 네트워크상에서 OECD 프라이버시 가이드라인을 실행하고 집행할 프라이버시 보호 제도 및 장치(법, 자율규범, 계약, 기술 등)에 관한 인벤토리」 등을 발표하였으며, 1998년 「범세

계적 네트워크상의 프라이버시보호에 관한 각료선언」에서 촉구한 일련의 조치들을 구체화하기 위한 활동을 해 오고 있다. 그중 「온라인을 통한 국제적 정보이전에 관하여 계약적 해결책의 이용과 계약적 해결모델을 개발하도록 권장하는 조치」와 관련하여 1999년 3월 및 12월 ICCP WISP 검토보고서에서는 전자거래의 활성화에 따라 개인정보의 국경 간 이동이 빈번해지고 있는 데 반하여, 개인정보보호관련 법·제도는 국가별로 상이하여 분쟁발생 및 개인정보 침해의 우려를 지적하고, 보완방법으로서 당사자 간 계약에 의한 개인정보 유통방안과 정보 주체인 당사자가 외국의 정보 수입업체가 저지른 잘못에 대하여 국내 정보수출업자를 제소할 수 있는 당사자자격 부여 방안 (DRAFT)을 제안하고 있다.

2. UN

UN의 경우 UNESCO의 연구활동 이후 별다른 개인정보관련 의견을 제시하지 않고 있었는데, UN이 개인정보 내지 프라이버시와 관련한 사안에 대하여 본격적인 관심을 표명한 것은 1990년 이후부터였다. UN 은 1990년 전산처리된 개인정보 파일의 규제지침(Guideline for the Regulation of Computerized Personal Data Files)을 발표하였는데, UN가이드라인은 회원국들이 개인정보에 대하여 입법 등을 통해 규율하고자 할 때 참고하여 각국의 실정에 맞는 이행방안과 절차를 채택도록 하고 있다. 따라서 동가이드라인은 강제력이나 구속력이 있는 지침은 아니다. 다만, 동 가이드라인은 개인정보 파일을 규율하는 여섯 가지 원칙을 제시하고 있는데, 이는 ① 합법성과 공정성의 원칙(Principle of Lawfulness and Fairness), ② 정확성 원칙(Principle of Accuracy), ③ 목적구체화의 원칙(Principle of the Purpose-specification), ④ 개인접근의 원칙(Principle of Interested-person Access), ⑤ 비차별 원칙(Principle of Non-discrimination), ⑥ 안전성 원칙(Principle of Security)이다. 한편 UN 가이드라인은 제6조에서 정보보호원칙의 적용으로부터 배제되는 경우를 규정하고 있는데,

이에 의하면 국가안보·공공질서·공중보건 또는 공중도덕과 관련된 정보처리는 제
1원칙부터 제4원칙의 적용을 받지 않는다고 한다. 단, 이 경우에도 회원국에서 이러
한 적용제외에 대한 사항을 법률로 명시하고 있고 필요최소한의 수준으로 적용배제
의 범위를 제한하고 있는 경우에만 가능하다. 또한 차별금지원칙의 적용제외는 오직
인권보호와 차별방지를 위한 국제인권법의 한계 내에서만 허용된다. 이 외에도 동
가이드라인은 프라이버시 보호에 관한 충분한 보호대책이 구비된 국가들 간의 자유
로운 정보의 이동 및 상기 원칙의 준수여부를 감독할 독립기구의 설치 등에 대하여
규정하고 있다.

3. EU

유럽연합은 개인정보보호에 관하여 강력한 정책을 추진하고 있다. 유럽연합의 유
럽의회와 유럽이사회는 일반적인 개인 정보 취급에 대한 규정으로 회원국 국민의
기본권과 자유를 보호하고 개인정보 처리와 관련한 프라이버시권을 보호하며 EU
국가 간의 개인정보의 자유로운 유통을 촉진하기 위하여, 1995년 10월「개인데이
터의 처리와 개인데이터의 자유로운 유통에 관련된 개인정보 지침60)」을 채택하였
다. 동 지침185)은 특별히 전자거래나 인터넷만을 위해 제정된 것은 아니지만, 경제
활동이나 행정목적, 기타 모든 영역에 있어서 개인정보를 수집하고 축적·이전하는
활동에 적용된다.

1997년 12월에는 동 지침을 보완하기 위하여「정보통신부문에서의 개인정보 처
리 및 프라이버시보호에 관한 지침」을 채택하였는데, 주로 ISDN(the Integrated
Services Digital 네트워크)이나 디지털 이동 네트워크(public digital mobile 네트워
크)를 통한 정보통신 서비스에 적용된다. 이 지침은 개인데이터의 처리와 관련한 기

---

185) DIRECTIVE 95/46/EC OF THE EUROPEAN PARLIAMENT AND OF THE
   COUNCIL of 24 October 1995 "on the protection of individuals with regard to the
   processing of personal data and on the free movement of such data".

본적 인권과 자유, 특히 프라이버시권의 균등한 보호수준을 보장하고, EU에서의 데이터와 통신설비 및 서비스의 자유로운 이동이 보장되도록 각 회원국 규정들 간의 조화를 목적으로 하고 있다. 또한, 1999년 2월에는 인터넷에서의 프라이버시 보호를 위한 각료위원회 권고(No.R(99)5)인 「정보고속도로에서 신상정보의 수집처리와 관련한 개인의 보호를 위한 지침」을 채택하고 있다. 동 지침은 인터넷 이용자와 서비스 제공자(ISP)의 권리와 의무를 담고 있다. 서비스이용자의 권리로 자신들에 관한 어떠한 개인정보가 수집·처리·저장되는지를 알아볼 수 있으며 특정한 목적을 위하여 필요에 따라 이러한 정보를 변경하거나 삭제하도록 요구할 수 있음을 규정하고 있다. 서비스 제공자(네트워크 운용자, 네비게이션 소프트웨어 설계자 및 게시판 이용자 포함)의 의무로는 개인정보를 합법적이고도 공정하게 이용하고, 데이터 통합성·기밀성·네트워크 보안을 보장하며 개인정보의 은밀한 수집, 기록 또는 월경(Transborder) 전송을 금지하는 것에 대한 책임을 인식하도록 권고하고 있다.

4. ICDPC

국제개인정보보호기구회의(ICDPC; International Conference of Data Protection Commissioners)는 개인정보의 보호를 위한 각국의 개인정보기구(Data Protection Authority) 연합체로서 각 국가의 개인정보 보호현황을 모니터하고 정보보호를 위한 국제적 협력을 위하여 조직된 국제기구이다. ICDPC는 당초 EU 개인정보보호기구 간 정보교류를 위한 회의(Conference)로 출발하였으나, 2001년부터 참여범위를 EU 외로 확대하면서 국제기구(협의체) 성격으로 변화하였다. 현재 영국, 호주, 캐나다 등 50개가 넘는 개인정보 관련기구가 등록되어 있으며 우리나라도 2004년 Poland에서 열린 총회에서 KISA가 정식 회원으로 가입되었다.

OECD의 가이드라인에서는 개인정보보호를 위한 특별한 기구를 설립하거나 신뢰할 수 있는 현존하는 기구를 선택하여 개인정보보호 관리체계를 발전시키도록 규정하고 있지만, 특정 기구의 세부적인 역할을 규정하고 있지는 않았었다. 그러나 EU의 개인정보보호 Directive 95/46/EC 등 권위 있는 국제기구에서 각 회원국 또는 회원국과의 정보교류를 희망하는 국가에 대하여 권한 있는 개인정보보호기구의 설립을 촉구하고 개인정보보호수준에 따라 자국의 개인정보를 이전치 못하게 하는 등 조치가 이어지자 대부분의 국가에서 개인정보보호를 위한 국가기구의 설립이 절실해졌다.

ICDPC는 이러한 개인정보보호기구들의 연합체로 개인정보보호기구의 요건을 정하고, 요건을 충족하는 경우 자격 있는 개인정보보호기구로 인정하고, 매년 9월 정기 회의를 개최하여, 각국의 관련 이슈를 논의하는 등 개인정보보호를 위한 노력을 계속하고 있다.

ICDPC는 국제적으로 새롭게 부각되는[186] 개인정보보호 관련 이슈들에 대해 공동 해결책을 모색하고 이에 대한 결의안을 제출하는 등 국제사회의 개인정보보호 논의를 이끌어 가는 핵심기구로, 그 가입절차가 매우 까다롭다. ICDPC의 규정에 의하면, "보호기구가 개인정보보호기능을 수행함에 있어 필요한 정도의 자율성과 독립성을 확보하여야 한다."고 하여 독립적으로 그 직무를 수행할 수 있는 법률적, 실질적인 권한을 가져야 한다고 하고 있다. 국제개인정보보호기구회의에서는 각국의 개인정보보호기관을 심사하여, 자격 있는 개인정보보호기관으로 인정(Accreditation)하고, 인정된 기관에 한하여 ICDPC의 회원자격을 부여하고 있다. 이에 따라 현재 영국(개인정보보호원), 캐나다(개인정보보호감독관) 등 28개국 50개 기관에 대해 인정하고 있다. ICDPC의 인정을 받기 위한 자격요건을 보면, ① 법률에 근거하여 설립된 공공기관(public body)일 것, ② 업무수행 기준 및 절차가 OECD Guideline(1980) 등 국제기준에 부합할 것, ③ 자료제출 요구권 및 조사권, 법률 이행 요구권(시정요구, 고발권) 등 직무수행에 필요한 최소한의 법적 권한을 보유할 것 등이다. 그 외에도 주요 임무로 ④ 공공기관 또는 민간 사업자에 대한 법적 자문, ⑤ 개인정보와

---

186) ICDPC, "Criteria and Rules for Credentials Committee and the Accreditation Principles", B. 2., http://www.privacyconference2003.org/pdf/Criteria_and_Rules.pdf

관련된 고충의 처리, ⑥ 공공기관 및 민간 사업자의 개인정보보호 관련 법률의 이행 상태를 감시할 수 있는 기능을 보유하고, ⑦ 개인정보보호에 대한 교육·홍보, ⑧ 국가 간 정보이전에 대한 국제협력 등을 수행하여야 한다.

제3절 우리나라의 개인정보보호법제

1. 개인정보보호의 입법체계

(1) 서론

우리나라의 현행 입법체계를 표로 정리하면 다음과 같다. 현행 우리나라의 개인 정보보호관련 법제는 아래 표에서 보는 바와 같이 분산된 입법체계를 갖추고 있다.

〈표 14〉 현행 개인정보보호 입법체계

구 분	관련법규	규제내용
공공부문	공공기관의개인정보 보호에관한법률	○ 국가·공공기관 보유의 개인정보 보호 ○ 수집·처리·이용 과정상의 정보 주체와 공공기관의 권리·의무 규율
	공공기관의 정보공개에관한법률	○ 개인정보의 비공개, 부분공개
	주민등록법	○ 주민등록의 열람 또는 등·초본의 교부, 주민등 록 전산정보자료의 이용 등
	통계법	○ 통계 작성 과정 시 개인, 단체 법인의 비밀보호
	국정감사및조사에 관한법률	○ 사생활 침해목적의 감사, 조사 제한
공공부문	국정감사및조사에 관한법률	○ 사생활 침해목적의 감사, 조사 제한
	국가공무원법	○ 업무상 지득한 비밀의 보호

구 분	관련법규	규제내용
통신부문	정보통신망이용촉진및 정보보호등에관한법률	○ 정보통신서비스제공자에 의한 개인정보 수집, 처리 규제 ○ 여행업, 호텔업, 항공운송사업, 학원 등 사업자의 개인정보보호
	통신비밀보호법	○ 우편물의 검열, 전기통신의 감청 등 통신관련 사생활의 보호
	통신제한조치의허가절차및 비밀유지에관한규칙	○ 범죄수사·국가안보를 위한 통신제한조치의 허가절차
	전기통신사업법	○ 개별이용자에 관한 정보의 공개 및 유용금지 등
	위치정보의보호및이용등에 관한법률	○ 위치정보의 수집·제공의 범위, 오·남용 방지
의료부문	보건의료기본법	○ 보건의료 관련 사생활의 보호
	의료법, 전염예방법, 후천성면역결핍증예방법	○ 업무상 비밀 누설 금지
	생명윤리및안전에관한법률	○ 유전자정보의 보호 등
금융부문	신용정보의이용및 보호에관한법률	○ 민간부문에 의한 개인신용정보의 처리의 규제 ○ 신용정보 주체의 열람 및 정정 청구 등
	금융실명거래및 비밀보장에관한법률	○ 금융거래의 비밀보장
	증권거래법	○ 정보의 제공, 누설 금지
기타	변호사법, 외국환거래법, 법무사법, 공증인법 등	○ 업무상 지득한 비밀의 보호

입법체계에 있어서의 쟁점은 현행 법제에 대한 개편방향이 주요 문제이다. 대체로 현행 개인정보보호법의 체계는 공공부문의 법률과 민간부문 중 정보통신 부문 및 신용부문 등 주요 법률과 기타 개별법규의 체계로 이해되고 있다.

$$\boxed{\text{헌법}}$$

공공부문	구분	민간부문
공공기관의개인정보보호에관한법률	일반법(컴퓨터정보)	정보통신망이용촉진및정보보호등에관한법률
전자정부구현을위한행정업무등의전자화촉진에관한법률	특별법(일반선언규정 포함, 개별분야 적용)	신용정보의이용및보호에관한법률
주민등록법, 호적법도로교통법, 자동차관리법령, 국세기본법, 예금자보호법		보험업법령, 의료법, 전자거래기본법, 전자상거래등에서의소비자보호에관한법률, 응급의료에관한법률
국가인권위원회법, 전자서명법, 정보화촉진기본법, 정보통신기반보호법, 보건의료기본법, 사회보장기본법, 약사법, 정신보건법, 통신비밀보호법, 금융실명거래및비밀보장에관한법률 등		

〈그림 7〉 우리나라 개인정보보호 관련 법률의 체계[187]

이러한 체계에 대하여 공공부문의 일반법과 민간부문의 일반법의 체계로 대별하여 관리하자는 견해[188]와 통합법체계에 의하여야 한다는 견해[189]가 있다.

---

187) 정보통신망이용촉진및정보보호등에관한법률이 민간분야의 일반법적 성격을 가진 것으로 이해하는 데는 노란의 여지가 있다. 정보통신망을 이용하는 분야에 대해서 포괄적인 일반법의 규율을 하고 있다고 할 수 있으나 이도 엄밀히 따지면 민간분야의 일반법적 성격이라기보다는 정보통신분야라고 하는 특수 분야에 대한 규율이기 때문이다.

188) 한상희·황승흠·권헌영, 앞의 글, 143~144면; 정보통신부, 「전자정부시대 개인정보보호제도 개선방안 토론회 자료집」, 정부혁신지방분권위원회, 2003, 15면.

189) 정찬모, "개인정보보호에 관한 국제적 입법동향 및 우리의 대응", 「정보사회연구」, 1997 가을호, 정보통신정책연구원, 17~19면; 참여연대, 「전자정부시대 개인정보보호제도 개선방안 토론회 자료집」, 정부혁신지방분권위원회, 2003, 105면; 이인호, "전자정부에서 정보프라이버시의 실현과제", 「정보화사회에서의 인권」, 국가인권위원회 토론회 자료집, 2003, 41면 등

(2) 분야별 일반법 체계

분야별 일반법의 체계는 공공부문과 민간부문에 각각 일반법을 운용하고 이 체계에 따라 개별적 특별입법에 의하여 규율하자는 주장이다. 기본적으로 현행 입법체계를 유지하되 공공부문의 법인 「공공기관의개인정보보호에관한법률」과 민간부문의 「정보통신망 이용촉진및정보보호등에관한법률」의 규율범위를 확대하고자 하는 것이다. 개인정보의 수집 및 처리 근거와 규율원리가 하나는 공법적 규율이고, 다른 하나는 사법적 규율이라는 체계상의 구분이 가능하기 때문에, 이에 대하여 명확한 구분을 갖고 입법체계를 운용하여야 한다는 논리이다. 대체로 행정자치부와 정보통신부 등 기존의 개인정보보호입법을 운용하고 있는 기관에서는 이러한 입장에 있었던 것이 사실이다. 그러나 개인정보보호기본법의 제정을 추진하기로 정부정책이 정해진 이후로는 기본법의 내용과 해당기관의 입법체계를 맞추어 나가고자 하는 입장으로 변모하고 있다.190) 우리나라에 있어서 현재의 논의는 대체로 통합입법으로 수렴되어 가면서 통합입법의 수준을 어떤 정도로 설정하고 타 입법과의 체계를 어떤 방식을 잡아 나갈 것인가로 진행되고 있다고 생각된다.

(3) 통합법 체계

가. 일반법

통합일반법의 체계는 실체적 규율사항까지 다 포괄하는 법의 체계를 말한다. 이러한 견해는 현행의 「공공기관의개인정보보호에관한법률」과 「정보통신망법」 등 개인정보관련 법들을 폐지하고 그 해당사항을 하나의 통합된 법률에서 규율하는 것을 의미한다. 일본의 경우는 이러한 일반법적 성격과 기본법적 성격을 가진 개인정보보호 법제를 2003년 5월 제정하였다. 일본의 경우는 「개인정보보호에관한법률」에서 기본이념, 국가의 책무 및 시책, 기본방침 등을 규율하며 동시에 민간부문에

---

190) 전자신문, 2004년 5월 27일.

적용하는 개인정보취급사업자에 대한 규율을 하고 있다. 이어서 공적부문에서는 기본법상의 기본이념, 국가의 책무 및 시책, 기본방침 등을 그대로 적용하면서 그 외의 특별규율사항은 국가행정기관과 독립행정법인 등에 대해서는 법률에 의하여 규율하고 지방공공단체 등에 대해서는 조례에 의하여 규율하는 것으로 입법체계를 잡고 있다.191) 하나의 입법에서 기본법과 민간부문의 일반법적 성격을 가지면서 공공부문에 대해서는 특별입법을 인정하는 다소 기형적인 체계라 할 수 있다.

우리의 경우에는 공공부문과 민간부문에 일정부분 일반법의 역할을 하는 법률을 이미 갖고 있는 상황에서 무리하게 두 법률을 하나로 통합하는 입법체계는 현시점에서는 다소 추진상의 어려움이 있다고 생각한다.

나. 기본법

기본법에 대한 관념은 앞서 말한 일반법적 체계에 비하여 다소 추상적일 수 있다. 기본법에 대한 구상은 일본의 법제정에서 보듯이 민간과 공공에 다 같이 적용할 수 있는 개인정보보호의 기본이념이나 원칙 등이 있을 수 있다는 생각에서 출발하는 것이다.

개인정보는 공공부문이나 민간부문이나 같은 유형의 정보를 처리하는 것이므로 이에 대응하는 정보 주체의 권리일반에 대해서는 공통적 사항을 추출할 수 있게 된다. 비록 공공부문은 기본권으로 승인되는 개인정보권을 법률에 의하여 제한하는 것이며 민간부문은 계약에 의한 처분 한도 내에서 개인정보권의 객체인 개인정보를 처리할 수 있게 되는 등의 차이는 있을 수 있지만 개인정보처리의 기본절차가 수집-처리-폐기 등 일련의 과정을 거치는 것은 마찬가지다. 따라서 얼마든지 동일한 기본원칙을 천명할 수 있을 것이다. 물론 법률의 집행절차에 있어서 공공부문은 공공행정관리의 절차에 의하고 민간부문은 소비자보호규제와 유사한 행정법률체계에 의하는 차이는 있을 것이므로 이러한 집행부문에 있어서는 공공부문법과

---

191) 日本 內閣俯.國民生活局. (2003) 個人情報の保護に關する法律 說明資料, 2면.

민간부문법의 역할분담이 이루어질 수 있을 것이다.

대체로 기본법에서는 이러한 기본원칙과 더불어 개인정보 주체의 일반적 권리와 공공과 민간 모든 분야에 적용할 수 있는 개인정보취급자의 일반 의무 등을 규율할 수 있을 것이다. 이에 대하여 기본법 제정 시, ① 통일적이고 체계적인 적용을 가능하게 하는 일반적 대원칙의 수용, ② 전문성이 요구되는 경우에만 특별법 또는 개별법을 제정하여 기본법의 원칙은 특별한 경우에만 그 적용의 예외를 인정, ③ 기본법의 원칙이 보장되고 개별법에 산재되어 있는 예외규정을 최소화함으로써 법적 안정성과 법집행의 실효성 확보가 필요하다는 주장[192]은 주목할 만하다. 그리고 가장 논쟁의 초점이 되고 있는 감독 및 구제기구에 관한 사항[193]도 기본법에서 정리하여야 할 사항이다.

2. 입법 정비의 기본방향

개인적으로는 개인정보기본법에서는 민간과 공공 모두 아우르는 원칙과 개인정보시스템 등을 둘러싼 개인정보권에 대한 실질적 집행 및 구제사항을 정리할 수 있을 것으로 생각한다. 그리고 분야별 특성을 고려한 특별법이 새로이 제정되거나 아니면 관련 법률에서 구체적으로 정리되는 방식에 의하여 개별 개인정보관리행정 및 분야별 사업규제가 이루어지는 것이 바람직할 것으로 생각된다.

좀 더 세부적으로 살펴보면 다음과 같다. 기본법에 의하여 공공과 민간 및 사회전 분야의 개인정보보호를 위한 기본원칙을 정하고 구체적 실체규정을 두어서 최소한의 개인정보보호가 실효적으로 이루어지도록 하는 입법이 필요하다. 다만, 분야별로 특성이 있고 향후 정보사회가 고도화되면 분야별 특성이 더욱 구체적으로

---

192) 이민영, "주민등록번호 남용억제에 관한 법제적 고찰", 「정보통신정책」, 제16권 8호 통권346호, 정보통신정책연구원, 2004, 36면.

193) 이에 대해서는 차현숙, "방송·통신 규제기구에 관한 헌법정책적 연구", 건국대학교 박사학위논문, 2007을 참조할 것.

심화될 가능성이 높으므로 그에 대한 입법은 개별 행정 분야별로 설정하는 것이 바람직하다고 본다. 현재로서는 특칙이 필요하다고 생각되는 분야를 위험정도에 비추어 생각해 보면, 행정분야·교육분야·의료분야·정보통신분야·금융분야·노동분야 등을 상정할 수 있겠다.

이 중 교육·의료 등의 경우는 현실적 위험이 노출되고 있지만 구체적 입법이 마련되어 있지 못한 상황이다. 다행히 교육 분야는 논란을 거치면서 입법안을 마련하고 있는 상황이지만 의료분야의 경우는 선진적 병원시스템에 의하여 환자 정보나 진료 정보 등이 모두 전자적으로 처리되는 환경이 구비되고 있음에도 불구하고 아직 구체적 입법은 마련되지 못하고 있다. 다른 분야에 비하여 의료정보는 대체로 민감한 정보임을 감안할 때 특별입법이 반드시 필요한 상황이라고 생각된다.

3. 감독기구

개인정보보호 감독기구에 관한 논의는 기본법 제정을 논의하는 우리 환경에서 가장 뜨거운 논쟁거리다. 이러한 논쟁의 근저에는 현행 개인정보보호 감독기구에 의해서는 개인정보권이 제대로 보장될 수 없다는 불만이 내재되어 있다. 통합법제에 관한 논의는 결과적으로 공·사 양 부문에 모두 관할권을 가진 강력한 보호기구를 새로이 창설하여야 한다는 데로 귀결된다.[194]

그러나 감독기구는 현행의 행정자치부(개인정보보호심의위원회 포함)(행정일반), 정보통신부(한국정보보호진흥원 및 개인정보분쟁조정위원회 포함)(정보통신) 등 일반법 소관부처뿐만 아니라 재정경제부 및 금융감독위원회(신용 및 금융정보), 보건복지부(의료정보), 교육인적자원부(교육행정정보) 등 개별행정 주체가 모두 감독기

---

194) 그간 시민단체는 강력한 독립적 행정기구로서 프라이버시보호위원회의 창설을 주장하여 왔는데(정부혁신지방분권위원회, 2003.7.25.) 최근 시민단체 입법안에서 독립기관으로서 개인정보보호위원회의 설치(법안 제15조 이하)를 주장하고 있다(프라이버시법제정을위한연석회의. 2004: 7면 이하).

구인 셈이다. 우리의 논의에서는 감독기구를 합의제 기구만으로 한정하여 보고 있지만 이는 바람직한 고찰방법이 아니라고 생각한다. 향후 기본법상의 보호기구가 창설된다고 하더라도 이러한 모든 감독기구를 개인정보보호 집행기구적 성격으로 이해하고 이러한 집행기구에 대한 총괄정책기구로서의 역할과 개인정보침해로부터 개인정보권을 보장하는 여러 구제기능을 담당하는 기능이 감독기구에 주어지도록 하는 등 균형적 시각이 필요하다고 생각한다.

4. 개인정보보호법안(이은영안)

(1) 연혁 및 법안의 취지

정부는 2003년 10월 국정과제회의에서 일명 「개인정보보호기본법」의 제정을 추진한다는 결정을 하였고, 2004년 2월에는 법률안의 작성 등 개인정보보호를 위한 방안을 마련하라는 대통령의 지시가 있었으며, 그에 따라 정부혁신지방분권위원회가 실무작업반을 구성하여 수차례의 정책토론회 및 전문가포럼을 통해 각계의 의견을 수렴하였다.[195] 그 결과물로서 2004년 7월경 「개인정보보호기본법(시안)」이 성안된 이후 내부 조정을 거쳐 2004년 12월 여당과 당정협의를 통해 입법이 추진되고 있다.[196]

2005년 7월 11일, 개인정보법안이 이은영 의원에 의해 발의되었다. 그 입법 제안 취지는 "정보화가 급속히 진행되는 과정에서 사회 각 분야의 개인정보 침해 사례가 지속적으로 증가하고 있음에도 불구하고 개인정보 보호 관련 법률이 체계적으로 정비되지 못하여 사회적 혼란을 야기하고 있다. 이에 시민단체·학계 등 사회 각계의 의견을 수렴하여 국민적 요구에 부합하는 개인정보보호법을 제정하고자 한

---

195) 2004년 4월 21일 '개인정보보호 정책토론회'를 시작으로, 2004년 6월 2일, 6월 16일 그리고 6월 24일까지 네 차례에 걸쳐 정책토론회를 개최하였다.

196) 한국일보, 2004년 12월 10일; 조선일보, 2004년 12월 11일.

다. 개인정보의 취급이 정보 주체의 참여 속에 공정·투명하게 이루어지도록 하며 개인의 자유로운 인격발현과 정보사회의 지속적 발전에 이바지하고자 한다.”고 밝히고 있다.

(2) 법안의 체계 및 주요내용

본 법안은 위에서 살펴본 바 있는 기본법의 체계를 갖추고 있다. 개인의 자유로운 인격발현과 정보사회의 지속적인 발전을 법의 기본이념으로 천명하고 개인정보 취급의 원칙을 제시하고 있으며(안 제2조 제1항 및 제2항), 공공부문과 민간부문을 불문하고 개인정보취급자가 정보 주체의 동의, 법률의 규정, 법률행위의 목적달성, 언론·출판 목적 및 정보 주체의 생명, 신체 및 재산을 보호하기 위하여 필요한 경우에 제한적으로 개인정보를 수집할 수 있도록 하고 있다.(안 제6조)

그 주요 내용으로는 ① 개인의 사생활을 침해할 우려가 있는 개인정보의 수집을 제한하며 차별적인 목적의 개인정보 수집을 금지하고 있으며(안 제7조 및 제8조), ② 자동화된 개인정보수집장치(CCTV, 쿠키 및 E－Mail수집기 등)를 이용하는 경우 일정한 사항을 정보 주체에게 알리도록 하여 개인정보 무단수집을 제한할 수 있는 근거를 마련하였다(안 제9조). 또한 ③ 정보 주체의 열람·정정청구권을 보장하고 개인정보취급자에게 일정한 경우 개인정보를 삭제·파기하거나 접근을 차단하는 조치를 하도록 하였으며(안 제11조 및 제12조), ④ 고유식별자를 정보 주체의 동의 없이 당해 식별자의 목적 이외에는 사용할 수 없도록 하고 있다(안 제15조).

그리고 본 법안은 ⑤ 일정수준의 개인정보취급자에게 개인정보보호담당자를 지정하도록 하여 개인정보취급자가 자율적으로 규제할 수 있도록 하고 있으며(안 제16조), ⑥ 국가의 개인정보보호 시책의 강구와 제도 및 사회적 관행의 개선을 위한 책무를 규정하고 개인정보보호위원회가 개인정보에 관한 시책을 관장하도록 하였다.(안 제18조 및 제19조).

(3) 개인정보위원회 신설

본 법안은 또한 위에서 언급되었던 감독기구의 일환으로, 국가의 개인정보보호 시책의 강구와 제도 및 사회적 관행의 개선을 위한 책무를 규정하고 개인정보보호위원회가 개인정보에 관한 시책을 관장하도록 하고 있다(안 제18조 및 제19조).

세부적으로 ① 개인정보보호 업무의 체계적·일관적 집행을 위해 국무총리 소속 하에 개인정보보호위원회를 설치하도록 규정하고 있으며(안 제24조), ② 개인정보보호위원회가 개인정보 침해사건에 관하여 자료제출, 현황조회 및 방문조사를 할 수 있도록 함으로써 실질적·효과적인 구제기능을 수행할 수 있는 근거를 마련하기도 하였다.(안 제37조 및 38조).

또한 ③ 신속한 피해구제 및 구제의 실효성을 확보하기 위한 방안으로 개인정보보호위원회가 개인정보 침해사건에 대하여 필요한 경우 시정명령 등을 발할 수 있도록 하였으며(안 제40조), ④ 개인정보에 관한 분쟁 조정업무를 신속하고 공정하게 처리하기 위하여 개인정보보호위원회에 개인정보분쟁조정위원회를 두었다(제43조).

(4) 다른 법안과의 비교

현재 국회에는 이은영 법안을 제외하고, 두 개의 법안이 더 제출되어 있다. 한나라당의 이혜운 법안과 민주노동당의 노회찬 법안이 그것이다. 이를 간략하게 표로 정리하면 다음과 같다.

〈표 15〉 각 개인정보보호 법안의 비교

	노회찬 안	이은영 안 (수정법안)	이혜훈 안
법률의 위상	공공·민간 통합 기본법	분야별 법률체계를 그대로 둔 법 선언형식	분야별 법률체계를 그대로 둔 법 선언형식
정보자기결정권	동의·열람·정정·삭제·파기 등의 청구권 보장		
개인정보보호책임자	등록데이터베이스에 한해 도입	개인정보보호담당자	개인정보보호책임자
권리구제절차	입증책임전환, 집단소송제도 도입	입증책임전환	입증책임전환
감독기구	독립된 개인정보보호위원회 설치	국무총리산하 개인정보보호위원회 신설 (분야별 법제도의 발전은 인정)	국무총리산하 개인정보위원회 신설
개인정보침해대응	개선 권고	시정명령 등	시정명령 등
개인정보 사전영향 평가제도 / 공공	○	×	○
개인정보 사전영향 평가제도 / 민간	○	×	자율
DB 및 파일 관리제도	○	×	○
자율규제	×	×	○

이상의 법안들을 쟁점이 되는 사안들을 중심으로 평가해 보자면 다음과 같다.

① 법률의 위상 관련

법률의 위상과 관련하여 노회찬 의원의 안은 공공부문과 민간부문을 통합적으로 규제하기 위한 틀을 전제로 한 반면에, 이은영 의원의 안과 이혜훈 의원의 안은 분야별 규제를 기본 구도로 삼고 있다. 개인정보의 보호라는 것이 공공부문과 민간부문을 구별할 필요 없이 그 중요성이 있는 것은 사실이며, 체계적 정합성을 고려해 볼 때 공공·민간의 통합적 규제에 대한 주장도 일응 타당성은 있어 보인다.

그러나 우리나라의 경우 이미 「공공기관의개인정보에관한법률」 등을 통하여 공공부문의 개인정보를 규율해 왔다는 사실과 개인정보 보호관련 법제의 안정성이라는 측면을 고려해 본다면, 현재로서는 공공·민간의 분야별 입법체계를 유지하는 것이 타당해 보인다.

② 권리 구제절차 관련

개인정보와 관련한 권리구제절차와 관련하여 상기 세 가지 법안은 모두 입증책임의 전환과 관련한 규정을 두고 있다. 노회찬 의원 안의 경우에는 특이하게 집단소송의 가능성을 열어 두고 있다는 점이 특이하다. 즉, 노회찬 의원 안 제29조 제1항은 "개인정보의 침해를 이유로 한 손해배상청구의 경우 공통의 이해관계를 가지는 피해자들(이하 '공동피해자'라 한다)을 위하여 피해자 중의 1인 또는 수인이 법원의 허가를 받아 대표당사자가 되어 손해배상청구소송(이하 '개인정보관련집단소송'이라 한다)을 제기할 수 있다."고 규정하고 있다.

개인정보 보호의 중요성이 날로 증대되고 있는 현실을 감안한다면, 노회찬 의원이 제안하고 있는 '집단소송'의 도입을 적극적으로 고려할 만한 이유가 존재한다. 특히, 개인정보는 그 침해의 양상이 광범위하다는 것을 고려해 본다면, 집단소송의 도입은 시급히 요청된다고 판단해 볼 수 있겠다.

③ 감독기구의 위상 관련

감독기구의 위상과 관련하여 노회찬 의원의 안의 경우 '개인정보보호 위원회'의 위상을 독립적인 기구로서 규정하고 있는 반면, 이은영, 이혜훈 의원 안의 경우는 국무총리 산하의 기구로 규정하고 있다. 개인정보 보호의 중요성 및 국가로부터의 개인정보 침해 가능성 등을 감안해 볼 때, 개인정보위원회를 독자적인 기구로 규정하는 것은 상당 부분 수긍할 만한 여지가 없는 것은 아니다.

그러나 개인정보의 효율성과 공공성이라는 것을 고려해 본다면, 책임 있는 행정기관에 당해 업무의 주관을 담당시키는 것이 현 시점에서는 더욱 적절하다고 판단된다.

④ 자율규제 관련

개인정보 보호와 관련한 규제에 있어, 무엇보다도 중요한 것은 관련 이해 당사자들의 자율적인 규제노력이라고 할 수 있다. 그 이유는 규제의 중핵인 법이라는 것이 존재하고 있는 국가와 사회의 관계가 정보사회 도래 등 이유로 인하여 과거와는 다른 양상으로 전개되고 있으며, 정보라는 것의 규제대상의 속성상 국가를 통한 타율적인 규제의 한계가 존재하기 때문이다. 그런데 이러한 자율규제와 관련한 규정을 두고 있는 것이 이혜훈 의원의 안이다.

정보사회의 출현과 발전은 새로운 규제체계의 도입을 요구하고 있다. 제기되고 있는 자율규제 방식의 도입에 관해서도 심도 있는 고민이 필요하다고 판단된다.

※ 참고: 도청과 유비쿼터스 정치(심우민, 연세대학교 대학원 신문 2005년 9월)

이번 불법도청 사건은 정보화 사회의 노정에 있는 우리들에게 많은 시사점을 던져 준다. 특히 기술과 법의 관계와 관련하여 그러하다. 기술의 진보는 일정 부분 법의 변화를 요청한다. 기술은 생산성의 증대와 생활의 편리함을 우리에게 제공해 주기도 하지만, 반대의 측면에서 우리의 자유를 통제하는 규제자의 역할을 수행하기도 한다. 과거 자유를 규제하던 것이 권력이 만든 법이었다고 한다면, 이제 '기술'이라는 것이 자유를 통제하는 법과 유사한 기능을 수행하게 되었다. 이러한 현상에 대해서 미국의 사이버 법학자인 로렌스 레식(Lawrence Lessig)은 코드(Code)라는 것의 중의적인 의미(규범적 코드와 기술적 코드)를 통하여 설명하곤 한다. 또한 도청의 문제라는 것은 그 속성상, 디지털 사회의 중요한 요소인 정보의 문제와 결부된 감시사회의 측면에서 고민해 볼 수 있는 문제이다.

물론 헌법적 관점에서 개인의 사생활 침해, 국민의 알권리, 이와 관련된 공적 인물 이론 등이 문제되고, 또한 소송법적 관점에서 불법도청 내용의 증거채택을 두고 독수독과의 원칙이 논해지고 있으나, 본고에서는 도청이라는 문제와 밀접하게 연관이 되어 있는 정보화 사회의 맥락에서 본 사건을 되짚어 보고자 한다.

- 유비쿼터스의 전망과 환경으로서의 정보

최근 도청 논란이 불거지면서, 이 불법도청의 내용의 공개가 개인 사생활 비밀의 침해라는 주장이 제기되고 있다. 심지어 한 법과대학의 교수는 토론회에서, 헌법과 통신비밀보호법상의 개인 사생활 비밀 보호를 모든 학자들이 우리 헌법상 절대적인 기본권으로 인정한다는 억지주장까지 펼쳤다. 이러한 주장은 개인 사생활의 비밀은 국가로부터 침해받아서는 안 된다는 측면에 기반을 두고 있다. 이는 과거의 엄격한 공사 이분론을 도입하여 사적영역에 관한 논쟁으로 문제를 풀어 가려는 심산인 것이다. 그러나 이러한 주장은 근대 이후 공적영역의 지속적인 확장에 의해 국가로 대표되는 공적 영역과 개인과 시민사회로 이루어진 사적 영역 간의 경계가 모호해지는 경향이 가지는 의미를 놓치고 있는 것이다. 이러한 모호성은 사회의 정보화 경향을 통하여 더욱 가속화된다.

사회의 정보화 혹은 디지털화 경향은 과거의 공적영역과 사적영역이라는 이분법적 구도를 상당 부분 변화시켜 왔으며, 더욱더 변화시킬 것이라고 예상된다. 사이버 공간(Cyberspace)이라 불리는 네트워크상의 가상공간의 출현, 이에 뒤이은 유비쿼터스(Ubiquitous) 사회의 전망은 이제 정보라는 것의 존재 형식 변화를 예고하고 있다.

사이버 공간을 규범적 관점에서 파악해 본다면, 세 가지의 레이어로 구분해 볼 수 있겠다. ① 물리적 레이어(physical layer), ② 논리적 레이어(logical layer), ③ 콘텐츠 레이어(content layer). 이러한 모델을 규범적·규제적 관점에서 최근에는 레이어 모델(layer model)이라고 이름 붙이고 있다. 이러한 규범적 분석을 위한 레이어 구분은, 최근 제기되고 있는 유비쿼터스 사회의 전망을 통해 볼 때, 그 개념적 명칭이 변화되어야 할 필요성이 있다. 그것은 '콘텐츠 레이어'라는 부분의 명칭 변화를 의미한다. 이러한 변화는 유비쿼터스 사회의 속성을 고려해 본다면 명확하게 드러날 수 있다. 유비쿼터스 사회는 인간 대 인간, 인간 대 사물, 사물 대 사물의 커뮤니케이션이 발생하는 공간으로, 이제 정보는 단순히 콘텐츠를 구성하는 차원을 넘어서 우리들의 '생활환경'을 구성하게 된다. 따라서 과거 사이버 공간에서 '콘텐츠 레이어'라고 불리던 부분의 명칭은 '환경적 레이어(environmental layer)'라는 명칭으로 변화될 필요가 있겠다.

이러한 레이어의 변화가 의미하는 바는 무엇인가? 유비쿼터스 사회의 정보라는 것은 환경을 구성하게 되어, 누구든지 원하는 정보를 손쉽게 언제든지 얻을 수 있는 상황이 된다는 것이다. 이를 두고 최근 정보사회 연구자들은 정보화 사회의 최종 종착점이라고 평가한다.

이러한 정보화 혹은 디지털 사회의 진전이 의미하는 바는 무엇일까? 과연 현대 디지털 사회의 정보를 단순하게 공적영역과 사적영역의 이분법적 구도로만 판단할 수 있을까? 과연 우리의 생활환경을 구성하게 된 정보 중 어느 것이 공적인 것이고, 어느 것이 사적인 것인가? 모든 사적인 정보는 디지털화되어 공적인 네트워크에 입력된다. 정보가 환경이 된 상황에서는 많은 사적인 영역이 공적인 영역으로 포섭되는 경향이 뚜렷하게 존재하게 될 것이다. 이제는 국가가 의도적으로 개인에 대한 정보를 수집하기 위하여 노력하지 않더라도, 개인의 정보는 언제든지 누구에 의해서든지 수집되고 침해될 위험성에 노출되게 된다.

그렇다면 사적 영역의 공적인 영역으로의 포섭으로 인하여 개인 사생활의 자유는 철저하게 배제되는 것인가? 이러한 질문에 대한 대답은 그럴 수도 있고 아닐 수도 있다는 것이다. 이번 도청 사건의 특징은 외면적으로는 개인의 정보를 국가기관이 침해한 것으로 볼 수도 있지만, 다른 측면으로는 권력과 자본의 관계가 시민사회의 감시에 노출되었다고 볼 수도 있다. 이러한 상황은 지금 제기한 문제에 대한 대답과 같이 두 가지 경우의 가능성 모두를 내포하고 있다. 전자의 측면은 정보화 사회의 암울한 가능성이지만, 후자의 경우는 새로운 가능성을 보여 준다.

- 새로운 민주주의 가능성

권력과 자본은 자신들의 치부가 불법도청이라는 수단을 통하여 드러나자마자, 그들이 펼칠 수 있는 온갖 법적 논리를 펼쳐가면서 자신들의 과오를 덮기에 급급하다. 또한 아직 공개되지 않은 도청 녹음테이프를 두고 가슴 조리고 있을 권력과 자본의 모습이 눈에 선하다. 이러한 그들이 마지막으로 내세우고 있는 것이 헌법과 통신비밀보호법상의 사생활 비밀 보호의 논리다. 그러나 우리 헌법상 분명히 개인의 사생활 비밀의 보호는 그 누구도 침해할 수 없는 절대적인 기본권이 아니다. 분명 우리 헌법 제37조 2항은 "국민의 모든 자유와 권리는 국가안전보장·질서유지 또는 공공복리를 위하여 필요한 경우에 한하여 제한할 수 있으며, 제한하는 경우에도 그 본질적인 내용을 침해할 수 없다."고 규정하고 있다. 이 조항에 따르면 분명 우리나라의 헌법상 절대적으로 그 기본권 제한이 배제되는 기본권은 없는 것이다. 헌법상 모든 기본권은 국가안전보장·질서유지 또는 공공복리를 위하여 필요한 경우에는 제한될 수 있다.

권력과 자본은 기본적인 인권을 부르짖는 소수자들이 외침 속에서, 우리 헌법 제37조 2항의 기본권 제한 조항을 원용해 가며 소수자들의 인권을 철저하게 묵살해 왔던 경험을 가지고 있다. 그러나 그들은 이제 이 조항이 언제 있었냐는 듯이 '권력과 자본만의 인권'을 이야기하고 있다.

그들은 '법치주의'라는 것을 단지 통지의 기술로 전락시켜 왔으며, 또한 자신들의 치부가 드러나자 그들의 방어논리로 다시 '법치주의'를 전락시키고 있다. 진정으로 '그들만의 법치주의'인 것이다.

근대사회 이후, 자본과 권력 그리고 이들 상호간의 관계는 많은 일반 시민들의 관심대상이었다. 그러나 시민들은 그러한 정보에서 철저하게 배제되어 있었다. 또한 이러한 배제를 시민들은 '대의제'라는 정치체제하에서의 민주주의의 일부분으로 수용할 수밖에 없었다. 그것은 직접민주제의 현실적이고 이념적인 한계에 기인한 바 크다.

그러나 위에서 언급한 것 같은 기술의 발달로 인한 정보화 사회의 발전은 이제 우리에게 새로운 가능성을 선사해 주고 있다. 여기서 언급하는 가능성이라는 것은 단순히 직접민주주의의 현실화와 같은 것만을 의미하는 것은 아니다. 사실 직접민주주의라는 문제는 정보화 사회가 아무리 진척된다고 하더라도, 그 제도화를 위해서는 일정 부분 우리 사회의 진지한 논의가 필요한 부분인 듯하다. 오히려 현재의 정보화 사회의 발전이 가져다주는 가능성은 정보로부터 배제되었던 시민들이 이제 자본과 권력에 대한 정보를 흡수할 수 있게 되었다는 것과 관련이 있으며, 이는 소중한 의미를 가진다고 생각한다. 이러한 가능성은 시민들의 자본과 권력에 대한 견제 및 통제의 가능성을 의미한다.

- 유비쿼터스 정치

　이러한 상황에서 이번 도청사건을 통해 밝혀진 그들의 불법적인 행위를 사생활의 비밀 보호라는 어설픈 논리로 진실이 규명되지 않은 상태로 지나쳐 버린다면, 추후 정보화 사회에서 전개될 많은 사안들에 있어도 그들이 사용할 법적 피난처를 만들어 주는 결과가 될 것이다. 결국 이러한 경향하의 자본과 권력의 관계는 시민들에 대한 감시와 통제 체제를 법과 제도 안에서 공고히 하는 방향으로 발전하게 될 것이다. 결국 시민들은 자본과 권력의 문제에 대해서는 철저하게 배제당하는 결과가 초래될 것이다. 또한 이러한 경향은 보이지 않으며, 조용하면서도, 교묘한 법적 논리 구사를 통하여 진행될 것이다.

　이제 문제는 우리가 자본과 권력을 통제할 것인가, 자본과 권력이 우리를 통제할 것인가 하는 점이다. 사회이론가이자 법학자인 로베르토 웅거(Roberto M. Unger)의 말처럼 "모든 것은 정치적이다." 이러한 우리들의 정치적인 선택은 결국 정보화 사회의 법과 시스템에 스며들게 될 것이다.

제8장 네트워크와 표현의 자유

    인터넷이나 네트워크를 광범위하게 정의하자면, 이는 커뮤니케이션 매체의 발전된 형태라고 할 수 있다. 즉 이러한 기술적 수단들은 인간과 인간, 심지어는 인간과 사물 및 사물과 사물 간의 커뮤니케이션을 확장시켜 주는 중요한 매체라고 할 수 있다.

    특히 인간과 인간의 의사소통을 매개해 준다는 관점에서 네트워크가 창출하는 공간 속에서의 표현의 자유는 매우 중대한 의미를 지닌다. 물론 이는 기존 오프라인 공간에서도 마찬가지였다. 기본적으로 사회라는 것이 인간과 인간들 사이의 관계를 중심으로 형성되는 것이라는 점을 전제로 한다면, 그 안에서의 의사소통 및 표현은 사회의 형성에 있어 가장 중요한 논의 대상이라고 할 수 있을 것이다.

    우리나라의 현행 법제는 이러한 표현의 자유를 언론·출판의 자유라는 이름으로 헌법상 보호하고 있다. 그러나 이러한 언론·출판의 자유는 무제한적으로 보장될 수 있는 것은 아니며, 공익이나 다른 사람들이 가지고 있는 기본권과의 관계에서 일정 부분 제한될 수 있는 것이다. 따라서 다음에서는 이러한 언론·출판의 자유의 내용과 그 한계 그리고 네트워크의 발달과 함께 등장하는 변화에 대해서 간략하게 살펴볼 것이며, 마지막에서는 이와 연관이 있는 인터넷 실명제 및 최근의 선거법 논란에 대해 살펴볼 것이다.

제1절 표현의 자유(언론·출판의 자유)

언론·출판의 자유는 인간의 존엄에 근거하는 인격의 가장 직접적인 표현으로서 가장 고귀한 인간의 권리인 동시에 민주정치의 생명선으로서 민주주의 사회의 초석이기 때문에 최대한으로 보장되어야 한다. 그러나 언론·출판의 자유는 어떠한 경우에도 제약을 받지 아니하는 절대적·무제한의 자유를 의미하지는 않는다.

언론·출판의 자유 역시 공동체의 존재와 질서를 전제로 하는 것이기 때문에 일정한 한계를 갖지 않을 수 없다. 언론·출판의 자유에 대한 제한은 기본권 제한입법의 한계조항(제37조 제2항)의 범위 내에서만 가능하다.

우리 헌법은 언론·출판에 대한 허가·검열제도를 금지하고(제21조 제2항), 통신·방송의 시설기준과 신문의 기능을 보장하기 위하여 필요한 사항만을 법률로 정하게(제21조 제3항) 하고 있다.

언론·출판의 자유가 가지는 헌법상의 의의와 기능을 생각할 때 언론·출판의 자유에 대한 제한은 극히 필요한 최소한에 그쳐야 한다. 즉 ① 언론·출판의 자유에 대한 제한이 가해지지 않고는 국가안전보장·질서유지·공공복리가 '명백하고 현존하는 위험'에 봉착하게 되는 경우(제한사유)에만 ② '명확성의 원칙'을 충족시킬 수 있는 형식적 의미의 법률에 의해서(제한방법) ③ 과잉금지의 원칙에 따라 '명백하고 현존하는 위험'을 피하기 위해서 필요 불가피한 최소한의 제한(제한정도)만이 허용된다고 할 것이다.[197)]

이러한 견지에서, 언론·출판의 자유를 보호하기 위하여 사용되는 '이론' 및 '기준'은 여러 가지가 있는데, 그 가운데 정부가 언론을 규제하는 수단이 절차적으로 정당한가를 따지는 일련의 절차적 기술(procedural techniques)이 있다. 즉 정부가 언론을 어떻게, 어떤 수단을 이용하여 규제하느냐를 문제 삼는 것이다. 왜냐하면, 섬세하지 못한 규제절차는 표현의 자유에 위협을 가하기 때문이다. 따라서 문제된

---

197) 허영, 『한국헌법론』(박영사, 2004), 538면.

사건 내용이 표현의 자유의 범위 내에 드는지를 판단하는 것이 아니라, 그것을 다룬 정부의 방법 자체가 정당한가를 판단하여 그 방법이 부당한 경우, 내용 심사는 할 필요도 없이 무효가 되게 하는, 사법부로서는 상당히 편리한 기술이다.[198] 즉 이는 기본권 제한의 일반원칙 준수를 전제로 하여, 언론·출판이 갖는 중요성 때문에, 구체적인 제한 기준들을 추가시키는 것이라고 할 수 있다.(二重基準의 理論)[199][200]

이는 주로 미국의 헌법에서 발전된 것들이다. 그 이유는 미국 수정헌법 제1조는 수정헌법 제1조[201]에서 "언론을 제한하는 법률을 제정할 수 없다."고 규정함으로써 언론을 절대적 기본권으로 보장하고 있었기 때문에, 어떠한 표현이 수정헌법에서 보장하는 표현인가 아니면 수정헌법이 보장하지 않는 표현인가의 여부가 중요한 쟁점이었고, 이러한 절대적 기본권으로 보호되는 표현으로부터 보호를 받지 못하는 표현을 구별하기 위하여 언론·출판의 자유라는 절대적 기본권을 제한하는 '제한이론'이 중심이었던 것이다.[202]

---

198) N. Dorsen, P. Bender, B. Neuborne, *Emerson, Haber, and Dorsen's Political and Civil Rights in The United States*, 4th ed., Vol 1(Little, Brown and Company), 37~43면(김한성, "언론·출판의 자유의 절차적 보호; 미국헌법수정 제1조를 중심으로", 미국헌법 연구 제5권, 미국헌법연구소, 1994, 241~242면 재인용).

199) 홍성방, "언론 출판의 자유", 「안암법학」 제10권, 안암법학회, 1999, 16면.

200) 김철수 교수는 이러한 기준들을 "표현의 자유의 우월적 지위보장을 위한 법리들"이라고 표현하였다. 김철수, 『헌법학개론』(박영사, 2004), 692면. "표현의 자유에 대한 합헌성을 판단하는 기준은 이중의 기준론에 따라서 엄격할 것이 요청된다."

201) 수정헌법 제1조: 미합중국 의회는 특정종교를 우대하거나 자유로운 종교행위를 금지하거나 언론 및 출판의 자유를 제한하거나 또는 평온하게 집회하고 피해의 구제를 위해 정부에 청원할 인민의 권리를 침해하는 어떠한 법률도 제정할 수 없다(Congress shall make no law respecting an establishment of religion, or prohibiting the free exercise thereof; or abridging the freedom of speech, or of the press ; or the right of the people peaceably to assemble, and to petition the Government for a redress of grievances).

202) 조재현, "언론 출판의 자유의 보호영역에 관한 연구: 보호영영에 관한 미국 독일 우리

이와 관련된 특수한 제한 기준에 관한 이론으로는 '명백하고 현존하는 위험의 원리', '우월적 지위의 이론', '사전억제금지의 원칙', '이익교량의 원칙' 등이 중요한 판단 기준이 된다고 볼 수 있다. 미국의 이러한 원칙은 우리 헌법에서는 명확성의 원칙, 과잉금지의 원칙 등 기본권 제한의 한계로 다양하게 표현되어 있다.203)

제2절 표현의 자유의 제한기준과 그 변화

1. 표현의 자유 제한 기준

(1) 명백하고 현존하는 위험의 원칙

언론·출판의 자유를 제한함에 있어 어떤 언론의 내용이 사회에 명백하고 또 현존하는 위험이 있을 경우에만 제한할 수 있다는 것이고, 그렇지 않고 위험이 불확실하거나 또는 미래에 위험이 일어날지도 모르는 정도의 언론은 제한의 대상이 되지 않는다는 원칙이 미국에서 판례법을 통해 확립된 '명백하고 현존하는 위험'의 원칙이다.

명백·현존 위험의 원칙은 언론을 규제하기 위해서는 언론이 법률상 금지된 해악을 초래할 명백하고 현존하는 위험을 가지고 있음을 입증해야 한다는 이론이지만, 위험발생 여부에 대한 사실인정의 기준이 되는 일종의 기술적인 증거법칙의 성격을 가지는 것이다.

① 명백(clear)이는 특정한 언론의 자유의 행사와 해악발생과의 사이에 명확한 인과관계가 존재해야 할 것을 의미하는 것이다.204) 따라서 이 원칙에 의하여 언론 제

나라의 접근방법을 중심으로", 연세대학교 박사학위논문, 2001, 29면.

203) 정종섭, 『헌법학원론』(박영사, 2006), 467면.

204) 홍성방, 『헌법학』(법문사, 2007), 430면.

한 법률의 합헌성 및 표현행위의 가벌성을 주장하기 위하여서는 그 입법에 의하여 방지하려는 해악이 언론의 결과로서 발생할 것이 명백하다는 것을 입증해야 한다.

② 현존(present)이 원칙의 핵심을 구성하여 온 '현존'의 요건은 이 이론이 타 이론과 구별되는 독특한 요건인바, 이것은 언론과 해악발생 간의 인과관계의 존재 이외에 '시간적인 접근성'을 요구하는 것이다.205) 즉 인과관계는 명백히 존재한다고 하더라도 언론이 시간적으로 절박한 해악을 발생시키지 않을 때에는 그 제약이 허용되지 않는다는 것이다.

③ 실질적 해악(substantive evils) '실질적(Substantive)'이라는 말은 단순히 사회적인 불편·불안·불쾌를 가져오는 것이라든가 공중을 다소 곤혹에 빠지게 하는 것만으로는 부족하고 '중대한(serious)' 것이라고 말하는 것이 더 이해하기가 편리하다. 브랜디스(Brandeis)에 의하면 '실질적'이란 말은 해악이 근소한 것이 아니고 중대한 것이어야 할 것, 해악이 극도로 중대한 것일 것이라고 해석된다. '해악(evils)'이란 의미는 매우 광범한 것이다. 이 해악은 폭력적 요소를 수반하는 경우가 많겠지만, 반드시 그것에 국한할 필요는 없고 비폭력적인 것일지라도 해악일 수 있다. 판례의 예를 보면 폭력에 의한 정부전복의 주장, 도로상의 교통방해, 반드시 폭력을 수반한다고만은 할 수 없는 질서의 문란 등이 해악으로 생각되었다.

그러나 이 원칙은 결국 '위험의 근접성과 정도'가 위헌성판단의 중심문제로 되는데 그러한 '위험의 근접성과 정도'를 판단하는 것은 주관적인 것일 수 있고 따라서 그러한 주관적 기준에서 오는 불확정성을 숨길 수는 없을 것이다. 또한 '명백하고 현존하는 위험'의 원칙은 사후적으로 사법절차에 의하여 판단하는 기준으로는 적합하나 행정청이 사전에 표현의 자유를 규제함에 있어서 이를 판단의 기준으로 삼기에는 부적합하다.206)

우리나라 헌법재판소도 반국가단체의 활동을 찬양, 고무하는 자에 대해 처벌하는

---

205) 홍성방, 앞의 책, 430면.
206) 홍성방, 앞의 글, 23면.

규정인 국가보안법 제7조 ①항 및 ⑤항에 대해서 그 규정들이 국가의 존립·안전을 위태롭게 하거나 자유민주적 기본질서에 실질적 해악을 미칠 명백한 위험성이 있는 행위에 대해서만 적용한다고 선언하여 한정합헌결정을 내리면서 이 법리를 적용한 바 있다.207)

(2) 사전억제금지의 원칙

언론·출판의 자유를 제한하는 경우, 표현되기 이전의 사전억제는 그 성질상 언론·출판의 자유와는 양립할 수 없다. 연혁적으로 보아도 영국의 언론의 발달사가 보여 주는 바와 같이 언론·출판의 자유는 사전검열로부터의 해방을 의미하는 것이었으며, 이러한 사전억제로부터의 해방이란 언론·출판사상 일대의 획기적인 전환점을 이룬 것이었다.

사전억제(prior restraint)금지의 이론은 언론출판에 대한 검열금지와 집회·결사에 대한 허가제의 금지로 나타나고 있다. 검열은 사상발표 전에 국가기관에 의하여 그 내용을 심사·선별하여 일정한 사상표현을 저지하는 제도, 즉 사전검열을 의미하는데 검열의 금지는 그러한 사전검열의 금지를 의미한다. 또한 집회·결사에 대한 사전적 허가제도 금지된다.

사전억제에 의한 표현의 제한은, 표현이 행해진 이후의 사후처벌보다 더욱 유해하다. 상대방에 도달되기 이전에 표현을 억제하는 것은 국민의 알권리를 침해하는 것이 될 뿐만 아니라 국민이 무엇을 알고 듣고 볼 것인가를 당국이 자의적으로 선별하고 결정하는 것이 되기 때문이다. 이러한 사전제한은 사후제한과 비교할 때 다음과 같은 차이가 있다.208)

（ⅰ） 공권력의 규제가 사후억제보다 더 넓은 범위의 표현에 미친다(Emerson).

---

207) 헌재결 1990.4.2. 89헌가113; 헌재결 1990.6.25. 90헌가 11; 헌재결 1992.1.28. 89헌가8 등.
208) 김한성, 앞의 글, 5면.

(ⅱ) 사상을 표현조차 할 수 없기 때문에, 사회 구성원들의 양심과 지성에 호소할
    길이 없다(Chaffee).
(ⅲ) 며칠만 늦어져도 그 효과가 감소하는 정치적 언론을 연기하거나 영구히 금하
    는 효과를 갖는다(Boyle).
(ⅳ) 절차적 문제로서, 전형적인 사전억제인 경우, 그 표현을 금하느냐 여부의 결정
    은 행정관료가 모호하고도 부정확한 기준에 의해서 한다는 점이 문제가 아닐
    수 없다(Boyle, Bickel).
(ⅴ) 처분에 대한 공개적 비판을 받을 기회의 범위에도 차이가 있다(Monaghan).209)
(ⅵ) 사전억제는 사후억제보다는 적지만 언론에 대하여 심리적 폭력을 가하므로 위
    하효과(chilling effect)를 갖는다(Brendt).
(ⅶ) 경제적인 면에서 사전억제는 검열을 받고 있는 동안 영업이 방해되는 것으로
    서 경제적 손실을 가져올 수 있고, 어떤 경우엔 치명적일 수도 있다(Bickel).

　언론·출판에 대한 허가·검열은 금지되지만, 등록이나 신고는 사전검열이 아니
므로 허용되나 신문·통신·출판사 등의 시설기준을 너무 엄격히 하여 언론·출판
에 대한 등록제가 실질적으로 허가제와 같은 제한을 의미할 때에는 위헌이 될 것
이다. 정기간행물의 등록 등에 관한 법률은 신문·통신 등의 시설 기준을 상당히
완화하고 있다(법 제6조 제3항).
　현행 헌법은 영화와 연예에 관하여는 사전검열제도 검열제금지도 규정하고 있지
아니하여 견해가 나누어지나, 우리 헌법재판소는 "영화법 제12조 제1항·제2항 및
제13조 제1항이 규정하고 있는 영화에 대한 심의제의 내용은 심의기관인 공연윤리

---

209) 사후제재는 재판과정을 통해 실현되는 것이고, 따라서 그 심리는 공개된 법정에서 행
　　하여지며 그러한 결정이 내려진 이유도 판결 가운데 명백해진다. 그리고 형사처벌에
　　수반하여 정교한 보호책도 따르기 마련이다. 그러나 사전억제는 비공개의 행정절차
　　가운데 행하여지는 경우가 많기 때문에 그 결정의 근거조차 충분히 밝혀지지 않는 경
　　우가 적지 않다. 또 여기에 대한 보호대책도 거의 없다. 따라서 이런 뜻에서는 사전
　　억제가 사후 억제보다 더욱 유해하다. 그리고 그 입증책임이 기소자 측이나 금지명령
　　(injunction)을 구하는 측에 있는 사법절차와는 달리 행정상의 검열의 경우에는 명백한
　　규칙이 없다.

위원회가 영화의 상영에 앞서 그 내용을 심사하여 심의기준에 적합하지 아니한 영화에 대하여는 상영을 금지할 수 있고 심의를 받지 아니하고 영화를 상영할 경우에는 형사처벌까지 가능하도록 한 것이 그 핵심이므로 이는 명백히 헌법 제21조 제1항이 금지한 사전검열제도를 채택한 것이다.”라고 판시한 바 있다.210)

(3) 우월적 지위의 이론(Theory of preferred Position)

우월적 지위의 이론(또는 이중기준의 원칙)은 언론·출판의 자유가 다른 자유 특히 경제적 자유보다 우월적인 지위를 가지고 있음을 인정하여 양자에 대한 제한방법 내지 제한기준도 달리해야 한다는 이론이다. 이러한 우월적 지위는 언론·출판의 자유뿐만 아니라 기타의 정신적 자유에 대해서도 인정되는데, 이 이론은 언론·출판의 자유가 민주정치의 존립을 위해서뿐만 아니라 그 성장에 불가결한 것이라는 것에서 출발한다.

이를 구체적으로 설명하자면, 정신적 자유권은 원칙적으로 제한되지 아니하며, 예외적으로 제한되는 경우에도 그 제한(규제)입법의 합헌성 여부에 대한 판단은 경제적 기본권에 대한 그것보다 엄격하지 않으면 안 된다는 것으로, 예컨대 표현의 자유 제한에 관해서는 사전억제의 금지, 제한의 사유와 제한의 정도에 관한 명확성, 명백하고 현존하는 위험성, 합리성 등과 같은 엄격한 필요가 충족될 필요가 있지만, 경제적 기본권을 제한하는 경우에는 합리적 사유가 있으면 충분하다는 이론이다.211)

우월적 지위의 이론은 1938년 스톤(Stone) 판사에 의해 주장됐다. 이 이론에 따르면 표현·사상의 자유는 헌법상의 자유권 중에서 다른 모든 자유의 기반이며 없어서는 안 될 전제조건이므로, 이를 제한하면 어떤 자유나 정의도 있을 수 없다고 한다. 따라서 언론·출판의 자유와 종교의 자유는 자유권 가운데 우월적 지위가 인

---

210) 헌재결 1996.10.4.(93 헌가 13, 91 헌바 10(병합))
211) 권영성, 『헌법학원론』(법문사, 2007), 355면.

정되며, 그 제한입법은 유효한 사회목적의 실현을 위하여 합리적일 뿐 아니라 압도적인 종국적 판단으로 정당화되어야 비로소 인정되게 된다.[212]

우월적 지위론의 독자적이고 높이 평가될 부분은 동 이론이 확립한 소송절차상의 제 원칙, 즉 '합헌성 추정 배제의 원칙', '제한입법의 엄격심사주의', '막연하기 때문에 무효의 이론', '당사자 적격완화 이론', '입증책임 전환이론', '고의에 관한 고도 증거주의' 등으로 발전해 나갔다는 점이다.

(4) 이해관계균형의 이론(이익교량의 원칙)

이익형량이론(이익관계균형론, 비교형량론)은 프랑크푸르터(Frankfurter) 판사[213]가 주장한 바에 의하면 언론관계사건의 해결은 어떠한 통일적인 기준에 의한 획일적인 판단을 도모할 수는 없고 개개의 사건에 있어서의 구체적인 상황을 고려하여 사건별(case by case)로 처리하여야 할 것이라고 한다. 프랑크푸르터 판사는 일찍이 헌법은 하나의 공식집이 아님을 천명하고, '명백하고 현존하는 위험의 원칙'은 그것이 생겨나고 또 적용되었던 정세의 선후관계에서 떼어 내어 생각할 수는 없는 것이며, 이것을 독자적인 하나의 판단기준으로서 모든 사건에 일률적으로 적용할 수는 없는 것이라고 논하고, 1940년대에 성행한 우월적 지위의 이론 역시 기만적인 공식에 지나지 않는다고 반대하였던 것이다. 이러한 입장에서 미국 대법원은 1950년대 말에 취급한 일련의 입법부의 조사권에 관련되는 사건을 판결함에 있어서 입법부의 조사권과 언론의 자유를 비교하여 어떤 경우에는 공공의 이익에, 다른 경우에는 개인의 이익에 그 비중을 더 주었던 것이다.

---

212) 홍성방, 앞의 글, 23면; 문홍주, 『제6공화국 한국헌법』(해암사, 1988), 277면.

213) 데니스(Dennis) 사건에서, 프랑크푸르터 판사는 국가안전보장의 이익뿐만 아니라 표현의 자유의 이익도 사법절차의 한계 내에서 경쟁하는 이익들의 공정하고 현명한 형량(衡量)에 의할 때에 비로소 보다 더 잘 보장될 수 있다고 하였다. 조소영, "표현의 자유의 제한방법론에 곤한 연구: 미국 연방대법원 판례를 중심으로", 연세대학교 박사학위논문, 2000.12, 35면, 각주 104.

이해관계의 균형이라 할 때 '균형'이란 어떠한 의미를 가지는가. 특정한 행위가 공공질서의 이익에서 법률적으로 규정되고 이 규제가 언론의 자유에 대한 간접적이고 부분적인 제한을 초래한다면 법률은 상충하는 이해를 서로 형량하고 주어진 상황하에서 어떤 이익이 보다 큰 보호를 받을 가치가 있는가를 결정하는 것이 법원의 임무라고 하는 것이다. 요컨대 언론의 자유는 보호되는 이익이 더 중대하고 기본권의 침해가 그에 비해 근소할 때에는 제한될 수 있다는 것이며, 따라서 이 견해에 의하면 언론의 자유의 부분적인 제한이 합법적인 목적달성을 위한 합리적 수단이면 족한 것이라고 한다.

그리고 그 제한이 개인의 자유를 부당하게 제한하는 것이 아닐진대 자유를 제한하는 법률에 규정된 이러한 공공의 이익이 무엇이며 이 이익을 위협하는 행위형태가 어떠한 것인가 하는 것은 의회가 규정하는 것이며, 의회는 그것을 상세한 조사에 의하여 입법부로서 판단을 내린 것이기 때문에 법원은 그 입법부의 결정을 존중하여야 한다.

2. 네트워크의 발달과 표현의 자유 제한

이상에서 살펴본 언론·출판의 자유가 가지는 한계에 대한 미국 판례상의 원리들은 현재 다양한 형태로 우리 헌법적 논의에 스며들어 있는 것들이다. 이러한 제한 기준들은 오늘날 정보사회의 표현의 자유와 관련해서도 중요한 의미를 가져, 상당 부분은 유지되어야 할 필요성이 있는 것들이다. 그러나 이러한 논의들은 점차적으로 일정부분 그 한계점들을 드러내고 있는 것으로 판단된다.

첫째, 국가가 언론·출판의 주체들을 입법을 통해서건 재판을 통해서건 규율한다는 것이 일정 부분 한계를 가지는 것처럼 보인다. 특히 그것은 과연 누구든지 수용할 수 있는 보편적인 기준이라는 것이 있는가, 만일 그렇지 않다면 그러한 기준은 대부분 자의적일 수밖에 없는 것 아닌가라는 의문을 남긴다. 따라서 최근에는 국가에 그러한 표현의 자유에 대한 규제를 일임하지 않고, 실제 행위 주체들의 자율적인 행위규제를 중심 내용으로 하는 자율규제에 대한 논의가 다양하게 논해지고 있다.214)

둘째, 이미 모두에 언급했던 바와 같이 네트워크의 발달은 과거와는 비교할 수 없을 정도의 다양한 커뮤니케이션 수단들을 탄생시켰다. 따라서 이상에서 살펴본 고전적인 의미에 있어서의 표현의 자유에 대한 논의만으로는 새로운 커뮤니케이션 수단들의 발전으로 인한 법적 문제들을 포괄하기에는 부족함이 있다. 따라서 현대적 의미의 표현의 자유에는 이상에서 살펴본 바와 같은 고전적인 표현의 자유(언론·출판의 자유) 외에 알권리, 엑세스권, 반론권, 언론기관의 자유 등을 포함하는 것으로 이해하는 견해들이 등장하고 있다. 앨빈 토플러의 '프로슈머'라는 개념을 통해 본다면 이러한 논의들이 등장하게 된 이유는 어느 정도 유추해 볼 수 있다. 그러나 고전적인 표현의 자유가 창설되고 적용되던 언론의 환경이 정보통신기술의 발달로 변화된 현대적 상황 속에서, 새로운 정보환경에 상응하는 정보관련 기본권(정보기본권)들을 표현의 자유가 가지는 한 가지 내용으로 편입시켜 '현대적 의미의 표현의 자유'라고 논하기보다는 표현의 자유와 병렬적 또는 독자적 정보기본권으로 인정하고, 그러한 기본권을 통하여 현대 정보사회에서도 표현의 자유가 실질적으로 보장받을 수 있도록 하는 접근방법의 전환이 필요하리라고 판단된다. 즉 표현하는 지위와 직접 관련이 있는 언론기관 보도의 자유, 반론권, 엑세스권 등은 표현의 자유가 가지는 내용으로 논한다고 할지라도, 표현을 받는 지위에서 누리는 알권리는 표현의 자유와 별개의 기본권(정보기본권)에 속하는 것으로 포착하여 보장받도록 한다면 굳이 '표현의 자유의 전제'로서 알 권리를 보장한다는 논리를 전개하지 않아도 될 것이다.215)

---

214) 이러한 자율규제에 대한 상세한 소개는 황승흠·황성기 외, 『인터넷 자율규제』(커뮤니케이션북스, 2004)를 참조할 것.

215) 김배원, "인터넷과 표현의 자유", 「인터넷법연구」 제2호, 한국인터넷법학회, 2003, 90~91면; 이러한 논의 및 정보기본권에 대한 자세한 논의는 김배원, "정보관련 기본권

셋째, 상기에서 기술한 기존의 표현의 자유에 대한 제한 기준들은 네트워크 발달을 통해 매체 특성이 변화함에 따라 상당 부분 그 변화가 예상된다. 예를 들어, ① '명백하고 현존하는 위험의 원칙'은 네트워크의 발달로 인해 그 적용이 용이하지 않은 측면이 있다. 정보통신 기술이 본격적으로 발전하기 이전에는 매스 미디어를 중심으로 하여 정치적·사회적 의견들이 형성되다 보니 그 다양성이라는 측면에서 어느 정도 한계를 가지고 있었기에, 특정한 내용을 가지는 의사의 표현이 위험성을 가진다고 느끼는 경우가 때때로 존재하는 것이 사실이었다. 그러나 오늘날과 같이 매우 다양한 의견들이 발달된 네트워크를 매개로 행해지고 있는 시점에서는 어떠한 의견이 위험성을 지니는 것인가를 판단하는 것이 용이하지 않은 경우가 있다. ② '사전억제 금지의 원칙'은 실제로 인터넷상의 표현에는 사실상 적용하기 어려운 측면이 있다. 특히 이러한 현상은 WEB 2.0으로의 발전 경향에 있는 네트워크의 현실을 고려할 때 더욱 그러하다. 그 이유는 특정 의견을 매체를 통하여 개진하는 순간 그 내용이 순식간에 전송되기 때문이다. 그러므로 네트워크상에 이미 오른 표현은 불특정 다수인이 일반적으로 접근할 수 있는 상태에 이른 이후의 것이므로 그에 대한 제한은 엄밀한 의미에서 사전제한이 될 수 없는 것이다.216) ③ '이익교량의 원칙'의 경우는 위에서 설명한 명백하고 현존하는 위험의 원칙과 유사한 문제점이 발생한다. 몇몇 매스 미디어를 중심으로 정치적·사회적 의사가 형성되는 기존의 사회에서는 특정 상황하에서 어떠한 가치가 더 우월한지에 대해 합의하기 수월한 면이 있으나, 오늘날과 같이 네트워크를 통해 다양한 관점들이 매우 빠른 속도로 전송되며 읽히는 사회에서는 그렇지 않다. 따라서 특정의 표현의 자유가 입법부 및 사법부의 판단에 의해 제한되는 경우, 그것이 자의적인 가능성이 과거에 비해 더 높아진 것이다.

의 독자적·통합적 보장을 위한 시론", 「헌법학연구」 제7집 제2호, 2001을 참조할 것.
216) 김배원(2003), 앞의 글, 94면.

제3절 인터넷 실명제

1. 인터넷 실명제, 그 논쟁의 시작

정보통신부는 2003년 3월 28일 청와대 업무 보고에서 인터넷 역기능 해소 대책의 일환으로 공공기관의 인터넷 게시판서부터 실명제를 추진하겠다고 밝혔다. 이러한 문제가 제기된 이후 무수히 많은 찬반양론을 불러일으켰다. 또한 과거 16대 국회는 '공직선거 및 선거부정 방지법'을 개정하면서, '인터넷 실명제' 관련 조항을 삽입하여 논란을 불러일으키기도 했다. 다음의 사례에서 우리는 실명제가 제기되는 원인의 일각을 확인해 볼 수 있을 것이다.

> 인터넷 커뮤니티 게시판에서 집중적인 비난을 받아 온 20대가 투신자살하는 사건이 발생해 인터넷 언어 폭력문제가 또다시 도마 위에 오르고 있다. 26일 오후 9시쯤 서울 강동구 성내동 모 아파트 7층에서 김 모(28·컴퓨터수리공) 씨가 뛰어내려 병원으로 옮겼으나 27일 오전 숨졌다. 경찰에 따르면 김 씨는 최근 모 인터넷 게시판에 글을 올렸다가 다른 네티즌들로부터 비난을 받고 고민해 왔으며 투신 전날인 25일 "나를 몰아붙이지만 말고 도와 달라. 자살하는 사람들을 이해하겠다."는 글을 남긴 것으로 알려졌다.[217]

최근 몇 년간 인터넷이 대중화되면서, 사이버 공간을 통한 각종 폐해들이 늘어나고 있는 실정이다. 한 언론 보도에 따르면 국내 사이버 범죄가 5년 새 5백 배 늘었으며, 구체적으로는 1997년 1백21건에서 2002년에는 6만 88건으로 증가했다고 경찰청 사이버테러대응센터가 집계해 8일 밝혔다고 한다.[218] 이러한 상황은 사이버 공간에서의 표현의 자유의 현실 공간에 대한 영향이 온라인 그 자체에 머물러 있

---

217) 내일신문, 2004년 5월 28일.
218) 중앙일보, 2003년 6월 9일, "사이버 범죄 5년새 500배 늘어" 참조.

지 않다는 것과 온라인상의 표현의 자유의 근간으로서의 역할을 해 왔던 '익명성'이라는 것에 대하여 근본적인 반성을 촉구하고 있다고 볼 수 있다.

사이버 공간에서의 사회적인 병리현상들이 급증함에 따라, 강한 규제력을 지닌 리바이어던(Leviathan)의 등장을 한편으로 기대하는 말들이 인터넷상에 떠돌고 있다. 아마도 '인터넷 실명제'의 제기는 이러한 해결방법의 일환일 것이라고 판단된다.

홉스(Hobbes)는 당시의 무질서한 상황을 극복하기 위한 대안으로 강력한 리바이어던이라는 것을 상정하고, 만인에 대한 만인이 투쟁 상태인 혼란한 사회에 질서를 확립하고자 하였다. 그렇다면, 홉스가 가정한 '만인에 대한 만인의 투쟁 상태'를 인간의 본성이라고 한다면 인간이 모여 사는 것이 어떻게 가능한가? 인간들이 모여 사는 속에서 어떻게 질서를 이룩하고 유지하는가? 사회질서란 어디에서 오는가? 이 문제를 사회학자들은 홉스의 질서문제(The Hobbesian Problem of Order)라고 하고 이 문제를 좀 더 과학적으로 탐구하려는 노력이 근대 사회학의 기원을 이루었고 그 이후 많은 사회학자들과 사상가들이 이 문제로 논쟁을 벌여 왔다.[219] 이러한 문제에 대한 논의와 고민은 사이버 공간에서도 대입시켜 볼 만한 가치가 있을 것이다.

2. 전자 공론장으로서의 인터넷 게시판

인터넷의 주요 의사표현 수단은 각종 인터넷 커뮤니티나 개인들의 홈페이지의 게시판을 통하여 이루어지고 있다. 따라서 '인터넷 실명제'의 본격적인 논의에 앞서 인터넷 공간의 게시판이라는 것이 어떠한 역할을 하는지에 대해 간단히 살펴보는 것은 의미가 있을 것이다.

현재 인터넷 실명제의 대상으로 거론되는 것은 대부분 정치적인 의사표현과 관계된 것이라고 할 수 있다. 우선 처음으로 게시판 실명제가 거론되기 시작한 것은

---

219) 김경동, 『현대의 사회학』(박영사, 1993), 86면 이하.

정부 관련 공공기관의 게시판에서의 문제였고, 최근에 다시 제기된 제2라운드 공방은 공직자 선거와 관련된 사안이었다. 그렇다면 이러한 문제들이 문제를 제기하는 영역은 '공론장'으로서의 인터넷의 영역이라고 할 수 있다.

공론장이라는 개념은 현대 철학자인 하버마스(J. Habermas)의 초기 저작들에 있어서 관심의 대상이 되었다.[220] 공론은 자본주의의 발전과 함께 분리되기 시작한 국가와 시민사회 사이에 긴장관계에 있는 하나의 사회영역으로 출현하였으며, 새롭게 형성되어 가는 이 사회영역 안에서 쌀롱과 클럽을 중심으로 형성된 '문예적 공론영역'은 신문 및 인쇄물의 보급과 특히 시민혁명의 경험을 통해 '정치적 공론영역'으로 변화됨으로써, 이른바 정치적 여론을 형성하게 된다. 특히 이러한 변화 이후, 후기 자본주의 사회에서는 국가개입주의 이후 기술관료적 제도와 함께 공론영역은 크게 축소되고 '기술적 합리성'에 의해 이데올로기적으로 조작되고 체계적으로 왜곡된 의사소통구조가 심화되는 현상이 생긴다. 하버마스는 문화산업의 등장과 관련해서 공중영역의 몰락을 분석하여 이를 '정치적 공론영역의 재봉건화'라고 표현했다. 어찌 보면, 하버마스(Habermas)가 제시했던 상황은, 여러 가지 비판도 제기될 수 있겠지만, 현재의 우리 사이버 공간에도 적절히 대응되고 있는 듯하다.

3. 익명성 부작용 Vs 표현의 자유

실명제에 관한 논쟁과 관련하여 많은 주장과 글들이 있으나, 2003년 정보통신정책연구원에서 발행된 『정보사회법제도연구센터 월간동향』 5/6월호에 실린 찬반 두 개의 글[221]을 중심으로 찬성론과 반대론의 주요 내용들을 살펴보도록 하겠다. 그러

---

220) 하버마스는 『학생과 정치』의 서문 그리고 『공론영역의 구조변화』에서 자본주의적 발달과 자유주의적 공론영역의 발생 및 몰락의 역사적 연관을 분석했다. 하버마스는 '자본주의의 발전'과 '민주주의 발전' 사이의 '모순'에 관심을 갖는다. 이러한 관심에 기초하여 그는 『공론영역의 구조변화』에서 '시민적 공론의 자유주의적 모델의 구조와 기능, 발생과 전환'을 해명한다.

나 주의할 점은 여기서 살피게 될 주장들은 공공기관의 인터넷 게시판 실명제에 관한 논의라는 점이다. 그러나 우리는 이러한 논의를 통하여 각종 인터넷 게시판 실명제의 장단점을 간취할 수 있는 기회를 가질 수 있을 것이다.

(1) 찬성론

찬성론222) 은 주로 '익명성의 부작용'에 주목하고 있다. 인터넷의 역기능으로 지적되고 있는 익명성으로 명예훼손 등 범죄행위가 크게 늘어나고 있다고 지적한다.

공공기관의 인터넷 실명제 추진은 전자정부 건설을 위한 건전한 여론형성의 도구로서 기능하는 것이기 때문에 합법적인 것으로 판단됐다고 주장하며, 많은 게시판이 욕설과 광고로 가득 차 있는 현실을 고려할 때 전자정부의 올바른 여론수렴을 위한 조치로 실명제는 불가피하다고 강조한다.

또한 공공 기관에서 인터넷실명제를 도입하는 것은 법률상으로도 큰 문제가 없다고 주장한다. 이미 많은 관련 법률의 뒷받침을 받고 있다고 주장한다. 주요하게 근거 법률로 꼽는 것은 「전자정부구현을위한행정업무등의전자화촉진에관한법률(전자정부법)」, 「신용정보의이용및보호에관한법률(신용정보법)」 등을 꼽고 있다. 정부는 전자정부법 제28조 3항에 의거 필요한 조치의 일환으로 인터넷 게시판 실명제를 실시할 수 있다고 보며, 실명제를 통해 국민의 합리적 의사를 확인할 수 있고 그 의견에 신뢰성을 더할 수 있다고 주장하고 있다. 신용정보법 제14조 3항은 "신용정보집중기관 및 신용정보제공, 이용자는 공공기관의 장이 관계법령에서 정하는 공무상의 목적으로 이용하기 위해 신용정보의 제공을 문서로 요청했을 때 이를 무

---

221) 이 두 개의 글을 선택한 이유는 첫째, 공공기관의 인터넷 게시판 실명제에 대한 논의는 우리나라에서의 인터넷 실명제에 관심을 처음으로 촉발시킨 사안이었으며, 둘째, 당시 한상희 교수와 명재진 교수와의 논쟁은 대표적인 논쟁사례로서 언론의 주목을 받기도 했기 때문이다(서울신문, 2005년 4월 26일).

222) 명재진, "공공기관의 인터넷 게시판 실명제 실시에 관한 소고", 「정보사회법제도연구센터 월간동향(CLIS MONTHLY)」 2003년 5/6월호, 2~13면.

상으로 제공할 수 있다.”고 규정하고 있는데, 이 또한 공공기관 인터넷 홈페이지 게시판의 실명제의 근거가 될 수 있다고 한다.

(2) 반대론

반대론[223]은 '익명성의 부작용'을 막기 위해 실명제를 도입하는 것은 '효율적 장치'가 되지 못한다고 반박한다. 실명제의 가장 큰 문제점은 표현의 자유라고 하는 헌법상의 최우선적 기본권을 제약하고 있다는 점이라고 한다.

또한 반대론은 저속표현의 기준점이 무엇이며, 이러한 추상적 근거를 이유로 인터넷 실명제 도입을 주장하는 것은 설득력이 떨어진다고 한다. 현재 국가가 추진하는 인터넷 실명제는 따라서 표현의 자유를 규제하기 위한 실명제이며 이는 심각한 헌법적 문제를 야기한다고 지적한다. 국민의 상당 부분을 의사표현의 기회로부터 배제하는 결과를 초래한다는 것이다.

이 같은 실명제는 수단의 선택에서부터 규제의 범위에 이르기까지 입법목적과 관계없는 과잉배제 현상이 발생, 과잉금지의 요청(헌법 제37조 2항)에 위반될 가능성이 있다고 분석하며, 또한 실명확인과정에서 개인정보를 목적 외로(실명확인을 목적으로 수집되지 않은 개인정보를 실명확인용으로 유용하는 것) 사용하게 됨으로써 개인정보통제권이라는 기본권을 침해하는 것이라고 지적한다.

4. 인터넷 실명제와 관련된 현행 법률

국내에서는 인터넷 게시판 실명제와 관련하여 2개의 법안이 제정되어 있다. 2004년 3월 9일 개정된 「공직선거법」[224]이 최초이다. 이 법은 선거국면에서 인터

---

223) 한상희, 사이버공간에서의 익명성과 책임, 「정보사회법제도연구센터 월간동향(CLIS MONTHLY)」 2003년 5/6월호, 14~25면.

224) 2005년 8월 4일, 법제 명칭이 「공직선거및선거부정방지법」에서 「공직선거법」으로 변

넷 게시판을 통한 비방, 명예훼손 및 불법 선거운동 방지를 위해 동법 제82조의 6
에서 다음과 같은 내용을 규정하게 되었다.

제82조의6 (인터넷언론사 게시판·대화방 등의 실명확인) ① 인터넷언론사[225]는
선거운동기간 중 당해 인터넷홈페이지의 게시판·대화방 등에 정당·후보자에 대한
지지·반대의 글을 게시할 수 있도록 하는 경우에는 행정안전부장관이 제공하는 실
명인증방법으로 실명을 확인받도록 하는 기술적 조치를 하여야 한다. [개정
2008.2.29 제8852호(정부조직법)]

② 정당·후보자는 자신의 명의로 개설·운영하는 인터넷홈페이지의 게시판·대
화방 등에 정당·후보자에 대한 지지·반대의 글을 게시할 수 있도록 하는 경우에
는 제1항의 규정에 따른 기술적 조치를 할 수 있다.

③ 행정안전부장관은 제1항 및 제2항의 규정에 따라 제공한 실명인증자료를 실명
인증을 받은 자 및 인터넷홈페이지별로 관리하여야 하며, 중앙선거관리위원회가 그
실명인증자료의 제출을 요구하는 경우에는 지체 없이 이에 따라야 한다. [개정
2008.2.29 제8852호(정부조직법)]

④ 인터넷언론사는 제1항의 규정에 따라 실명인증을 받은 자가 글을 게시한 경우
당해 인터넷홈페이지의 게시판·대화방 등에 '실명인증' 표시가 나타나도록 하는 기
술적 조치를 하여야 한다.

⑤ 인터넷언론사는 당해 인터넷홈페이지의 게시판·대화방 등에서 글을 게시하고
자 하는 자에게 주민등록번호를 기재할 것을 요구하여서는 아니 된다.

⑥ 인터넷언론사는 당해 인터넷홈페이지의 게시판·대화방 등에 '실명인증'의 표
시가 없는 정당이나 후보자에 대한 지지·반대의 글이 게시된 경우에는 지체 없이
이를 삭제하여야 한다.

⑦ 인터넷언론사는 정당·후보자 및 각급선거관리위원회가 제6항의 규정에 따른

경되었다.

225) 「신문등의자유와기능보장에관한법률」 제2조(용어의 정의) 제7호의 규정에 따른 인터
넷신문사업자 그 밖에 정치·경제·사회·문화·시사 등에 관한 보도·논평·여론
및 정보 등을 전파할 목적으로 취재·편집·집필한 기사를 인터넷을 통하여 보도·제
공하거나 매개하는 인터넷홈페이지를 경영·관리하는 자와 이와 유사한 언론의 기능
을 행하는 인터넷홈페이지를 경영·관리하는 자를 말한다.

글을 삭제하도록 요구한 경우에는 지체 없이 이에 따라야 한다.

[전문개정 2005.8.4]

위 「공직선거법」조항은 선거 상황에서만 적용되는 법률이라고 할 수 있다. 그러나 최근에는 일상적으로 실명제를 요구할 수 있는 근거조문이 「정보통신망이용촉진및정보보호등에관한법률」을 통해 마련되었다. 그 조문은 다음과 같다.

제44조의5 (게시판사용자의 본인확인) ① 다음 각 호의 어느 하나에 해당하는 자가 게시판을 설치·운영하려는 경우에는 그 게시판이용자의 본인 확인을 위한 방법 및 절차의 마련 등 대통령령이 정하는 필요한 조치(이하 '본인확인조치'라 한다)를 하여야 한다.

1. 국가기관, 지방자치단체, 「정부투자기관 관리기본법」 제2조의 규정에 따른 정부투자기관, 「정부산하기관 관리기본법」의 적용을 받는 정부산하기관, 「지방공기업법」에 따른 지방공사 및 지방공단(이하 '공공기관 등'이라 한다)

2. 정보통신서비스제공자로서 제공하는 정보통신서비스의 유형별 일일평균 이용자 수 10만 명 이상으로서 대통령령이 정하는 기준에 해당되는 자

② 정보통신부장관은 제1항 제2호의 규정에 따른 기준에 해당되는 정보통신서비스제공자가 본인확인조치를 하지 않은 경우 본인확인조치를 하도록 명령할 수 있다.

③ 정부는 제1항의 규정에 따른 본인확인을 위하여 안전하고 신뢰할 수 있는 시스템을 개발하기 위한 시책을 마련하여야 한다.

④ 공공기관 등 및 정보통신서비스제공자가 선량한 관리자의 주의로써 제1항의 규정에 따른 본인확인조치를 한 경우에는 이용자의 명의가 제3자에 의하여 부정사용됨에 따라 발생한 손해에 대한 배상책임을 줄이거나 면제받을 수 있다.

[본조신설 2007.1.26] [[시행일 2007.7.27]]

제4절 인터넷과 선거

1. 선관위와 공선법 제93조 문제

지난 2007년 대선 당시, 중앙선거관리위원회위는 「공직선거법」에 따라 대통령 선거 180일 전(지난 22일)부터 네티즌이 인터넷 게시판이나 자기 홈페이지에 선거에 영향을 미치려는 목적에서 특정 후보자에 대한 지지·반대의 글을 올리는 것을 금지시켰으며, 이와 더불어 판도라TV 등 이용자 제작 콘텐츠(UCC) 사이트도 인터넷 언론사로 분류, 선거관련 콘텐츠에 대해 선거보도심의위원회의 심의를 받아야 한다는 법집행 방침을 공표했다.

> 중앙선거관리위원회가 지난 22일(2007.6.22.)부터 연말 대통령선거에 관련된 글이나 동영상의 인터넷 게재를 금지한 데 대해 네티즌 등이 집단반발 움직임을 보이고 있다. 선관위 홈페이지에 반박 글이 쇄도하는가 하면 일부 네티즌들은 항의집회를 열기도 했다. 선관위는 법 규정이 빡빡하다는 것은 인정하지만 현행법인 이상 반드시 지켜져야 한다는 입장이다.
> 24일 주요 인터넷 포털사이트와 선관위 홈페이지 등에는 지난 22일부터 본격화한 네티즌들의 항의 글이 빗발쳤다. 선관위 홈페이지에는 24일 하루에만 3000개 이상의 공격성 글이 올라왔다. 일부 네티즌은 일부러 특정 후보에 대한 지지·반대 의사를 강하게 밝히기도 했다. 네티즌 50여 명은 이날 경기도 과천 선관위 청사 앞에서 항의집회를 가졌다.[226]

선관위 측이 제시한 법집행 방침의 근거 조문은 「공직선거법」 제93조였다. 그러나 이해를 돕기 위하여 선거운동의 개념정의를 하고 있는 「공직선거법」 제58조 그리고 선관위 측에서 언급한 공직선거법 제93조를 옮겨본다.

---

226) 서울신문, 2007년 6월 25일.

제58조 (정의) ① 이 법에서 '선거운동'이라 함은 당선되거나 되게 하거나 되지 못하게 하기 위한 행위를 말한다. 다만, 다음 각 호의 1에 해당하는 행위는 선거운 동으로 보지 아니한다. [개정 2000.2.16.]

　1. 선거에 관한 단순한 의견개진 및 의사표시

　2. 입후보와 선거운동을 위한 준비행위

　3. 정당의 후보자 추천에 관한 단순한 지지·반대의 의견개진 및 의사표시

　4. 통상적인 정당활동

② 누구든지 자유롭게 선거운동을 할 수 있다. 그러나 이 법 또는 다른 법률의 규정에 의하여 금지 또는 제한되는 경우에는 그러하지 아니다.

제93조 (탈법방법에 의한 문서·도화의 배부·게시 등 금지) ① 누구든지 선거일 전 180일(보궐선거 등에 있어서는 그 선거의 실시사유가 확정된 때)부터 선거일까 지 선거에 영향을 미치게 하기 위하여 이 법의 규정에 의하지 아니하고는 정당(창 당준비위원회와 정당의 정강·정책을 포함한다. 이하 이 조에서 같다) 또는 후보자 (후보자가 되고자 하는 자를 포함한다. 이하 이 조에서 같다)를 지지·추천하거나 반대하는 내용이 포함되어 있거나 정당의 명칭 또는 후보자의 성명을 나타내는 광 고, 인사장, 벽보, 사진, 문서·도화 인쇄물이나 녹음·녹화테이프 기타 이와 유사한 것을 배부·첩부·살포·상영 또는 게시할 수 없다. 다만, 선거운동기간 중 후보자 가 제60조의 3(예비후보자 등의 선거운동) 제1항 제2호의 규정에 따른 명함을 직접 주거나 후보자가 그와 함께 다니는 자 중에서 지정한 1인과 후보자의 배우자(배우 자 대신 후보자가 그의 직계존·비속 중에서 신고한 1인을 포함한다)가 그 명함을 직접 주는 경우에는 그러하지 아니하다. [개정 97.11.14, 98.4.30, 2002.3.7., 2004.3.12, 2005.8.4.]

② 누구든지 선거일 전 90일부터 선거일까지는 정당 또는 후보자의 명의를 나타 내는 저술·연예·연극·영화·사진 기타 물품을 이 법에 규정되지 아니한 방법으 로 광고할 수 없으며, 후보자는 방송·신문·잡지 기타의 광고에 출연할 수 없다. 다만, 선거기간이 아닌 때에 「신문등의자유와기능보장에관한법률」 제2조(용어의 정 의)의 규정에 따른 정기간행물의 판매를 위하여 통상적인 방법으로 광고하는 경우 에는 그러하지 아니하다. [개정 98.4.30, 2005.8.4.]

③ 누구든지 선거운동을 하도록 권유·약속하기 위하여 선거구민에 대하여 신분

증명서 · 문서 기타 인쇄물을 발급 · 배부 또는 징구하거나 하게 할 수 없다. [신설 95.12.30.]

문제되는 것은 주지하듯 제93조 1항이다. 선관위 측은 헌법재판소가 이 조항에 대하여 합헌이라고 판시했다는 것을 근거로 삼아 개인 홈페이지 및 블로그에 대한 제한도 타당하다는 언급을 하였다. 언급된 헌법재판소 판례는 바로 [헌법재판소 2007.01.17, 2004헌바82]이다. 이것도 이해의 편의를 위해 결정요지만 인용해 보면 다음과 같다.

【결정요지】 이 사건 법률조항 중 구 공직선거및선거부정방지법 제93조 제1항이 과잉금지의 원칙이나 명확성의 원칙에 위배되지 않는다고 하는 점에 대하여는 헌법 재판소 2001.8.30. 선고한 99헌바92 등 결정과 달리 판단할 사정의 변경이나 필요 성이 있다고 인정되지 아니한다. 또한 '누구든지' 일정기간 동안 법정 외 문서 · 도 화 등을 배포하는 등의 행위를 금지하는 규정으로서 선거운동의 특정한 방법에 대 한 제한을 하고 있을 뿐 그 행위 주체에 관하여는 아무런 제한을 가하고 있지 아니 하여 그 누구와 대비하여서도 부당하게 차별대우를 하고 있지는 아니하므로 평등의 원칙에 반하지 않는다.
  탈법방법에 의한 문서 · 도화의 게시 · 배부 등을 무제한적으로 허용할 경우 후보 자들 간의 경제력 차이에 따른 불균형이 두드러지게 되고, 흑색선전의 난무로 인하 여 선거질서의 혼란이 매우 클 것으로 예상되며, 실제로 이러한 폐해와 혼란이 계속 되고 있는 점을 감안한다면 탈법방법에 의한 문서 · 도화의 게시 · 배부 등을 금지하 는 구 공직선거및선거부정방지법 제93조 제1항의 실효성을 확보하기 위하여 이에 위반하는 행위를 형사처벌의 대상으로 하는 것은 불가피하다.

  재판관 조대현의 반대의견
  구공직선거및선거부정방지법은 문서에 의한 선거운동으로서 선전벽보 등을 허용 하고, 신문광고 · 방송광고 · 정보통신망을 이용한 선거운동 등을 허용하고 있지만 어느 것이나 규격과 내용이 한정되어 있어서 법정 외 문서에 의한 선거운동을 허용 할 필요가 없을 정도로 충분한 것이라고 할 수 있는지 의문이다. 문서에 의한 선거운동을 무제한 허용한다고 하여 선거의 공정을 해친다고 보기 어렵고, 문서의 내용에 허위사실이 포함되지 않도록 규제할 필요가 있을 뿐이고, 문서에 의한 선거운동으로 인하여 선거비용이 증대된다고 하더라도 선거운동 비용의 총액을 제한하면 충분할 것이므로 선거운동 비용을 규제하기 위하여 문서에 의한 선거운동을 제한할 필요가 있다고 보기 어렵다.

그리고 선거는 국민주권의 행사방법이므로 국민들이 선거의 주체로서 주권을 올바로 행사하기 위하여 스스로 선거운동하는 자유도 국민주권과 선거권의 내용에 포함된다고 보아 적극적으로 보장하여야 하므로 이 사건 법률조항이 모든 국민을 수범자(受範者)로 하여 선거운동의 자유를 제한하고 있는 부분은 재검토되어야 한다.

이상의 내용들을 개괄해 본다면, 사실상 개인 인터넷 매체(블로그 등 개인 홈페이지)에 대한 부분에 명시적인 언급은 없다. 그러나 선관위 측에서는 공선법 제93조의 "광고, 인사장, 벽보, 사진, 문서·도화 인쇄물이나 녹음·녹화테이프 기타 이와 유사한 것을 배부·첩부·살포·상영 또는 게시"하는 행위에 블로그 등 개인 홈페이지를 통하여 적극적으로(제58조에 의해 '단순한 의견개진 및 의사표시'는 제외된다) 특정 후보자나 정당을 지지, 추천, 반대의 글을 올리는 것이 해당된다고 해석하고 있는 것이다.

그러나 개인적인 의견으로는 이러한 해석은 단순히 문의적인 해석에 따를 때에는 명확해 보이는 것 같으나, 제반 사항들을 고려해 본다면 시대에 역행하는 법률 해석 및 집행이 아닌가 생각한다. 몇몇 폐해들이 발생했다는 것 또는 발생할 것이라는 것을 이유로 모든 것들을 원천적으로 막는 것은 지나친 행정 편의주의적 시각이다. 다른 매체라면 모르겠으나, 특히 블로그 등 1인 미디어의 경우는 개인의 일기장과 같은 역할을 할 때도 있다. 하루하루 발생하는 일들을 기록하고 자신의 적극적인 주장들을 펼치는 장이다. 그러한 영역에까지 국가권력이 개입하여 제한하겠다는 것은 무리가 있어 보인다.

물론 이는 블로고 스피어, 더 광범위하게는 사이버 공간이 무한정한 자유의 공간이라고 주장하는 것은 아니다. 그 공간도 인간에게 영향을 주고, 실질적인 삶의 변화와 관련이 있는 이상 규제의 공간이고 대상인 것이다. 그러나 그것의 규제는 반드시 국가 권력의 법집행이어야 할 이유는 없으며, 규제가 용이하지 않다는 것을 이유로 원천적으로 특정 기간의 블로거 및 네티즌들의 자유를 강제적으로 제한하는 것을 정말 시대착오적이다.

또한 우리나라의 인터넷 문화가 후진적이라는 인식들은 버려져야 할 것이다. 댓글을 통한 많은 폐해들이 존재하기는 하지만, 그것은 어디까지나 예외적인 경우이다(물론 그 예외적인 경우가 아주 불쾌한 기분을 갖게 하는 경우도 있지만 말이다). 오히려 다원적 정치 의사, 개인적 의사 및 감정들의 활발한 개진을 통하여 우리가 확보할 수 있는 더 나은 미래를 고민해야 할 것이다. 아직까지도 많은 사람들은 다양한 의견이 개진되면서 발생하는 혼란을 두려워한다. 그러나 그러한 의사 및 감정의 개진은 사회질서를 혼란스럽게 하지 않는다. 일반적으로 국가/정치 시스템은 이미 정해진 절차 및 질서 속에서 안정적으로 흘러가게 하고, 그 안에서 갑론을박을 행하도록 예정하고 있는 것이 현재의 다원민주주의적 헌법질서이다(물론 정해진 절차 및 질서에 대한 부분에 있어서는 개인적으로 다른 의견을 가지고 있다).

선관위 측 주장의 가장 궁극적인 논거는 바로 인터넷상의 모든 의사표명이 제한되는 것이 아니라는 점일 것이다. 즉 선거법 제58조의 '단순한 의견개진 및 의사표시'는 제한되는 선거운동이 아니라는 것을 반대논거로 제시하고 있는 것이다. 그러나 어떤 것이 명확한 선거운동이고 아닌지는 일의적으로 판단하기 힘든 측면이 있다. 이와 관련하여, UCC선거운동에 대한 안내에서 선관위는 구체적인 사례를 들고 있다.

> 선거에 관하여 선거인이 가지는 관심의 일단을 표현하는 행위(예: 인품이나 경력으로 볼 때 ○○가 되었으면 좋겠어, □□은 떨어져야 돼 등)는 선거에 관한 단순한 의견개진과 의사표시로서 선거운동에 해당되지 않지만 , 그 내용이 특정 정당이나 후보자의 당선 내지는 낙선에 유리하거나 불리하게 하기 위한 의도를 포함하는 경우(예: ○○가 당선되도록 도와주자, □□가 떨어지도록 힘을 모으자 등)는 선거운동에

해당될 수 있습니다.227)

그러나 위와 같은 예에서도 그것이 왜 단순한 의견개진인지 여부가 명확하지 않다. 결국 이러한 모호성은 선관위 측의 자의적인 판단의 근거가 될 것이다. 선관위 측은 이에 대해서 사안별(Case By Case)로 봐야 한다고 주장한다. 즉 맥락적인 상황을 고려해야 한다는 이야기지만, 그럴 경우에도 여전히 모호성은 남는다. 결국 선관위의 자의적인 해석이 행정재량이라는 미명하에 보장되는 것이다. 물론 이러한 자의성 또는 재량이라는 것은 근대법의 보편성의 문제가 가지는 근본적인 한계일 것이지만 말이다.

선거와 관련된 사항에 있어, 그 제한은 '원칙적 제한'을 목적으로 하는 것이 아니라, '예외적 제한'을 목적으로 한다는 것을 반드시 염두에 두어야 한다. 그것이 재량적 행위가 불가피한 근대법 시스템에 내재된 질서일 것이다. 또한 단순히 온라인을 오프라인과 동일시해서는 안 되며, 따라서 매체 특성을 살릴 수 있는 방향, 즉 매체의 순기능을 살릴 수 있는 방향으로 법해석과 법집행이 이루어져야 할 것이다. 만일 매체에 막대한 자본을 투여하여 인터넷 선거운동에 임하려는 입후보자가 있다면, 즉 금권선거 등 우려가 있다면 조대현 재판관의 소수의견과 마찬가지로 선거운동 비용의 총액을 제한하면 될 문제이다.

인터넷이라는 커뮤니케이션 수단은 민주주의에 있어 양 극단적인 측면을 보여준다. 활발한 의사소통을 통한 민주적 의견형성에 기여할 수도 있지만, 다른 반면 선동정치에 활용될 수도 있다. 후자의 측면이 바로 선관위가 우려하는 부분일 것이라고 판단된다. 그러나 그러한 폐단을 방지하기 위하여 매체 특성을 근본적으로 제거하게 되면 새로운 매체가 가져다주는 희망적 미래는 사라지고 만다.

당시 선관위의 안내에 따르면, 기본적으로 선거와 관련한 모든 의견개진은 선거법위반이라는 의혹의 눈초리를 받게 된다. 이를 통하여 블로고 스피어를 비롯한 네

---

227) 2007년 대선 당시 중앙선거관리위원회 홈페이지의 안내 내용 중 일부.

트워크상의 정치적 의견개진은 상당 부분 위축될 것이다. 우리 헌법 질서는 자유로운 정치적 의견개진을 바탕으로 하는 다원민주주의를 기본 전제로 하고 있다. '말로만' 다원 민주주의를 외치는 이들에게는 그러한 다원성의 발현은 한갓 시끄러운 잡음으로밖에 들리지 않을 것이다. 그러나 이는 오만일 뿐만 아니라, 권위주의적 사고로부터 유래하는 무지의 소치이다.

2. 전자민주주의

(1) 민주주의라는 이상

선관위의 유권해석과 공직선거법 집행공고는 많은 논란을 낳고 있고, 이에 따라 전자민주주의의 의미에 대해 다시 한 번 생각해 볼 수 있는 계기가 되었다.

민주주의란 무엇인가? 우선 이 개념부터가 모호성을 내포하고 있다. 그것은 각기 민주주의와 그 내용에 대해 생각하는 바가 다르기 때문일 것이다. 그러나 일반적으로 인민 또는 국민의 정치적인 의사 그리고 그들의 장·단기적 이익들이 국정 운영에 왜곡되지 않은 형태로 반영될 수 있는 정치시스템을 일컫는다고 그 최소한의 개념을 정의할 수 있을 것 같다. 따라서 민주주의라는 개념 그 자체가 대의제에 반드시 귀결되는 것은 아니다. 우리는 그것을 넘어서는 색다른 정치시스템을 개발해 낼 수 있으며, 또한 현실적 상황에서 가능한 모든 것들을 지금보다는 좀 더 나은 민주주의를 위하여 고민해 보아야 할 것이다. 그것은 지금의 민주주의가 신권 및 왕권으로부터 국민/인민들의 정치적 지배를 근본목적으로 했던 근대 초기의 인간 해방의 꿈과 관련이 있기 때문이다.

이러한 견지에서 우리는 전자민주주의에 대해 재평가해 볼 수 있을 것이다. 전자민주주의라는 것은 그 자체가 순수하게 혁명적인 개념은 아닐 것이다. 다만 우리는 그 안에서 새로운 가능성을 발견하고, 또한 새로운 정치 패러다임을 고민해 볼 수 있다. 그 이유는 전자민주주의라는 것이 통신수단의 발전이 가져온 정치적 의사소통 가능성의 비약적 확장이라는 것과 궁극적으로 연결되기 때문이다. 이는 근대 초기 이후, 정치적 의사소통의 시간적/장소적 한계를 이유로 간접민주주의 또는 대의 민주주의가 필연적인 것으로 인식됐던 상황과는 다른 새로운 국면을 보여 준다.

(2) 네트워크와 민주주의

그러나 중요한 것은 정보통신 기술의 발달, 그리고 그것에 바탕을 둔 정치적 의사소통 가능성의 확장이라는 것이 그 자체로 전자민주주의의 발전과 새로운 정치 시스템으로의 전환을 의미하지 않는다는 것이다. 주지하다시피 보통 정보사회학에서는 기술결정론과 사회구성론의 대립이 있어왔다. 만일 정보통신 기술의 발전 그 자체가 새로운 전자민주주의로의 전환을 가져다준다고 한다면 이는 '기술결정론'적인 시각에 빠져들게 되는 것이다. 또한 정보통신 기술의 발전은 단지 현 사회가 가지는 민주적인 정치의 발전을 반영할 뿐이고 그에 따라 정보통신 기술은 이용될 뿐이라고 한다면 이는 '사회구성론'적 시각에 빠지게 되는 것이다.

이러한 논의들이 대부분 특정한 방향의 결정론으로 경도된 것이라는 생각에 도달하는 것은 그리 어려운 이야기는 아니다. 기술결정론에서는 사회가 종속변수가 되고, 사회구성주의에서는 기술이 종속변수가 된다. 이는 기술적 맥락과 사회적 맥락이 서로 분리될 수 있고, 이 분리된 두 맥락이 인과적 관계 속에서 상호 작용한다는 전제하에서는 피할 수 없는 결론이다. 하지만 기술과 넓은 의미의 사회구조 사이에는 서로를 조건 지으며 진화하는 관계가 존재한다. 일반적으로 이러한 것을 정보사회학에서는 '기술-사회 공진화'라고 이야기한다.

이러한 견지에서 보면, 위에서 언급한 바와 같이 정보통신 기술의 발달 그 자체가 전자민주주의의 발전과 필연적으로 결부되는 것은 아니다. 중요한 것을 그러한 기술적 발전과 상호 조응할 수 있는 정치 시스템의 개발과 고민이다. 그것이 우리가 정보사회학 논의에서 도출할 수 있는 실천적 함의일 것이다.

이번 선관위의 공직선거법에 대한 유권해석과 집행공고는 이러한 전자민주주의의 함의에 대한 인식이 부족하다고 할 수 있다. 네트워크에 대한 선관위의 인식은 기존 오프라인 선거에서의 틀어막기식 규제와 일맥상통한다. 오프라인의 경우, 선거과정에서 표출되는 다양한 충돌 및 갈등의 과잉 양상을 규제할 필요성이 제기되었고, 지금의 선거법에 존재하는 선거법 위반과 관련된 사항들은 대부분 이를 규정하고 있는 것이다. 이러한 혼선을 규제하는 것이 민주주의의 건전한 발전 그리고 국민적 의사의 왜곡되지 않는 반영과 부합되기 때문이다. 그러나 이러한 경우에도 헌법상 부여된 국민들의 정치적 기본권을 침해하지 않는 방향으로 규제가 이루어져야 한다. 그것이 우리 헌법이 전제하고 있는 질서이다. 중요한 것은 오프라인의 경우 이러한 과잉과 혼선의 양상을 규제할 현실적 필요성이 존재한다는 것이며, 그러한 규제가 행해진다고 하더라도 오프라인에서 가능한 정치적 의사소통을 가로막지 않을 수 있다는 인식이 그 근저에 깔려 있는 것이다(물론 이는 일반적인 인식이고, 개인적으로는 현재 대부분 국가에서의 대의민주제적 시스템들은 일정 부분 정치적 의사소통을 차단하고 있다는 입장을 견지하고 있다. 그러나 여기에서는 일반적인 인식을 바탕으로 하는 것이 논의에 도움이 될 것 같다).

그러나 온라인의 경우는 다르다. 기본적으로 이 영역에서도 정치적 기본권의 침해최소성이라는 것은 존중되어야 한다. 즉 기본권 침해를 최소화할 수 있는 다른 규제수단이 존재한다면 규제를 행하는 기구들은 그러한 규제수단을 선택해야 한다는 것이다. 이번 선관위의 결정은 이러한 최소한의 헌법 공동체적 요청에도 부합하지 않는다. 우리는 정보통신 기술의 발전에 바탕을 두어 그것이 민주적인 정치의사 형성에 기여할 수 있는 방안이 무엇인가를 고민해 볼 수 있게 되었으며, 기술-사회 공진화적 특징을 반영할 수 있는 방향으로 법집행 및 정책 운영이 필요할 것이다. 네트워크라는 것은 의사소통을 위한 수단이다. 그것이 문자가 되었든, 음성이 되었든, 영상이 되었든지 간에 말이다. 이러한 의사소통 기술의 발전은 과거 오프라인만을 중심에 놓고 선거라는 것을 바라보던 민주주의의 패러다임과는 다른 양상을 보인다. 즉 네트워크에서는 소통이라는 것이 기본 전제이다. 소통 없는 네트워크, 특히 정치적 의사의 소통이 차단된 네트워크는 결국 그 의미를 상실하게 되고, 특정 권력과 자본의 이익에 종속되어 그에 봉사하는 명령적 수단으로만 기능하게 될 뿐이다.

따라서 이러한 온라인영역 법 집행은 소통을 저해하지 않는 방향으로 이루어져야 한다. 물론 이러한 법집행에 대한 관점은 기존 오프라인에서의 논의에서 침해의 최소성이 기본 원칙이 되어야 하는 표현의 자유 또는 정치적 기본권의 존중과도 유사한 것이라고 할 수 있다. 그러나 여기에서 강조하고자 하는 바는 기존 오프라인에서와는 다른 기술적 발전에 기반을 둔 새로운 소통의 구조가 출현하고 있다는 점이다. 기본적으로 기존의 정치적 기본권도 이러한 확장된 소통의 개념을 수용하여 새로운 정치적 기본권 개념으로 변모 및 발전해야 할 필요성이 있을 것이다. 만일 그렇게 된다면, 이러한 논의도 정치적 기본권이라는 카테고리에서 동일하게 논의될 수 있을 것이다.

그러나 선관위의 오프라인적 패러다임 속에서는 온라인상의 다양한 정치적 의사의 표명이 그저 혼란으로서만 다가올 뿐이고, 따라서 위하적인 법집행을 통해 국민들, 특히 블로거 및 네티즌들에게 경고의 메시지를 보냄으로써 정치적 소통이 없는 네트워크를 만들고자 하는 것이다.

선관위가 제시하고 있는 규제의 원칙, 즉 공직선거법의 유권적 해석을 통해 도출된 규제의 원칙은 선관위 스스로가 네트워크의 발전 앞에서 무능력하며, 낡은 패러다임적 사고를 하고 있음을 자인하고 있는 것이다. 또한 스스로도 당황하고 있는 기색이 역력하다. 법집행에 있어 사안별·맥락별 해결방식을 강조하는 것은, 그 자체가 이미 현실적합성을 지니는 규제의 원칙도 설정하고 있지 못함을 보여 주는 것이다. 그 결과 기본적으로 무죄로 추정되어야 할 네티즌 또는 블로거들이 이미 모두 선거법 위반이라는 혐의를 쓰고 있는 것이다.

3. 전자민주주의가 무엇인지 고민하라

전자민주주의는 분명 새로운 대안적 정치 시스템이라는 가능성을 보여 준다. 그러나 그것이 가지는 함의를 인식하지 못하면 그것은 선동적 정치의 도구로 전락해 버리게 된다. 그것은 국민들에게도 적용되는 이야기이지만, 기본적으로 법집행을 행하는 관료들에게 더욱 각인되어야 할 사항이다.

개인적으로는 '새로운 패러다임'이라는 말을 좋아하지 않는다. 그것은 그 용어 사용을 통해 누군가를 억압하는 수단으로 사용될 수 있기 때문이다. 마치 과거 새마을 운동과 같이 말이다. 그러나 중요한 것은 현재의 기술적 기반이 변화되었으며, 그러한 변화는 우리의 생활을 바꾸어 놓고 있다는 점이다. 따라서 우리의 생활과 관련된 법의 집행은 그것의 맥락적 의미를 적실하게 반영할 수 있는 것이어야 한다.

민주주의 그리고 그것의 가치는 절대로 특정 관료 집단에 의해서 나올 수 있는 것도 아니고, 그러한 것이어서는 안 된다. 만일 선관위가 자신들의 유권해석이 민주주의를 위한 것이라고 자위한다면 그것은 큰 오산이다. 그러한 민주주의는 보수 기득권층을 영속시키기 위한 수단일 뿐이다. 따라서 전자민주주의에 대해 고민함에 있어서는, 사회의 바탕 및 그것에 영향을 주는 기술적 기반은 무엇이고, 현재의 대의민주주의가 가지는 한계를 극복하기 위해 전자민주주의가 기여해야 할 부분은 무엇인지에 대한 고민이 반드시 전제되어야 한다.

마지막으로 지적하고 싶은 것은, 이러한 선관위의 유권해석에 앞서 공선법의 입법 그 자체에 대해서도 문제가 제기될 필요가 있겠다. 모든 법이라는 것이 그렇지만 일단 입법의 시기 또는 몇몇 경우에 있어서는 판결의 시기에는 관심도 없다가, 그것이 실제로 적용되는 순간에 여론이 들끓는 경우가 대부분이다. 마찬가지로 이번 선관위 문제도 이미 공선법 조항에 의해 예고되던 사태였다. 이러한 사태의 원인은 법이라는 것이 특정 전문가들의 향유물이 되어, 이에 대한 국민적 관심이 점점 사라져 가는 데 중심적 원인이 있다고 할 수 있을 것이다. 따라서 우리는 이러한 입법에 대한 적절한 비판작업을 수행할 집단지성에 기초한 네트워크적 전문성을 구축할 필요가 있겠다.

제9장 교육제도와 언론의 변화

우리가 현재 살고 있는 세상을 다원주의적인 사회로 변모시키는 데 있어, 정보사회의 기술적 수단들은 중요한 역할을 하고 있다. 특히 다원주의적 주장들의 근간을 형성하는 데 있어 가장 중요한 역할을 하는 것이 바로 교육제도와 언론이라고 할 수 있을 것이다. 그 이유는 사회의 공통된 인식기반을 형성하는 데 교육제도가 역할을 하고 있으며, 각기 다른 자신의 주장들을 펼치며 사회적인 담론을 형성해 가는 데 언론이 역할을 하고 있기 때문이다. 따라서 다음에서는 이러한 각 제도들의 변화에 대해 살펴보고, 법제도적인 측면에서 이러한 변화를 어떻게 수용할지에 대해 고민해 보도록 하겠다.

제1절 교육제도의 변화: e-러닝과 u-러닝

1. 교육정보화

정보사회는 기본적으로 쌍방향 의사소통에 기반을 두고 공급자와 개별 소비자를 매우 역동적으로 묶어 내는 소통의 수단들을 발전시키고 있음은 주지의 사실이다. 이러한 소통의 수단들은 교육의 영역에서 그 순기능을 십분 발휘할 수 있을 것으로 예상된다. 또한 기존의 교육에서는 불가피하게 개개인들이 가지는 특성 및 개성이 존중되지 못해 왔던 것이 사실이지만, 정보사회 발전의 일반적인 경향은 개인별로 차별화된 교육을 가능하게 해 줄 수 있다는 점에서 우리에게 새로운 시각을 제공해 준다. 바로 이러한 관점에 기초하여 논의되고 있는 것이 바로 'e－러닝(e－learning)'이다.

e－러닝으로까지의 발전은 일반적으로 다음과 같은 표로 설명된다.[228]

<표 16> 우리나라의 교육정보화 발전단계

구분	초기 인프라 구축단계	ICT[229]활용 교육단계	e－러닝 단계
시기	1996－2000	2001－2003	2004－
주요내용	정보통신소양교육 교육종합포털서비스 (에듀넷)	전국교육정보공유체제 교수학습센터	EBS 수능강의 사이버가정학습 전자교과서
e러닝 단계 특성	교원 1인 1PC 전국 교실 인터넷 연결	교수학습방법 개선 교육정보표준화	개인별 맞춤교육 자기주도적 학습
교육기반의 특성	정보화교육기반 확충	정보이용교육 활성화	지식기반사회 인재양성

2. e－러닝의 개념

인터넷의 대중화 및 초고속통신망의 보급 확대로 인터넷의 교육적 활용에 관심이 높아지자 1999년 노동부의 재직자 인터넷 통신훈련 실시, 2001년 교육부의 사이버대학 설립인가를 계기로 e－러닝이 급속히 확산되기 시작하였다. e－러닝은 PC, 휴대전화기, PDA 등 정보기기를 사용해 인터넷, 이동통신망 등 네트워크를 통하여 시간과 공간 제약 없이 지식과 정보에 접근할 수 있는 학습 또는 교육방식을 의미하며, 온라인 학습, 사이버 학습, 인터넷 학습 등으로 일컬어진다. 2004년 1월 8일 'e－러닝 산업발전법'이 제정됨으로써 e－러닝은 온라인뿐만 아니라 컴퓨터 기반 학습, 방송·통신을 이용한 원격학습까지 포괄하게 되었다.[230]

---

228) 이종구 외, 『정보사회의 이해』(미래M&B, 2007), 163면, 표 7－1.

229) Information & Communication Technology.

230) 이종구 외, 앞의 책, 170면.

초·중등교육 분야에서 e－러닝 체계란 정보통신기술을 활용하여 학교－가정－지역사회를 유기적으로 연계하고, 교수－학습의 질을 제고하며, 학생들의 인성·창의성 및 자기주도적 학습능력을 신장시키는 학습체계를 의미한다(교육인적자원부). 초·중등교육 분야에서 e－러닝의 대표적인 사례로는 EBS 수능체제를 들 수 있다. 2004년 4월부터 시행된 EBS 수능체제는 교육인적자원부가 사교육비 경감대책의 하나로 추진 중인 사업으로, 대학입시 수험생들을 대상으로 EBS를 통해 방송과 인터넷 강의를 무상으로 지원하는 체제이다.

고등교육 분야의 e－러닝은 대학사회 전반의 정보화 촉진을 위해 지난 2002년 12월에 교육인적자원부가 발표한 '대학정보화 활성화 종합방안(e－Campus VISION 2007)'을 통해 활성화되고 있으며, 이를 통해 정보통신기술을 활용하는 디지털캠퍼스로의 전환이 활발히 이루어지고 있다. 이러한 경향에 따라 방송통신대학에서는 기존의 TV, 라디오 등 방송매체 외에 인터넷을 통한 e－러닝 강의체계를 도입하여 운영하고 있으며, 일반 대학에서도 사이버대학, e－러닝 지원센터 등을 중심으로 e－러닝 체제로의 전환에 힘을 쏟고 있다.

평생교육영역의 e－러닝은 2001년부터 고등교육 수준의 평생교육 기관으로 '사이버대학'이 운영되면서 점차 활성화되고 있다. 사이버 대학은 2004년 현재 17개교가 설립 인가되어 운영 중이며, 재학생 수는 총 2만 5,000명 정도이다. 1인당 연간 입학금 및 등록금을 200만 원 정도로 잡을 때, 연간 500억 규모의 시장으로, 오프라인 대학의 온라인 강좌 또한 급격히 늘어나고 있는 추세이다.

3. u－러닝으로의 발전

유비쿼터스 컴퓨팅은 모든 컴퓨터가 서로 연결되고(connected devices) 이용자 눈에 보이지 않으며, 언제·어디서나 이용가능하고 현실세계의 사물과 환경 속으로 스며들어 일상생활에 통합되는 것을 기본 전제로 하며, 이에 기반을 둔 교육서비스를 u-러닝이라고 할 수 있을 것이다.

학교환경에서는 대형전자칠판, 교육과정의 녹음 및 저장, 무선을 통한 교재 및 정보 전달, RFID가 내장된 교재, 학생들을 학습하는 지능형 데이터베이스 및 에이전트 소프트웨어, 쾌적하고 효율적인 학습 환경 등이 등장하게 될 것이다. 학생들은 책으로 만든 교과서 대신 소형 전자북을 활용하며, 메모나 노트필기 등은 펜입력 방식으로 가능하고, 전자수첩기능 및 교육과 관련된 인터넷 접속 등이 가능해지며, 학급의 게시판 및 토론의 장으로도 활용될 수 있을 것으로 판단된다.

이러한 학교 환경의 변화는 교육방법이라는 측면에서 다음과 같은 변화를 불러올 것으로 예측되고 있다.

(i) 교육장소 및 특정기기 의존성의 완화이다. 언제 어디서나 정보통신망에 접속하여 학습하는 것이 가능하기 때문에 상시적인 교육체제가 가능해진다. 무선통신 기기의 보급확대, 통신망의 개선으로 상시적 접속 등이 가능해지며, PC 중심의 학습방식에서 벗어나 전자북, TV, 휴대폰 등의 다양한 정보매체를 통한 학습 기회 제공이 가능해질 것이다.

(ii) Pull방식에서 Push형으로 전환이 가능해진다. 기존의 교육은 피교육자가 정보통신 기반의 교육환경에 의도적으로 접속해야 하는 Pull 방식의 교육이라고 볼 수 있으며, 교육 의지가 미약한 계층이나 산만한 환경에서는 교육의 효과가 약한 측면이 있었다. 그러나 유비쿼터스 환경에서는 상시접속이 가능해짐으로 인해 기기와 장소를 찾아야 하는 불편함이 해소될 수 있고, 상황에 맞는 맞춤형 교육으로 흥미유발도 보다 용이할 것으로 판단된다.

(iii) 지능화된 기기가 학생들의 특성이나 행위를 관찰함으로써 보다 흥미를 유발하면서 학습을 하도록 유도가능하다. PC 이외에 학교에서 사용하는 다양한 기기들이 지능형 교구로 변신하며, 기기에 대한 사용방법이나 개별진도, 학습의 수준에 따른 레벨조정 등에 이르기까지 맞춤형 정보의 제공과 학습을 유도하는 것이 가능해진다.

(iv) 맞춤형 교육의 일상화가 가능해지며, 맞춤형 교육의보편화로 원거리 교육의 확대를 가져올 수 있다. 집합적 교육이 이루어지더라도 개개인별의 학습성취나 취

미 등에 따라 다양성이 가미된 교육프로그램을 운영하는 것이 가능해지며, 지능형 프로그램을 이용하여 수준별 학습방법을 제공하는 것이 가능해질 것이다.

(ⅴ) 교육이 1회성으로 끝나지 않고 다양한 곳에서 다양한 방법으로 전개될 가능성이 높으며, 특히 물리적인 장소의 제약이 있을 수밖에 없는 학교라는 공간의 제약이 완화됨으로써 보다 다양한 자원들을 결합한 형태의 교육이 제공될 수 있다. 교육의 성격이 근본적으로 변화하여 학교교육에서도 교육내용의 세분화에 따른 특정주제별 교육의 세분화가 가능해지며, 평생교육시스템으로의 전환도 이루어질 것이다.

(ⅵ) 상시적인 교육평가 체제로 전환되면서 지속적인 교육방법의 개선이 이루어질 것이며, 또한 동료학습이 활발하게 이루어지게 될 것이다.

4. u - 러닝에 있어서의 법제도적 고려사항

이러한 교육의 유비쿼터스화는 긍정적인 기대효과에 못지않게 그에 따른 부정적인 파급효과도 예상된다. 법과 제도는 바로 이러한 부정적인 역기능을 최소화시키고, 순기능을 확대시키는 역할을 수행해야 할 것이다.

첫째, 다양한 경로에서 개인의 신상정보가 생성되어 정보의 누출가능성이 매우 높아지게 되었으며, 특히 교육과 관련된 정보는 민감성이 높기 때문에 철저한 보호와 관리가 필요하나 정보의 활용이 많아질수록 정보보호도 어려워지고 정보의 유출이 용이하게 됨으로써 문제점이 발생할 수 있다.

둘째, 인터넷 등의 네트워크 의존도가 높아질수록 네트워크 단절로 인한 피해가 급격히 늘어나게 되며, 특히 학교의 경우는 대규모의 보안투자가 용이하지 않고, 전문적인 IT 관리 능력도 부족하기 때문에 네트워크의 안전성에 더욱 취약해져 정보망의 안정성이 약화될 가능성이 있다.

셋째, 비대면성·익명성을 악용한 사이버 범죄도 늘어날 수 있으며, 네트워크 의존도가 높아지고 다양한 유비쿼터스 컴퓨팅 디바이스들이 보급됨으로써 학사관리가 여러 가지 어려움에 직면할 것이다. 예를 들어, 최근 휴대폰을 통한 입시부정은 네트워크를 활용한 범죄가 그 일례라고 할 수 있겠다.

넷째, 유비쿼터스화의 교육환경이 가져다줄 다양한 이점에도 불구하고 새로운 환경하에서도 교육문제는 경제적·사회적 상위계층에 의해 우선적으로 교육콘텐츠가 점유당하고, 사회적 기득권을 유지시켜 주는 메커니즘으로서의 기능을 수행할 개연성이 여전히 존재할 것이다.

다섯째, 네트워크를 통해 상시적으로 이루어지는 학습의 과정에서 소극적으로 참여하는 학습자를 어떻게 적절하고 효과적으로 유도해 낼 것인가 하는 문제가 유비쿼터스 교육환경에서 새로운 정책과제로 대두하게 될 것이다.

제2절 언론의 변화: 1인 미디어와 포털 사이트의 발달

1. 온라인 저널리즘의 특징

인터넷의 등장은 온라인 저널리즘의 발전을 가져왔다. 이러한 발전은 크게 두 가지 측면에서 정리해 볼 수 있다. 하나는 기존의 전통적인 매체가 일정부분 온라인화되는 것이며, 다른 하나는 온라인상에서만 독립적으로 뉴스서비스를 제공하는 독립형 온라인 미디어의 등장이 그것이다. 특히 오마이뉴스와 프레시안과 같은 독립형 온라민 미디어의 성장은 이제까지의 저널리즘에 대한 이해를 새롭게 하고 있다.

이러한 온라인 저널리즘의 특성을 정리하면 다음과 같다.

(ⅰ) 상호작용성: 온라인 저널은 기존 매체들이 가지는 일방향성과 폐쇄성을 극복하여, 네트워크의 쌍방향성에 기반을 둔 상호작용의 기반이 되고 있다.
(ⅱ) 신속성: 전통적인 매체와는 달리 매우 신속한 정보의 전달이 가능하다. 이는 특히 최근의 WEB 2.0의 발전과 맞물리면서 더욱 신속하며, 정확한 정보전달이 가능하게 되었다.

(iii) 저비용: 기존 오프라인 저널에 비하여 온라인 저널들은 그것의 출판에 있어 그 비용이 매우 저렴하다. 즉 온라인 저널의 경우 출판 매체로서 인터넷을 활용하기 때문에, 저널의 제작비용에 비해 그 파급력은 매우 크다고 할 수 있다.

(iv) 멀티미디어화: 기존의 전통적인 매체는 대부분 문자나 이미지를 주축으로 한 정보를 제공하는 데 그쳤으나, 미디어의 융합현상은 다양한 콘텐츠들을 하나로 묶어 제공해 주는 기사의 멀티미디어화라는 현상을 불러일으킨다.

이러한 특성에 기반을 둔 온라인 저널리즘은 과연 어떠한 의미를 가지는가? 모두에서 언급했던 바와 같이, 언론이라는 것은 각기 다른 자신의 주장들을 펼치며 사회적인 담론을 형성해 가는 데 기반이 되는 것이다. 그러나 기존 언론의 경우 특정 집단 및 권력의 영향권에서 자유롭지 못하였으며, 그에 따라 일부 언론들의 경우 매우 편파적이면서도 부정확한 정보를 일방적으로 전달하는 역할을 하기도 하였다.

그러나 이제는 상황이 변화하여, 이제 원하는 개인이나 집단은 자신의 정치적인 주장을 매우 다양한 형태로 불출할 수 있게 되었고, 이는 궁극적으로 사회적인 변화와 혁신을 추동하고 있다.

2. 일인미디어와 전문성

이러한 온라인 저널리즘은 점차 개별화되어, 이제는 일인미디어로 발전하는 과정에 있다. 그러나 기본적으로 언론 또는 저널리즘이라고 불릴 수 있으려면 '전문성'을 가지고 있어야 한다는 논의가 있다. 이러한 논의가 가장 활발히 이루어지고 있는 영역이 바로 블로고 스피어이다. 즉 "블로거들의 글이 전문성을 가지는가" 내지는 "블로그 문화가 정착되었는가" 등의 논란이 있다. 그리고 나면 십중팔구 "블로그가 원래 뭐 하는 곳이냐" 하는 논란이 일어나곤 한다.

블로그가 사람들에게 매력적인 이유는 그것이 '일인—미디어'라는 특성을 가지고 있기 때문이라고 생각한다. 자신을 네트워크상에서 표현할 수 있고, 그러한 표현에 기반을 두어 다른 사람들과 소통할 수 있다는 것, 그것이 바로 블로그의 매력인 듯하다. 한때 싸이월드의 광풍이 지나갔고 아직까지도 상당수의 인터넷 이용자들은 싸이월드를 이용한다. 싸이월드 또한 이러한 '일인-미디어'라는 점이 가장 부각된 사례라고 할 수 있다.

일인-미디어의 역할은 무엇인가? 마치 '미디어'라고 하면, 특정 사건이나 주제에 대해 전문적인 내용들을 포스팅하고, 다양한 정보를 제공해 주는 수단으로만 생각하는 경향이 있다. 실제로 신문, 텔레비전, 라디오 등이 이제까지 그러한 역할들을 해 왔다. 그러나 블로그를 바라볼 때는 약간의 관점이 달라져야 하지 않을까 하는 생각을 하곤 한다. 즉 '일인-미디어'라는 표현 중에 우리가 더욱 관심을 가지고 지켜봐야 할 부분은 바로 '일인'이라는 표현이다.

과거의 미디어는 권력이나 자본을 소유한 자들의 전유물 정도로 취급되어 왔다. 실제로 아직까지도 신문, 텔레비전, 라디오 등에 있어서 권력과 자본의 영향력은 대단한 것이라고 할 수 있다. 다시 말하자면, 이 사회에서 정보를 제공해 주는 네트워크가 권력과 자본을 소유하고 있는 일부의 사람들에 의해 주도되고 있다는 것이다. 그러나 네트워크의 발전은 그러한 권력과 자본이 통제할 수 없는 영역들을 만들기도 하고, 그러한 통제불가능의 영역을 다시금 그들이 정복하도록 해 주기도 한다. 이러한 경향을 가장 극명하게 드러내주는 공간이 바로 오늘날의 '블로그(고)스피어'이다.

네트워크의 보편화는 결국 소수의 권력과 자본에서 매우 다양한 개인들에게까지 그 범위가 확장됨을 의미한다고 할 수 있다. 이는 결국 다양한 사고와 행동방식을 가진 개인들이 네트워크의 전면으로 드러남을 의미한다. 그러다 보니, 이제 네트워크상에는 과거의 미디어들이 집중하고 있는 소위 말하는 전문성(경제 전문성, 문화 전문성, 기술 전문성, 정치 전문성 등)을 가지는 내용보다는, 개인들의 삶과 일상생활 속에서 접하게 되는 정보가 주류를 이룬다. 이는 어쩌면 당연한 이야기일지 모른다.

그러한 다양한 개인들이 '일인-미디어'를 통해 만들어 내는 소음(?) 또는 정신없음(?)들이 생소하게 느껴질 수도 있다. 그래서 각 영역의 특정 전문성들을 중심으로 그러한 혼란한 상황이 평정되기를 기대하는 이들도 있다. 이러한 사례들 중 가장 대표적인 것이 바로 최근 대통령 선거과정에서 불거졌던 '선거법 논란'이었다.

우리는 일상생활 속에서 어떤 사람의 말이나 표현이 전문적이지 않다고 해서 핀잔을 주거나 비난하지 않는다. 그 사람의 표현이나 주장이 맘에 들지 않으면 그냥 듣지 않으면 그만이다. 마찬가지로 '일인-미디어'를 중심으로 발전하고 있는 네트워크상의 다양한 표현과 주장들도 마찬가지이다(물론 그렇다고 다른 사람들에게 인격 또는 재산상의 피해까지 불러오는 표현이나 주장을 인정하자는 것은 아니다). 이제 네트워크의 발달은 이 사회를 살아 나가는 개인들에게 목소리와 행위와 같은 기존 매체 이외에 블로그와 같은 새로운 표현 매체를 안겨 준 것이다.

이렇게 본다면 기존 우리가 말하는 전문성이라는 것은, 네트워크상에서 약간은 다른 의미를 추가적으로 내포하는 것으로 이해될 수 있다. 그 전문성은 바로 일상생활 속의 전문성을 말한다. 즉 자기표현의 전문성이다. 어떤 사람은 인터넷을 서핑하면서 접하는 각종 보도나 자료들을 포스팅함으로써 자기표현을 하고자 하는 사람들도 있으며, 어떤 사람들은 자신이 가지고 있던 특정 지식에 기반을 둔 전문적 내용들을 포스팅함으로써 창의적인 표현을 하고자 하는 사람들도 있을 것이다. 그리고 더 나아가서는 자신이 살아가는 일상생활의 여러 가지 감상들을 마치 일기를 쓰는 것처럼 포스팅할 수도 있다. 결국에는 그 모든 것들이 자기표현이 가지는 전문성이다. 그리고 우리는 그 수많은 자기표현들 중 자신이 관심을 가지는 것들을 읽고 공감하거나 또는 반대하는 생각을 할 수 있는 것이다. 그것이 바로 네트워크가 선사해 주는 '자유'이다.

결론적으로 블로거들에게 반드시 (기존에 우리가 말하던) 전문성이 있어야 하는 것이 아니라는 것이다. 물론 전문적인 포스팅을 하는 것도 자유고, 그러한 것들을 읽고 공감 및 비판하는 것도 자유다. 우리에게 필요한 것은 '일인-미디어'들이 만들어 내는 불협화음을 즐기면서, 그중 자신에게 옥석이 될 만한 텍스트들을 찾아내고 즐기는 것이다. "네트워크는 좀 더 시끄러워져야 한다!"

3. 포털 사이트의 영향력 증대와 규제

(1) 포털 사이트의 규제

이러한 일인미디어의 발달과 더불어, 네트워크 공간으로의 접속창구 역할을 해 주는 포털의 영향력은 실로 막대해지고 있다. 특히 WEB 2.0 시대의 도래라고 표현되는 오늘날에는 이러한 포털의 역할은 매우 중요해지고 있다. 이러한 포털 사이트의 발전은 앞으로 매우 다양한 문제를 야기할 수 있을 것이라는 생각이 든다. 특히 다양한 일인미디어에서 생산해 내는 불법정보(저작권 침해, 명예훼손, 음란물)들을 포털 메인에 게시하는 경우 그 책임을 누구에게 물을 수 있을까라는 문제가 제기될 수 있다. 그 일면을 보여 주는 사례가 최근에 논란이 되고 있는 포털 사이트의 뉴스 제공이다.

포털 사이트를 통하여 제공되는 뉴스들이 그 제목부터 왜곡투성이라는 사실은 이미 많은 이들에게는 공공연한 사실이 되어 버린 것 같다. 그리고 그러한 보도로 인하여 피해를 입었다고 주장하는 이들은 지배층/피지배층, 진보/보수, 자본가/노동자, 여당/야당 등을 막론하고 너무나도 다양하게 포진해 있다. 모두가 그러한 왜곡된 기사 제공의 피해자인 셈이다. 이러한 포털 뉴스의 왜곡현상에 대한 가장 궁극적인 폐해는 특정 권력과 자본이 자신들의 구미에 맞게 기사들을 왜곡한다는 데 있다.

그렇다면 이러한 포털 뉴스의 왜곡현상을 어떻게 규제할 것인가? 그러한 방식은 아주 다양하다고 할 수 있다. 우선 규제의 주체를 국가영역에 둘 것인가, 아니면 (시민)사회영역에 둘 것인가의 사이에서 다양한 형태의 제도들이 고안될 수 있다.

만일 국가영역에 그 규제의 중심을 둔다면, 그것은 국가에 의한 인터넷 공간의 통제를 더욱 가속화시키게 되어 규제의 용이함이 더욱 증대될 것이지만(규제의 효율성 증가), 특정 권력집단에 의한 인터넷 공간 통제의 강화를 인정하는 격이 될 것이다(규제의 정당성 감소). 반면에, 만일 (시민)사회영역에 그 규제의 중심을 둔

다면, "다양한 성분을 가진 구성원들이 참여한다는 것을 전제"로 권력과 자본을 어느 정도 배제하고 피해를 줄일 수 있는 가능성은 있겠으나(규제의 정당성 증가), 기존의 국가 권력이 누리던 통제 권한이 (시민)사회영역에 주어지지 않기 때문에 실질적인 통제가 어려워질 수 있다(규제의 효율성 감소).

후자의 방법이 바로 '자율규제'라 불리는 방안의 골자라고 할 수 있겠다. 그러나 이러한 자율규제 방식은 신자유주의적 경향에 그대로 포섭될 수 있다는 위험성을 지니고 있으며, 규제라는 측면에는 여러 가지 한계가 있는 것이라고 평가해 볼 수 있을 것이다. 그러나 기존의 국가 중심의 규제가 가지고 있었던 폐해와 악영향 그리고 네트워크의 개방적 속성과 그로인한 소통의 확대 등을 고려한다면, 후자의 방식을 골자로 여러 가지 문제점들을 해결할 수 있는 제도적 상상력을 발휘해 보는 것이 더 좋을 것 같다. 물론 이는 개인적인 연구 및 논증 과제이다. 결국 관건은 실질적인 규제 권한 및 수단을 (시민)사회영역으로 어떻게 환원시킬 것인가의 문제이다.

다음으로 문제되는 것은 포털이라는 것의 개념정의와 연관된다. 과연 포털 사이트에서 뉴스를 제공하는 것은 정당한가, 그러한 것은 본질적으로 포털의 속성에 위배되는 것인가 등등이 주요 논점이 될 수 있을 것이다. 대부분의 법적 논쟁은 그 규제의 주체 및 객체를 어떻게 정의할 것인가에 따라 상당한 변화를 불러일으킨다. 위에서 논한 것이 주체의 문제라면, 여기서 논하고자 하는 것은 객체의 문제이다. 궁극적으로는 규제 객체의 개념정의를 어떻게 할 것인가의 문제이다.

인터넷을 비롯한 통신수단의 발달은 우리들이 세상과 소통하는 '매체 형식'의 다양한 변화를 불러왔다. 이러한 변화는 일회성에 그치는 것이 아니라, 시시각각 그리고 지속적으로 변화하고 있는 양상을 보인다. 물론 포털이라는 것이 검색을 주요 기능으로 하여 발달한 것은 주지의 사실이지만, 그러한 포털의 개념을 발생사적인 측면에서만 개념 정의하기에는 역부족이다. 중요한 것은 실제로 그러한 포털이 우리에게 어떠한 유용함을 전해 주고 있으며, 또한 포털 사이트 이용자들 사이에 실제 어떠한 역할로 자리매김해 가고 있는가이다. 필요하고 또한 흥미 있는 뉴스들을 해당 뉴스 및 신문사 사이트에 방문하지 않고도 자주 방문하게 되는 포털사이트를 통하여 접하게 된다는 것은 포털의 발전이 가져온 유용함 및 역할 중의 하나일 것이다. 따라서 포털 사이트의 이러한 기능을 원천적으로 막아 보자는 것은, 발전된 소통을 '향유'하는 것이 아니라 '억제'하는 것이라고 할 수 있겠다.

따라서 포털의 개념정의를 기반으로 그 역할을 한정하여 규제하고자 하는 것은 무리가 있다는 것이 개인적인 판단이다. (예를 들어 '공직선거법' 제8조 언론기관의 공정보도의무, 제82조의6 인터넷언론사 게시판·대화방 등의 실명확인 등 몇몇 조항에서 '인터넷 언론사'라는 표현을 쓰고 있는데 과연 어느 정도의 범위를 인터넷 언론사로 볼 것인가는 매우 모호한 것이다. 이러한 것은 발전 및 변화하고 있는 매체 특성을 반영하지 못한 결과이다.) 물론 약간 논의의 차원은 다른 것이긴 하지만, 이러한 것은 마치 라디오가 생기면 라디오를 규제하는 법을 만들고, TV가 생기면 TV를 규제하는 법을 만드는 방식의 '매체별 규제방식'과 매우 유사한 것이다. 오히려 그 기능적인 측면의 고려를 통하여 포털 사이트를 실질적인 언론으로 규정할 수 있는 것이 필요하다. 이러한 것은 매체별 규제를 넘어서는 '레이어별 규제방식'에 비유할 수 있을 것이다.

규제 방식을 고민하는 일은 그리 쉬운 일은 아닐 것이다. 다만 추후 전개될 포털 뉴스의 규제에 대한 논의에 있어, 특정한 입장과 원칙을 설정하는 데 상당 부분 도움이 될 수 있지 않을까 하는 약간은 부풀려진 기대를 가져 본다.

특정한 규제를 설정하기 위한 다양한 이해세력의 '정치' 그리고 다변화되고 있는 '규제/제도 환경'은 항상 예견하지 못했던 상황을 늘 노정한다. 이러한 상황하에서 특정 입장을 정리하고, 원칙을 수립하는 일은 중요한 것이라는 생각이 든다. 또한 궁극적으로는 기존과는 다른 대안을 생산해 내기 위한 '제도적 상상력'이 가장 중요하다고 할 수 있을 것이다.

(2) 포털 사이트의 온라인서비스 제공자 책임

포털 사이트는 인터넷의 활용이 점점 증가되면서 많은 법적 문제점을 야기하고 있다. 특히 위에서 언급한 바와 같은 포털 뉴스의 규제와 관련하여 그들에게 온라인 서비스 제공자(Online Service Provider; OSP)로서의 책임을 어느 선까지 물을 수 있을 것인가가 논해지고 있다.

사실 OSP책임은 '저작권'과 관련된 논의에서 가장 활발히 논의되고 있다. 특히 이러한 OSP책임은 최근 소리바다와 같은 P2P의 증가와 더불어 많은 관심을 불러일으키고 있다. 우리나라의 「저작권법」 체제가 상정하는 OSP의 의의는 기본적으로 저작권자와 저작물 이용자 간에 중간에 위치해 있는 인터넷상의 매개체로서, 인터넷이 존재하기 위하여 그 존재가 필수적으로 요구되는 OSP가 저작권자 및 저작물 이용자 간의 저작권 분쟁에 말려들지 않도록 하기 위하여 설정된 개념이라고 할 수 있다.231) 즉 인터넷 이용자들은 OSP를 통하거나 OSP의 서버에 타인의 저작권을 침해하는 자료들을 올릴 가능성이 존재하고, 따라서 이러한 상황에서 OSP는 저작권을 침해할 수 있는 자료를 전송하거나 자신의 서버에 복제하게 된다. 따라서 인터넷이 운용될 수 있도록 하기 위해서는 타인의 요청에 의하여 기계적으로 OSP 자신의 저작권을 침해하는 자료를 전송하거나 복제할 수밖에 없으며, 결국 타인의 저작권 침해행위에 대하여 인터넷 운용에 필수적일 수밖에 없는 OSP책임을 감면하기 위하여 설정된 개념이다.232) 따라서 OSP에 관한 법적 논의에 있어 궁극적인

---

231) 김성호 외, 『인터넷 비즈니스 자율규제시스템 발굴 및 시범적용 방안 연구』(한국전산원, 2005), 167면.

232) 이러한 취지에 따라 우리 「저작권법」 제102조 제1항은 "온라인서비스제공자가 저작물 등의 복제·전송과 관련된 서비스를 제공하는 것과 관련하여 다른 사람에 의한 저작물 등의 복제·전송으로 인하여 그 저작권 그 밖에 이 법에 따라 보호되는 권리가 침해된다는 사실을 알고 당해 복제·전송을 방지하거나 중단시킨 경우에는 다른 사람에 의한 저작권 그 밖에 이 법에 따라 보호되는 권리의 침해에 관한 온라인서비스제공자의 책임을 감경 또는 면제할 수 있다."고 규정하고 있으며, 제2항은 "온라인서비스제공자가 저작물 등의 복제·전송과 관련된 서비스를 제공하는 것과 관련하여 다른

쟁점은 OSP에 대해 책임을 물을 수 있는 한계는 과연 어디까지인가 하는 점이다.

OSP의 개념은 "다수의 컴퓨터가 연결되어 있어 다수의 사람들이 이용할 수 있는 통신망에 대한 접근을 매개하거나, 위 통신망 내에서 또는 다른 통신망과의 사이에 디지털화된 내용물의 송·수신, 제공, 연결매개 등의 온라인 서비스를 제공하는 실체"로 정의할 수 있다. 이러한 개념은 개인까지 포괄하는 매우 넓은 것으로 여기에는 불특정 또는 다수인으로 하여금 온라인상의 자료의 제공, 송수신을 가능하게 하는 전자게시판의 운영자도 포함된다고 일반적으로 정의되고 있다.233) 이러한 OSP의 책임과 관련해서는 온라인 콘텐츠에 대한 공급 및 수요의 증가, 유비쿼터스(ubiquitous) 사회의 도래로 인한 편재된 네트워크의 이용 급증 등 원인으로 인하여 더욱 중차대한 법적 쟁점으로 부각될 것으로 보인다. 따라서 이러한 OSP

사람에 의한 저작물 등의 복제·전송으로 인하여 그 저작권 그 밖에 이 법에 따라 보호되는 권리가 침해된다는 사실을 알고 당해 복제·전송을 방지하거나 중단시키고자 하였으나 기술적으로 불가능한 경우에는 그 다른 사람에 의한 저작권 그 밖에 이 법에 따라 보호되는 권리의 침해에 관한 온라인서비스제공자의 책임은 면제된다."고 규정하고 있다.

233) 현실에서는 이러한 온라인서비스제공자와 유사한 개념으로 인터넷서비스제공자(Internet Service Provider), 인터넷네트워크사업자(Inter Network Provider), 전자게시판 운영자(Bulletin Board System Operator, BBS Operator) 등 다양한 용어가 사용되고 있다(염동신, 2001: 139).
우리나라에서는 「저작권법」 제2조 제30호에서 "다른 사람들이 정보통신망(「정보통신망이용촉진및정보보호등에관한법률」 제2조 제1항 제1호의 정보통신망을 말한다. 이하 같다)을 통하여 저작물 등을 복제 또는 전송할 수 있도록 하는 서비스를 제공하는 자를 말한다."라고 온라인서비스제공자를 정의한다. 이와 관련하여 동법 제6장에서는 온라인서비스제공자의 책임 제한을 규정하고 있다. 또한 「컴퓨터프로그램보호법」은 "다른 사람이 정보통신망을 통하여 프로그램을 복제하거나 전송할 수 있도록 하는 서비스를 제공하는 자"로 정의하고 있다. 이에 더하여, 현행법제에서는 온라인서비스 제공자와 유사한 개념으로 '정보통신서비스제공자'라는 용어를 사용한다. 즉 「정보통신망이용촉진및정보보호등에관한법률」 제2조 제1항 제3호에서는 '정보통신서비스제공자'에 관하여 "전기통신사업법 제2조 제1항 제1호의 규정에 의한 전기통신사업자와 영리를 목적으로 전기통신사업자의 전기통신역무를 이용하여 정보를 제공하거나 정보의 제공을 매개하는 자"라고 정의하고 있다.

책임에 대해서는 법적인 측면에서 체계적인 분류 및 정리가 이루어져야 할 필요가 있다. 이러한 OSP책임에 관한 논의는 비단 저작권의 영역에서만 다루어지는 것이 아니라, 기타 법적 쟁점과 관련해서도 논해질 수 있을 것이라고 판단된다.

일반적으로 온라인서비스 제공 형식을 기준으로 볼 때 상이한 두 가지 온라인서비스 제공자가 있다. 통신망에 자신의 정보를 제공하는 '온라인서비스 내용제공자(Content provider)'와 이와 반대로 타인의 정보에 대하여 이용할 수 있게 하거나 인터넷에서 타인이 제공한 정보에 대하여 접근할 수 있도록 하는 '온라인서비스 접근제공자(Access provider)'가 그것이다. 이러한 두 가지의 온라인서비스 제공자 사이에는 법적 책임에 있어 커다란 차이가 있다. '온라인서비스 내용제공자'가 그 자신의 출판물에 대하여 법적 책임이 논해질 수 있다는 사실에 대해서는 이론의 여지가 없으나, '온라인서비스 접근제공자'에 대해서는 실무상 다양한 논란이 제기되고 있어 중요한 의미를 가지고 있다.[234]

포털의 경우가 바로 '온라인서비스 접근제공자'의 역할을 주로 한다고 볼 수 있을 것이다. 그러나 분명한 것은 오늘날 포털이 제공하고 있는 뉴스 서비스의 경우 단순히 그렇게만 볼 수 없는 상황이 연출된다는 점이다. 특히 기사의 제목과 배열을 조작한다든가, 기사 검색 순위를 의도적으로 조정하는 경우가 있다고 의혹을 받고 있다. 그러나 이 정도의 원문 기사의 변경이라면 이것은 단순히 '접근제공자'로서의 지위가 아니라, '내용제공자'로서의 지위를 가진다고 해야 할 것이다. 따라서 포털의 속성에 대한 판단을 일의적으로 한다기보다는 기본적으로는 '온라인서비스 접근제공자'로서의 역할을 하는 것이지만, 위에서 살펴본 바와 같은 예외적인 경우에는 '온라인서비스 내용제공자'로서의 역할을 한다고 보아야 할 것이다.

특히 이러한 문제가 현재로서는 단지 포털 사이트에서 뉴스 서비스를 제공하는 경우가 문제되고 있지만, 추후 WEB 2.0 경향과 관련하여 일인미디어를 통해 생산되는 뉴스 및 정보의 게시와 관련해서 더욱 증대될 것으로 판단된다. 따라서 추후

---

234) 염동신, "온라인서비스 제공자의 형사상 책임: 독일 연방정보통신사업법을 중심으로", 「인터넷법률」 제5호, 2001, 141면.

입법 및 법적 판단에 있어 그 개념정의 및 OSP의 책임 감면의 정도에 대한 체계적 기준이 필요하리라고 판단된다.[235]

개인적으로는 이러한 기준 설정에 있어 이 책의 총론 파트에서 정보사회의 구조적 분석 모델로 제시했던 레이어 모델이 적절히 활용될 수 있을 것이라고 판단된다. 다음은 각 레이어에 속하는 사업자(OSP)들의 책임 '감면'의 정도를 도표로 정리해 본 것이다.[236]

〈표 17〉 OSP책임에 대한 레이어 모델의 적용

구분	레이어 설명	기존 분류	책임 "감면"의 정도
콘텐츠 레이어	특정의 주어진 의사소통 시스템 안에서 말해지거나 쓰이는 내용들이 존재하는 층위	온라인서비스 내용제공자 (Content provider)	하
논리적 레이어	넷(net)을 움직이게 하는 '프로토콜(protocol)'이 존재하는 층위	온라인서비스 접근제공자 (Access provider)	중
물리적 레이어	전선, 케이블, 컴퓨터 그리고 컴퓨터들을 연결시켜주는 전선 등이 존재하는 층위		상

이러한 레이어 모델을 적용하게 되면, (i) 점점 다양화되고
있는 OSP의 개념적 포섭, (ii) 네트워크의 특성, 특히 각 레이어의 속성에 적합한 규제의 모색, (iii) 각 레이어에 해당하는 OSP들의 행위 시 책임소재 예측가능성 확보 등에 있어서 유용할 것으로 판단된다.

---

235) 우리나라의 OSP와 관련된 판결에 있어 체계적 기준의 미비를 지적하면서 이에 대한 개선책을 제시한 논문으로는 심우민, "온라인서비스제공자(OSP) 책임에 관한 일고찰", 「전자정부 법제연구」 제2권 제1호, 행정자치부, 2007을 참조할 것.

236) 구체적인 레이어 모델의 적용에 대해서는 추후 연구를 통하여 구체화할 예정이다. 단지 여기에서는 책임 감면의 정도에 대해서만 개괄적으로 제시해 본다.

제10장 기업경영과 노동의 변화

　　정보사회의 발전은 기존 산업사회의 핵심 축이라고 할 수 있는 기업경영과 노동에 있어서도 상당한 변화를 추동하고 있다. 기업경영이라는 측면에서 'e-비즈니스'의 발전과 그에 뒤이은 'u-비즈니스'로의 발전, 노동이라는 측면에서 '재택근무' 형태 등 새로운 노동형태의 증가가 바로 그러한 변화의 대표적인 징표이다.

　　다음에서는 e-비즈니스로부터 u-비즈니스로의 기업경영상의 변화를 살펴볼 것이다. 특히 이 부분에서는 현재 u-비즈니스를 법제도적인 측면에서 수용하기 위한 법제원칙을 살펴볼 것이다. 이어서 이러한 기업경영의 변화와 밀접한 관련을 가지는 노동의 변화와 그 법적 대응에 대해 살펴볼 것이다.

제1절 기업경영의 변화: e-비즈니스와 u-비즈니스

1. e-비즈니스의 발전

(1) e-비즈니스 개념정의 문제

　　일단 e-비즈니스의 등장 배경을 보면, e-비즈니스라는 용어의 최초 사용은 1997년 IBM사에서였다. 이때 e-비즈니스란 인트라넷(Intranet), 엑스트라넷(Extranet) 그리고 웹 등을 통해서 고객, 종업원, 공급자 등과의 핵심적인 비즈니스 수행과정과 전통적인 정보시스템 자원을 결합시켰을 때 일어난다고 설명하였다. 즉 인터넷의 급속한 확산으로 인해서 e-비즈니스라는 용어는 등장한 것이다.

아직까지 디지털 결제에 대한 관점은 e-비즈니스보다는 전자상거래에 집중되어 있는 상태로 e-비즈니스에 대한 정의가 명확하게 제시되어 있지는 않다. 현재는 '전자거래'의 개념정의에만 그치고 있다. 그래서 e-비즈니스에 대한 독립적인 정의보다는 전자상거래의 확장 개념으로 설명되곤 했었다. 그러나 점차 e-비즈니스 전반에 대한 관심이 높아지면서 e-비즈니스에 대한 별도의 개념을 정의하려는 노력을 하고 있다.

정보통신부는 e-비즈니스에 대한 광의의 의미로는 'IT기술을 통한 기업의 전체 활동'이 중심이 되나, 협의의 의미로는 '거래'를 중심으로 경제 주체 간의 거래활동으로 정의 내리고 있다. 아울러 협의의 의미는 전자상거래와 같은 의미로 정의하고 있다.[237]

<표 18> 정보통신부의 e-비즈니스 개념정의

용어		개념정의
e-비즈니스	광의	인터넷과 관련한 IT기술을 활용하여 내부 업무 프로세스를 개선하여 업무의 효율을 높이고, 기업 간 거래 및 협업을 통해 새로운 수익을 창출하고 생산성을 향상시키는 기업활동
	협의	전자상거래의 의미와 동일
전자상거래		인터넷을 통해 재화와 서비스를 거래하는 활동으로서, 기업, 소비자, 정부, 경제 주체들 간의 거래

정보통신부의 광의의 e-비즈니스의 정의는 일반적으로 사용하는 e-비즈니스의 의미이며, 전자상거래에 대한 정의는 개방적인 인터넷을 이용한 거래라는 측면에서 전자상거래보다는 인터넷거래라는 의미에 가깝다.

정보통신부의 이러한 e-비즈니스의 개념화 작업을 제외하고는 전자상거래(e-

---

237) 한국전산원, 『e-비즈니스 관련 통계 조사방법론 설계 및 통계조사』(서울: 한국전산원, 2002), 5면.

commerce)와 e - 비즈니스에 대한 구분이 거의 없는 상태이다. 따라서 별도의 e - 비즈니스에 대한 정의는 찾기 힘들며, 일반적으로 광의의 전자상거래의 의미가 e - 비즈니스에 대한 개념정의와 거의 일치하고는 한다.

현재의 '전자상거래'는 초기의 전자상거래의 의미와는 분명 많이 다르다. 전자상거래 등장 초기의 환경은 주로 기업 간의 거래나 정보교환을 위한 수단에 불과했다. 그러나 정보통신 산업의 발달과 전자거래 지원 서비스의 발달과 함께 전자거래의 활용 범위는 넓어졌다. 초기의 전자상거래 환경의 변화에 따라 전자상거래의 정의는 차츰 수정되어 갔으며, 그 범위가 계속 확장하여 현재에 이르렀다. 따라서 지금의 '전자상거래'가 의미하는 범위는 전자상거래의 범위 확장과 함께 너무 포괄적이기 때문에 e - 비즈니스의 개념과 동일하게 사용할 수 있는 정도에 이르렀다.

우리나라에서는 'e - 비즈니스' 정의보다는 e - 비즈니스의 의미를 가진 전자상거래의 용어 사용에 더 익숙한 것이 사실이다. e - 비즈니스의 개념이 혼란스러운 상태이기는 하나, 전자상거래의 개념은 개방적 네트워크와 폐쇄적 네트워크 모두를 포괄하는 광의의 전자상거래로 일반화되어 가고 있다.

(2) e - 비즈니스의 개념의 범위

e - 비즈니스의 개념정의에 앞서 전자상거래의 개념정의를 비교해 보면, 세 가지 관점에서 차이가 난다. 첫째, 전자상거래시 활용하게 되는 컴퓨터 네트워크의 허용 범위, 둘째, 전자상거래를 보는 기본적인 시각, 셋째, 전자상거래의 거래(교환) 대상이다. 국내·외 전자상거래 정의 가운데, EU의 정의가 가장 넓은 범위를 포함하고 있다. 그런데 이러한 광범위한 EU의 정의는 인터넷 등을 이용한 네트워크상의 거래가 거의 없는 국가들까지도 포함하기 위한 것이라고 할 수 있을 것이고, 따라서 EU보다는 OECD의 개념정의가 더 적절할 것으로 보인다.238)

---

238) 한국전산원, 앞의 책, 11면.

<표 19> 각국에서의 전자상거래 개념 비교

구 분	OECD		정통부 (한국)	통계청 (한국)	미 국	호 주	일 본	싱가포르	EU
	광 의	협 의							
네트워크	컴퓨터 이용 네트워크	인터넷 이용	인터넷 이용	컴퓨터 이용 네트워크	컴퓨터 이용 네트워크	컴퓨터 이용 네트워크	컴퓨터 이용 네트워크	컴퓨터 이용 네트워크	컴퓨터 이용 네트워크
기본시각	네트워크 이용여부	거래중심	거래중심	네트워크 이용여부	거래중심	비즈니스 활동(거래 에 더 비중)	거래중심	네트워크 이용여부	네트워크 이용여부
거래대상	주문, 서비스, 재화 및 필요한 정보교환 등	주문, 서비스, 재화	주문, 서비스, 재화	주문, 서비스, 재화 및 필요한 정보교환 등	주문, 서비스, 재화	비즈니스 활동 전체	주문, 서비스, 재화 및 필요한 정보교환 등	주문, 서비스, 재화 및 필요한 정보교환 등(웹 광고 포함)	주문, 서비스, 재화 및 필요한 정보교환 등(웹 광고 포함)

전자상거래를 협의의 의미로 정하는 곳은 대개 e-비즈니스에 대한 개념정의가 구체적으로 마련되어 있는 경우이다. 따라서 한국의 정보통신부나 미국과 같은 경우에 e-비즈니스의 일부로 정의해 놓은 전자상거래의 개념은 범위가 작을 수밖에 없다. 반면에 전자상거래 자체에 비중을 두고 있는 국가(호주, 일본, 싱가포르 등)에서의 전자상거래는 e-비즈니스의 의미를 가진 광의의 개념을 이용하는 것을 볼 수 있다.[239]

<표 20> 각 국의 e-비즈니스 개념 비교

	정통부(한국)	미국	싱가포르	일본
기본 시각	인터넷관련 IT기술을 활용하는 기업의 활동	컴퓨터 매개 네트워크상에서의 비즈니스 활동과정	전자상거래의 연장선의 거래	인터넷 기술을 이용한 상업활동
지원 서비스	인터넷 관련 IT기술	컴퓨터 네트워크	컴퓨터 네트워크	인터넷

---

239) 한국전산원, 앞의 책, 12면.

결론적으로 e－비즈니스 개념은 전통적인 전자상거래, 즉 EDI(Electronic Data Interchange)와 CALS(Commerce At Light Speed), SCM(Supply Chain Management)의 이해 및 기업 적용사례 을 포함하는 폐쇄적인 컴퓨터 네트워크 및 인터넷을 통한 전자거래 등을 포함한 전자상거래 그리고 인터넷을 통한 거래인 '인터넷 비즈니스'를 모두 포함하는 '비즈니스 프로세스의 활동'240)으로 정의해 볼 수 있겠다.

〈표 21〉 e－비즈니스 개념 구분

	인터넷 비즈니스 (Internet Business)	전자상거래 (e－commerce)	e－비즈니스 (e－business)
대상	제품, 서비스, 정보	제품, 서비스, 정보	비즈니스 프로세스
개방성	개방형	개방형＋폐쇄형	개방형＋폐쇄형
사업유형	기업과 소비자 기업과 기업	기업과 소비자 기업과 기업	기업 내 기업과 소비자 기업과 기업

이러한 개념적 정의에 바탕을 두어, 각 개념의 중첩영역을 간단히 정리하면 다음의 그림과 같다.

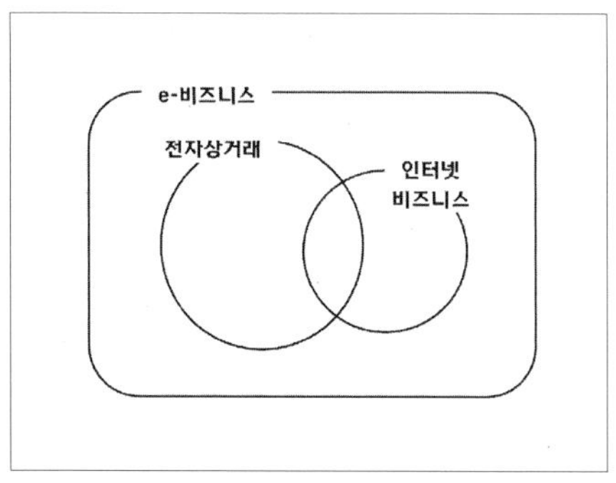

〈그림 8〉 e－비즈니스의 범위

---

240) 한국전산원, 앞의 책, 13면.

2. u-비즈니스의 출현: e-비즈니스에서 u-비즈니스로의 전환

(1) 비즈니스 개념의 진화

현재 비즈니스는 e-비즈니스에서 u-비즈니스로 발전되어 가는 추세이다. u-비즈니스는 유비쿼터스 정보기술을 활용하여 전자공간과 물리공간이 연계된 공간에서 물리적 요소와 전자적 요소의 통합을 통해 언제나 접속되어 있고(Always connected), 언제나 상황인식을 할 수 있으며(Always aware), 사람을 대신하여 언제나 지능적/자율적으로(Always smart), 행동/서비스할 수 있는(Always active) 제반 시스템을 중심으로 전통적인 산업경제 활동과 접목되어 경영관리, 쇼핑과 매장관리, 공급망 관리(SCM), 고객관계관리(CRM), 자산(부품 및 기계)의 유지관리, 제조공정관리, 물류, 교통, 의료복지 등 다양한 분야에 응용된 새로운 비즈니스/어플리케이션 체계라고 할 수 있다.241)

기존 e-비즈니스와 가장 큰 차이점은 u-비즈니스 환경에서는 모든 비즈니스 활동이 능동적으로 수행됨으로써 비즈니스 주체의 ID, 활동, 환경, 위치 등에 대한 상황을 인식한 정보를 기반으로 이에 적합한 비즈니스 활동이 이루어진다는 점이다. 다음은 전통적인 e-비즈니스와 u-비즈니스의 차이점을 정리한 것이다.242)

---

241) 최남희, "유비쿼터스 컴퓨팅 기술의 응용과 과제: u-비즈니스를 중심으로", ICAT 2003 학술대회 자료집(2003).

242) 정도범·임춘성·전남주, "유비쿼터스 비즈니스 특성 기반의 서비스 모델 로드맵에 관한 연구", 한국경영과학회, 「한국경영과학회 학술대회논문집: 한국경영과학회 2005 추계학술대회」(2005.10), 265면.

〈표 22〉 e−비즈니스와 u−비즈니스의 차이점

항목	e−비즈니스	u−비즈니스
주요기술	유선인터넷과 웹 기술 활용	무선인터넷과 증강현실·웹 현실화 기술 활용
비즈니스 활동	비즈니스 대상의 의식적인 활동	자율 컴퓨팅 기능의 기기와 사물에 의한 비즈니스 활동
거래 채널	비즈니스 처리는 온라인, 실제 비즈니스는 오프라인	온라인과 오프라인이 통합된 비즈니스 활동
마케팅	고객의 정보에 기반을 둔 마케팅	상황인식 마케팅
비즈니스영역	국한된 사업영역	새로운 비즈니스 창출 및 비즈니스 프로세스 혁신가능

　　u−비즈니스를 설명하기 위해서는 기술적인 측면과 비즈니스 측면의 요소를 모두 고려해야 한다. 비즈니스 개념은 전통적인 비즈니스에서 e−비즈니스로, e−비즈니스에서 u−비즈니스로 진화하는 과정에서 기술적인 측면과 비즈니스 측면의 변화를 보여 준다.[243)]

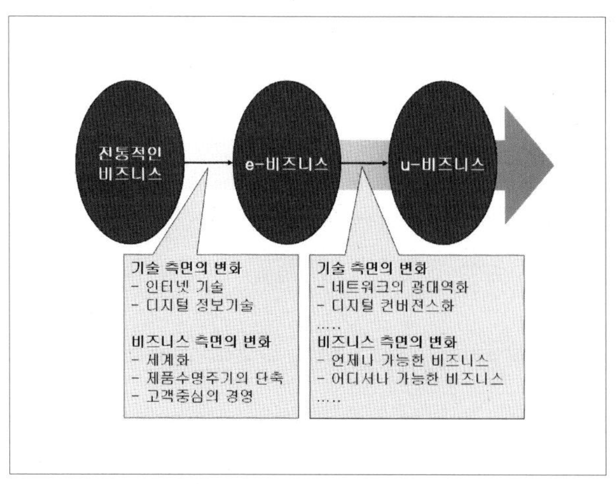

〈그림 9〉 비즈니스의 진화과정

---

243) 정도범·임춘성·전남주, 앞의 글, 265면.

결과적으로 최근 이슈가 되고 있는 u-Korea, IT 839 등은 모두 u-비즈니스를 수행하기 위한 진화과정이라고 할 수 있다. 이를 반영하여 u-비즈니스는 다음과 같이 정의할 수 있을 것이다.

유비쿼터스 비즈니스(u-Business): 컴퓨팅 객체가 실생활 공간 속에 내재되고 사용자가 네트워크에 자유롭게 접속할 수 있는 환경에서 기존의 비즈니스 업무를 개선·진화하거나 새로운 비즈니스 모델의 창출을 통해 고객의 가치를 극대화하는 사업 활동

(2) u-비즈니스의 범위 및 특성

u-비즈니스는 e-비즈니스와의 차이점을 가지지만, e-비즈니스를 보다 광의의 개념으로 파악해 본다면 e-비즈니스에서 u-비즈니스로 진화하는 관점에서 설명이 가능하다. 다음의 그림은 u-비즈니스의 범위를 보여 준다.

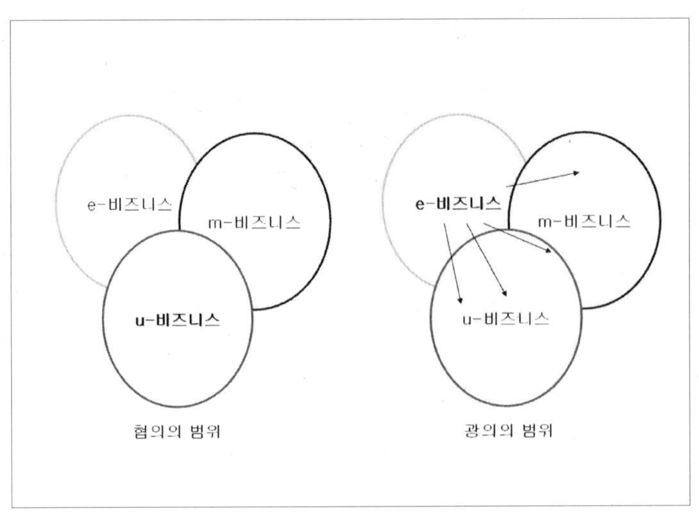

〈그림 8〉 u-비즈니스의 범위

즉 이동성(Mobility)을 강조한 컴퓨팅 기술의 발전으로 e-비즈니스는 디지털 기기의 능력을 한 단계 높이게 되었고, 이를 통해 또 다른 비즈니스의 기회가 m-비즈니스의 형태로 e-비즈니스의 영역을 넓혀 가게 되었다. 또한 컴퓨팅 객체가 사물에 내재되어 물리공간과 전자공간을 연계시켜 새로운 공간을 창조하는 유비쿼터스 컴퓨팅은 새로운 영역에서 비즈니스를 창출하였다.

u-비즈니스는 이동성의 좁은 개념과는 달리 사물, 환경에 컴퓨팅 기술의 내재화를 통해 진정한 의미의 Any Time, Any Where라는 네트워크 접속 환경이 구현되며, 이를 통해 발생한 새로운 비즈니스 기회는 e-비즈니스의 확장영역이라고 볼 수 있다. 그러므로 u-비즈니스는 e-비즈니스가 진화 또는 확장된 개념으로도 볼 수 있을 것이다.

유비쿼터스 컴퓨팅 및 u-비즈니스와 관련된 기존 연구를 통해 다음과 같은 유비쿼터스 비즈니스의 8대 특성을 제시할 수 있다.[244]

〈표 23〉 u-비즈니스의 8대 특성

특성	설명
연결성	항상 네트워크에 연결되어 언제, 어디서나 이용할 수 있어야 한다.
실제성	가상공간이 아닌 실제 세계에서 이용할 수 있어야 한다.
이동성	고정적인 PC보다는 이동하기 편리한 기기를 통해 비즈니스에 참여한다.
편재성	휴대형 기기뿐만 아니라 사물, 환경 등에 내재된 컴퓨터를 이용한 비즈니스가 이루어진다.
복잡성	하나의 제품이나 서비스가 다양한 역할이나 기능을 복합적으로 수행한다.
지능화	자율적인 센싱, 환경적응, 협력, 상황인식 등을 할 수 있는 지능화된 기기들이 스스로 비즈니스를 수행한다.
개인화	모든 비즈니스들의 공통적인 특징이지만, u-비즈니스에서는 고객의 특성을 파악하는 것이 무엇보다 중요하다.
다양성	이전에는 없었던 새롭고 다양한 비즈니스 활동을 창출한다.

---

244) 정도범·임춘성·전남주, 앞의 글, 266면.

3. u-비즈니스 법제원칙

u-비즈니스와 관련한 법제화에 대한 논의는 우리나라에서 아직까지 본격적인 논의단계에 도달하지 못한 실정이다. 다만 이 부분에서는 이러한 u-비즈니스를 뒷받침해 주기 위한 법을 만들 때 고려될 수 있는 원칙들을 살펴보도록 하겠다.

첫째, 체계성에 대한 고려가 필요하다. 최근 우리 사회에서의 정보사회 발전은 그에 따르는 법규의 증가를 가져왔다. 이러한 법규들은 체계성을 고려한 원칙에 기반을 두어 제정되었다기보다는 현실적인 필요에 따라 임시방편적으로 형성돼 왔다는 점을 부정할 수 없으며, 이는 간혹 부처 간의 혼선을 초래하고 궁극적으로는 중첩규제 및 규제비용의 증가라는 결과를 초래했다. 이러한 인식에 기반을 두어, u-비즈니스의 특성을 고려한 입법을 행함에 있어서도 타 법규들과의 체계성을 고려할 필요가 있다. 또한 기존의 입법들도 문제가 되는 부분은 장기적으로 각 법제성격에 기반을 두고 새롭게 체계성을 구축해 가는 것이 필요하다.

이 부분에서는, 최근 논의되고 있는 「정보화촉진기본법」의 '촉진기본법'에서 '기본법'245)으로의 전환에 대한 고려가 필요하다. 즉 오늘날 정보화라는 변화의 움직임은 이미 촉진의 대상을 넘어서서 사회의 각 영역에서 체화(體化)되어 가고 있음을 보여 주고 있다. 즉 정보화가 일정한 목표점을 가지고 달려가는 달성의 대상에서 사회 곳곳에서 이루어지는 생활로서 이해되고 있는 것이다. 이는 정보화촉진기본법이 단순한 촉진법으로서의 성격에서 일반적인 '정보사회기본법'으로 그 성격이 전환되어야 함을 의미한다. 이런 정보사회기본법에 내용에는 바로 u-비즈니스의 변화상황까지 내포할 수 있는 포괄적인 규정을 두고, 이 법의 체계성을 해치지 않

---

245) 일반적으로 기본법은 다음의 세 가지로 주로 사용된다. 첫째, 현행 법제상 법제명에 명시적으로 기본법이라는 명칭을 사용하는 경우, 둘째, 이른바 기본적인 대강·준칙·원칙·방침 등을 정하고 있는 법률을 가리키는 의미, 셋째, 국가의 기본조직을 정하는 법을 지칭하는 의미가 그것이다. 자세한 내용은 박영도, "기본법의 법제상 위치", 「법제연구」 제5호(1993), 274면 참조.

는 범위 내에서 u－비즈니스를 촉진하기 위한 법률이 제정되어야 한다.

둘째, 다양한 규제요소의 고려가 요구된다. 레식(Lawrence Lessig) 교수는 정보사회의 규제요소로서 '시장', '법', '사회규범', '코드'에 대한 고려를 제안한 바 있었다. 이는 네트워크상의 제 요소들을 규율하는 데 고려되어야 할 규제요소들을 제시한 것이다. 이처럼 유비쿼터스 사회에 대한 규제에 있어서도 법뿐만 아니라 제반 규제요소들이 고려되어야 한다. 이러한 규제요소들 간의 고려는 효율적인 법 운용을 위하여 고려되어야 할 부분으로, 특히 정책적인 입법의 증가가 증대되고 있는 상황에서는 반드시 입법상 고려되어야 할 부분이다.

다양한 규제요소들에 대한 고려는 임시방편적인 법규들의 증가, 즉 '규범의 홍수' 현상을 막을 수 있는 한 가지 방편이 될 수 있을 것이다. 규범, 즉 법규의 증가는 사회적 효율성과 합리성을 담보해 줄 수도 있지만, 그러한 것들에 대한 강조는 자칫 사회적인 자율성을 저해할 가능성을 가지고 있기 때문이다.246) 따라서 국가적인 체계성이 스며들어 있는 법을 증가시키기보다는, 이와는 다른 규제의 기제들을 뒷받침해 줄 수 있는 법적 시스템을 고민해야 할 필요성이 있다. 특히 레식 교수의 논의와 마찬가지로, 정보사회의 법제화(입법)와 관련된 논의에 있어서는 우리가 소위 법이라고 부르는 '규범적 코드' 이외에 규제적 구조를 설정해 주는 역할을 하는 '기술적 코드'를 통한 규제에 대한 고려도 반드시 필요하다. 일정 부분 기술 그 자체는 자유를 의미한다기보다는 구조, 즉 통제의 기반을 의미한다고 할 수 있다.

셋째, 시장 자율성에 대한 고려가 필요하다. 이는 어느 영역까지 법의 규제대상으로 포섭할 것인가의 문제와 연관되어 있다. 특히 상거래의 활성화를 위해서는 자율성이 더욱 강조될 필요가 있는데, 이는 위에서 언급한 기존의 법제화 논의에 있

---

246) 이러한 문제는 하버마스(Jurgen Habermas)에 의해 '생활세계의 식민지화'라는 용어로 소개되기도 하였으며, 이러한 문제점들에 관한 논의는 법제화 논쟁으로 활성화되기도 하였다. 이에 대해서는 Gunther Teubner, 이상돈 역, 『법제화 이론』(한국법제연구원, 2004)을 참고할 것.

어 사회적 자율성의 논의와 연관되어 있다. u-비즈니스와 관련된 법적 규제를 대체적으로 촉진 법제와 규제 법제로 구분하여 본다면, 기본적으로 촉진 법제라는 것은 시장 자율성을 촉진할 수 있는, 즉 사회적인 자율성을 시장 및 사회가 스스로 확보해 갈 수 있는 방향으로 작용하여야 할 것이고, 규제 법제라는 것은 u-비즈니스가 야기할 역기능들을 최소화하는 방향으로 입법이 되어야 한다.

넷째, 정보의 유통의 원활성이 확보되어야 한다. 예견되고 있는 유비쿼터스 사회는 정보의 흐름 및 유통이 기존 가상공간에서의 경우보다 더욱 활성화되게 된다. 이러한 것은 디지털 컨버전스(digital convergence), 온-오프라인 통합 등 현상을 통하여 더욱 가속화될 것이 예상된다. 따라서 법은 적절히 이러한 현상이 가져오는 역효과에 대응하면서도 정보의 흐름을 활성화시켜 줄 수 있어야 할 것이다. 특히 정보재의 유통 및 활용을 그 중심축으로 하는 u-비즈니스의 경우에는 이러한 원활성의 확보가 필수적으로 고려되어야 한다.

기본적으로 네트워크라는 것은 사회적인 커뮤니케이션의 기제이다. u-비즈니스는 이러한 수단에 근간하고 있으며, 따라서 이러한 네트워크상에서의 정보유통의 원활성은 아무리 강조해도 지나치지 아니한다. 그러나 이러한 정보의 유통으로 인한 역기능들의 증가는 필연적으로 이에 대한 규제를 낳게 마련이고, 이는 간혹 원활한 정보유통을 저해하곤 한다. 따라서 이러한 정보 유통 제한의 필요성이 제기되는 경우, 정보의 원활성을 저해하지 않을 수 있는 다른 대응방안은 없는지가 먼저 강구되어야 할 것이다.

다섯째, 네트워크의 신뢰성이 확보되어야 한다.247) u-비즈니스의 기반이 되는 유비쿼터스 사회는 통합적인 네트워크를 통한 정보의 유통이 더욱 방대해질 것이 예견된다. 이렇게 디지털화된 대규모의 정보유통은 다양한 역효과들을 산출해 낸다. 따라서 이에 대한 대책이 강구되어 신뢰성을 확보할 수 있도록 하여야 한다. 이러한 신뢰성의 확보는 유비쿼터스 네트워크를 비즈니스의 공간으로 활용할 수

---

247) 이에 대한 좀 더 세부적인 논의는 김현곤 외, 『유비쿼터스사회 신뢰성 확보를 위한 제도 개선방안 연구』(한국전산원, 2005)를 참조할 것.

있는 초석의 역할을 하게 된다. 이러한 신뢰성 확보의 핵심은 개인정보보호 및 정보보안에 대한 고려이다.

네트워크의 신뢰성 확보를 통하여 우리는 통합적 네트워크를 통한 u－비즈니스 거래의 신뢰성 및 안정성을 확보하는 초석이 될 것이다. 이는 단순히 네트워크를 통하여 수집된 정보를 어떻게 보호할 것인가에 집중하기보다는, 수집된 정보가 어떻게 사인의 기본권 침해 없이 효과적으로 이용될 수 있는가에 그 초점을 맞추어야 할 것이다.

여섯째, 네트워크에 대한 접근성이 증진되어야 한다. 이 부분은 비즈니스의 수익 대상(소비자)의 확보라는 측면에서 필수적인 요소이다. 유비쿼터스 사회에서의 정보라는 것은 우리 주변에 편재해 있는 네트워크를 통해 우리 사회의 커뮤니케이션의 핵심을 이룰 것이기 때문이다. 만일 보편적인 접근이 제공되지 않는다면 u－비즈니스는 활성화될 수 없을 것이다. 이를 위하여 정보격차 해소와 관련된 입법과의 조화도 반드시 고려되어야 할 부분이라고 판단된다.

일곱째, 온－오프라인의 조화가 필요하다. 기존의 정보사회 입법은 기본적으로 사이버 공간을 그 중심적인 규제대상으로 하고 있기 때문에, 오프라인상의 문제들을 규율하는 입법과의 조화 문제는 그다지 큰 고려의 대상이 아니었다. 그러나 유비쿼터스 사회의 규제는 반드시 온라인과 오프라인의 연계성에 기반을 두어 숙고되어야 한다. 그것은 온－오프라인이 통합을 기본으로 하는 유비쿼터스 네트워크의 특성이 그 주요한 원인이라고 할 수 있을 것이다. 이 영역은 법규의 규제영역의 충돌에 대한 고려로도 표현될 수 있을 것이다. 즉 예를 들면 기존의 일반 상거래의 규제영역과 네트워크에 기반을 둔 전자상거래의 영역의 중첩을 피해 갈 수 있는 규제대상의 조정이 필요하다는 의미이다.

간혹 정보사회에 있어서의 법적 담론은 가상공간을 중심으로 이루어지기에, 오프라인에 대한 논의는 부수적인 것으로 치부된다. 그러나 네트워크의 편재라는 것은 네트워크가 오프라인 속에 내재되어 가는 것을 뜻하며, 이에 따라 과거 오프라인에서의 거래양상은 그대로 네트워크상의 거래양상에 적용될 가능성을 내포하고 있다.

따라서 이에 대한 면밀한 분석이 요구된다.

제2절 노동의 변화

1. 고용구조의 변화

정보사회의 출현과 발전은 노동의 영역에서도 많은 변화를 가져오고 있다.

첫째, 고용구조라는 측면에서 서비스 부분, 특히 후기 산업사회적 서비스 부분이 증대되고 있다. 다니엘 벨은 전(前) 산업사회나 산업사회의 단계에서도 서비스 산업은 존재해 왔지만, 정보사회를 특징짓는 서비스 산업은 다른 성격의 것이라고 설명한다. 정보사회의 서비스 산업은 교육, 건강, 사회 서비스를 포함하는 인적서비스(human service)와 시스템 분석, 디자인, 정보처리 등 전문서비스(professional service)라는 것이다.[248] 그에 따르면, 1960년대 이래 20년간 새로이 고용이 증대된 부분은 바로 이 후기산업적 서비스 부분이라고 한다.

둘째, 전문직의 증가이다. 정보사회의 발전은 기술적 부문의 발전에 근간한 것으로 이러한 전문직이 증가하는 것은 어쩌면 당연한 일일 수도 있다. 그러나 이러한 전문직의 증가에 대해 유보적인 입장도 있는 것이 사실이다. 즉 작업 현장의 정보화·자동화에 따라 단순노동이 계속 중대한 비중을 차지하게 될 것이라는 견해이다.[249] 이러한 견해에 따른다면, 새로운 전문직의 출현은 노동계급(계층) 내부의 계급 분화가 생길 가능성이 있음을 시사하는 것이기도 하다.

셋째, 비정규직의 증대이다. 기술적 발전의 순환이 급격이 빨라지면서 산업생산

---

248) Daniel Bell, "The Social Framework of the Information Society", in Tom Forster(ed.), *The Microelectronics Revolution: the Complete Guide to New Technology and its Impact on Society*(MIT Press, 1981).

249) Shoshana Zuboff, *In the Age of Smart Machine*(Basic Books, 1984).

부분은 새로운 기술을 보유하고 있는 노동자들을 수시로 요구하고 있을 뿐만 아니라, 생산기술 발전 정도에 따라 단순노동자들의 고용과 해고가 매우 빈번히 행해지기 때문이다. 그 결과 사회가 정보사회로 진척되면 될수록 노동자들의 고용상태가 불안해지는 측면이 있다. 그러나 다른 측면에서 본다면, 이는 또 다른 가능성이기도 하다. 즉 산업생산의 영역을 포괄하는 사회 전반적인 정보화의 발전은 오히려 기존의 고용상태를 유지하면서도 노동시간은 단축시키는 방향으로 발전할 수도 있을 것이다. 물론 이러한 방향으로의 발전은 아직까지 요원해 보인다.

넷째, 정보사회를 상징하는 고용형태로 제시되는 것이 재택근무(telework), 즉 작업현장에 항시적으로 출근하는 것이 아니라 자신의 집에서 관련된 업무를 수행하는 형태를 의미한다. 재택근무는 근무형태만을 바꾸는 것이 아니라 가족생활, 나아가 지역공동체에도 중요한 영향을 미칠 수 있다는 점에서 관심의 대상이 되고 있다. 그러나 이러한 재택근무형태로의 발전은 노동의 영역이 우리 가정에도 파고들고 있음(노동시간 및 작업현장의 확장)을 의미하는 것이기도 하다.

2. 숙련화 논쟁

정보사회의 발전은 위와 같은 고용구조의 변화를 가져올 뿐만 아니라, 노동자의 작업내용이라는 측면에 있어서도 상당 부분 변화를 가져온다. 다음에서는 이러한 논의의 쟁점이 되고 있는 '숙련화 논쟁'에 대해서 살펴보도록 한다.[250]

(1) 숙련화론

많은 사람들은 정보기술이 노동자의 숙련화를 가져온다고 본다. 예를 들어 포드주의적 노동체계하에서 단순 반복적인 노동만을 하던 생산직 노동자가 정보기술을 사용하는 복잡한 기계를 감시 및 수리하는 숙련 노동자로 변화한다는 것이다. 즉

---

250) 이종구 외, 앞의 책, 151~152면 참조.

자동화에 따라 생산직 노동자들이 '시스템 컨트롤러(system controller)'로 바뀌는 경향이 있다고 하는데, 여기서 시스템 컨트롤러는 기계설비를 조작할 뿐 아니라 프로그램도 작성하는 등 이론적 지식과 경험적 지식을 겸비한 노동력을 말한다. 이들은 자신을 준전문가로 생각하며 맡은 일에 대한 흥미도 높다.[251]

숙련화론은 마르크스를 위시하여 자본주의 비판가들이 항상 제기해 온 '노동소외'가 정보사회에서는 크게 줄거나 해소된다는 입장이다. 특히 사회주의나 사회민주주의 또는 산업민주주의 같은 자본주의의 구조적·제도적 변화가 없이 기술혁신으로도 노동소외가 극복될 수 있다는 함의를 담고 있기 때문에 주목받고 있다.

(2) 탈숙련화론

정보기술이 노동자를 탈숙련화시킨다는 주장도 있다. 노동의 탈숙련화론의 대표적인 이론가인 브레이버만(Braverman)은 독점자본주의에서 생산노동 및 사무노동이 탈숙련화된다는 점을 주장하면서, 자동화기술 도입을 탈숙련화의 중요한 요인으로 들었다.[252] 또한 근래에는 셰이큰(Shaiken) 같은 학자가 컴퓨터 수치제어(CNC) 같은 정보기술 도입이 현장노동자를 탈숙련화했다고 주장하였다.[253]

정보기술이 노동의 탈숙련화를 가져온다는 주장을 요약하면 정보기술의 도입, 특히 자동화로 인해 노동자에게 소속되던 숙련이 기계로 이전되고 노동자는 단순한 보조작업만 하게 된다는 것이다. 예를 들어 쇠를 깎는 작업의 경우 수치제어(NC) 기계가 도입되기 이전에는 쇠를 깎는 각도와 깊이 등을 현장노동자가 결정했고, 이것을 잘하기 위해서는 상당한 숙련이 필요했다. 하지만 NC기계가 도입된 후에는

---

251) Horst Kern and Michael Schumann, "New Concepts of Production and the Emergence of the System Controller", in Paul Adler(ed.), *Technology and the Future Work*(Oxford Univesity Press, 1992).

252) Harry Braverman, *Labor and Monopoly Capital*(Monthly Review Press, 1974).

253) Harley Shaiken, "The Automated Factory: Vision and Reality", in T. Forester(ed.), *Computers in the Human Context*(MIT Press, 1989).

모든 것을 기계가 알아서 하고, 노동자는 단지 재료를 기계에 집어넣고 빼기만 하는 단순작업자가 된다는 것이다.

3. 노동유연화에 대한 법적 대응

정보사회의 발전은 노동유연화의 요구를 증대시킨다. 이러한 일면들을 우리는 위에서 살펴보았다. 즉 정보기술의 발전은 전문직 노동자들의 측면에서는 새로운 기술을 보유한 노동자들을 수시로 요구하게 됨으로써, 단순노동자들의 측면에서는 생산력의 증감에 따라 고용과 해고의 순환이 급속화됨으로써 노동유연화가 촉진된다. 이러한 노동유연화 요구의 증대는 '비정규직'을 양산할 가능성을 내포하고 있는 것이다. 물론 노동유연화의 증대는 비단 정보사회의 발전맥락에서만 문제되는 것은 아니기는 하지만, 정보화는 그러한 유연화에 대한 요구를 더욱 증폭시키는 데 중요한 역할을 하고 있다.

비정규직은 원칙적으로 정규직과 대비되는 고용형태를 지칭한다. 그렇다면 우선 정규직이라 부르는 고용형태를 파악할 필요가 있다. 통상 정규직근로자라 함은 계약기간의 정함이 없고, 사용주에 직접 고용되어 근로를 제공하며, 사업주는 상용을 목적으로 정규직원을 채용하게 되고 급여는 일정기일에 월 1회 이상 지급하는 방식을 채택한다. 근로기준법 등은 이러한 전형적 근로의 형태를 예상하여 그 적용대상으로서의 근로자 개념을 정의하여 왔다. 즉 기간의 정함이 없는 근로계약에 기하여 사용자가 선택한 장소에서 통상적 근로시간 동안 사용자의 구체적 지휘 내지 명령하에 행해지는 근로를 적용대상으로 한다. 예를 들면 근로기준법 제14조는 동법의 적용대상이 되는 근로자를 "임금을 목적으로 사업 또는 사업장에서 근로를 제공하는 자"라고 정의한다. 그러나 최근 들어 전형적 근로와는 상이한 형태로 행해지는 근로가 빠른 속도로 증가하게 되었다. 따라서 이러한 정규직 고용형태와 대비되어 비정규직은 고용계약기간, 근로제공 방식, 고용의 지속성 등에 정규직과 차

등을 갖는 형태를 의미하게 되며 차등 내용에 따라 여러 형태를 갖게 된다.

비정규근로의 유형으로는 크게 기간제근로(계약직, 임시직 등), 독립사업자형태의 근로(도급, 위탁), 단시간근로, 파견근로, 가내근로 등이 있다. 현실에서는 이러한 유형이 둘 이상 결합할 수도 있다.

<표 24> 비정규직의 유형

유형	설명
기간제근로	일반적으로는 임시직근로, 단기간근로라 불리며, 근로계약기간이 정해져 있어서 그 기간이 종료되면 근로계약관계가 종료되는 한시적 근로관계를 의미한다. 통상 1년 이내의 범위에서 근로계약의 기간을 정한다. 사용자 입장에서는 근로기준법 제30조의 해고기준을 회피할 수도 있고, 경기변동에 대해 유연히 대처할 수 있는 장점이 있다. 근로자 입장에서는 안정적 고용에 대한 보장이 없는바 열악한 대우를 감수할 수밖에 없는 단점이 있다.
파견근로	파견사업주가 근로자를 고용한 후 그 고용관계를 유지하면서 파견사업주와 사용사업주 사이의 근로자파견계약에 따라 사용사업주의 지휘명령을 받아 사용사업주를 위한 근로에 종사하게 하는 것을 말한다(파견근로자보호등에관한법률 제2조 제1호 참조). 현행 파견근로자보호등에관한법률은 차별금지를 선언적으로 규정하며, 동일한 파견근로자를 2년 초과 사용 시 사용사업주의 근로자로 고용의제 한다. 파견근로는 이른바 불법파견의 양산, 대상업무가 광범위함, 중간착취 등의 문제점에 대한 지적이 있다.
단시간근로	1주간의 소정근로시간이 당해 사업장의 동종업무에 종사하는 통상근로자의 1주간의 소정근로시간에 비해 짧은 근로를 말한다(근로기준법 제21조 참조). 단시간근로에 대해 현행 근로기준법은 비교적 추상적인 원칙들을 규정하고, 세부적 사항은 시행령에 위임하였다. 노동의 대체성이 큰 이른바 미숙련노동력의 활용이라는 의의가 있다.
독립사업자 형태 등 특수고용형태 의 근로	사용자가 노동법의 적용을 회피하기 위해 사실상으로는 기업의 필수적 업무에 해당함에도 불구하고 직접 고용하는 형태를 피하고, 대신 근로자가 사업자등록을 하게 하여 도급이나 위임계약의 형식으로 노동력을 이용하는 방식이다(보험모집인, 캐디, 학습지교사, 접대부, 지입차주 등). 형식적으로는 근로자가 아닌 자들로 평가될 수도 있겠지만, 실질적으로는 근로자와의 구별이 쉽지 않다고 평가된다.

비정규직 차별 및 남용문제가 대두됨에 따라 이들을 법적으로 보호할 수 있는 제도적 장치가 없는 실정에서, 이미 고용의 중요한 형태로 자리잡고 있는 비정규직의 적정한 고용안정을 보장할 수 있고, 합리적 근로조건을 제공할 수 있는 보호 장치가 필요하다는 것을 절감하게 되었으므로, 기업은 합리적인 사용기준을 마련할 필요가 있었다. 기업이 숙련을 요하는 상시적인 일자리를 단지 저임금의 노동력사용과 법·제도적 제약을 회피하려는 목적으로 비정규직을 남용하는 것을 방지하고자 상시적 일자리에 정규직을 고용하거나 비정규직을 정규직으로 전환하는 것이 필요하게 된 것이다.

다양한 반대의견에도 불구하고 '비정규직 보호법'이 통과되어 2007년 7월 1일부터 시행되게 되었다. 이러한 비정규직 보호법은 기간제및단시간근로자보호등에관한법률안, 파견근로자보호등에관한법률 중 개정 법률안, 노동위원회법 중 개정 법률안 등 3가지를 통틀어 칭하는 말이다.

비정규직 보호법의 주요내용은 다음과 같다.

(i) 정규직과의 차별 대우 금지: 비정규직(기간제·단시간·파견근로자)에 대한 불합리한 차별처우를 금지하고, 노동위원회에 차별시정절차를 마련하였으며, 사용자 입증책임 부여하였다. 또한 확정된 시정명령 불이행 시 1억 원 이하 과태료를 부과할 수 있도록 하였다.

(ii) 기간제 및 단시간근로 남용 제한: 기간제근로의 총 사용기간을 2년으로 제한하고, 2년 초과 시 정규직(무기근로계약) 근로자로 간주하도록 규정하였다. 또한 단시간근로자의 초과근로시간을 주 12시간으로 제한하였다.

(iii) 불법파견에 대한 제재와 파견근로자의 보호 강화: 파견업무는 현행 포지티브 방식을 유지하되, 현실에 맞게 확대·조정하도록 요건을 일부 수정·보완하였다. 또한 현행 파견기간 2년 초과 시 고용의제 규정을 직접고용의무로 변경(위반 시 3천만 원 이하 과태료)하면서, 파견대상업무 위반, 무허가 파견 등 모든 불법파견에 대해서도 고용의무 적용을 명문화하였다.

　이러한 비정규직의 수는 주지하다시피 정보사회의 발전과 그에 따른 노동 유연화의 요구에 대응하여, 점차 증대될 것으로 판단되며, 따라서 비정규직 보호 문제는 정보사회 논의의 중요한 법적 쟁점일 수밖에 없다.

　그러나 최근 제정된 「비정규직보호법」은 그 내용에 있어 사회적으로 많은 논란이 되고 있을 뿐 아니라, 이랜드 사태에서와 같은 대량해고의 문제를 발생시켰다. 결과적으로 아직까지 비정규직의 보호에 관한 법률은 더 많은 사회적인 논의가 필요하다는 것을 알 수 있다.

제11장 전자정부와 민주주의

　국가－사회관계의 변화라는 문제에서 한 걸음 더 나아가, 국가 체계 내부의 변화와 직결되는 정보사회의 논제는 전자정부라고 할 수 있다. 전자정부는 '정부혁신'이라는 사회의 민주적 요구와 '국가정보화'라는 국가 정책적 요구가 결합된 문제이다.

　다음에서는 우선 '정부혁신'이라는 측면에서 거버넌스(governance)와 전자정부의 개념에 대해서 살펴볼 것이다. 이어서 현행법제인 「전자정부법」의 주요내용에 대해 살펴볼 것인데, 특히 이 부분에서는 '국가정보화'라는 측면에서 「정보화촉진기본법」과 「전자정부법」의 관계에 대해 살펴보고자 한다. 이와 더불어, 마지막에서는 '유비쿼터스 전자정부'의 개념과 이를 실현하기 위한 대응방안을 간략하게 살펴볼 예정이다.

제1절 거버넌스와 전자정부

1. 거버넌스와 정부혁신

　정부혁신의 의미는 무엇인가? 우선 최근 사이버법 분야에서 주목받고 있는 로렌스 레식(Lawrence Lessig) 교수의 말에서 '혁신'의 의미를 일정 부분 간취해 보도록 하자.

　역사는 논란이 되는 생각들보다는 당연시되는 생각들에 의해서 기록된다. 시대의 특성은 누구도 의문을 가지지 않는 통념에 의해 좌우된다. 특정한 시점에서 권력은 보편적인 생각에서 운영된다.

때로는 그러한 것이 좋은 것이라고 할 수도 있다. 영아살해에 대한 논쟁들이 끝나면 나는 행복하다. 우리가 민주화를 원하는지 여부를 정기적으로 토론해야 한다면 얼마나 지루하겠는가! 컴퓨터 프로그래밍 언어에 있어서, 특정한 생각들이 사회생활로 종합되어 나올 수 있다는 것은 대단하고 가치 있는 일이다. 모든 것들이 순간마다 해석될 필요가 없다는 것은 하나의 장점인 것이다.

그러나 이따금씩 사회는 절대로 의문시될 수 없고 혹은 변화될 수 없는 생각으로 인하여 정체된다. 결국 그러한 생각이 사회를 "고착화시킨다." 그리고 그러한 상황이 발생한 경우, 정치적 행위의 가장 어려운 점 — 사회적 측면의 변화에서 가장 어려운 점 — 은 사람들로 하여금 당연시되는 그 생각이 틀릴 수도 있다는 것을 알게 하는 것이며, 의문의 여지가 없어 보이는 것에 대하여 논란의 여지가 있을 수도 있다는 것을 믿게 하는 것이며 또는 그것이 그들이 믿는 것보다 더욱 복잡한 이야기라는 것을 알게 하는 것이다.[254]

이러한 혁신의 일환으로, 20세기 산업화시대를 거쳐 21세기 정보화시대로 넘어오면서 세계화와 정보화가 급속히 진행되는 과정에서 등장하게 된 새로운 통치형태이며, 행정학, 정치학뿐만 아니라, 경제학, 사회학에서도 등장한 새로운 패러다임으로 '거버넌스'가 주창되고 있다. 산업화시대의 통치모형은 국가 관료제를 주역으로 하고 있으나, 1990년대 이후 미국과 영국을 시발점으로 "정부 없는 거버넌스: 더 작은 정부, 더 많은 거버넌스"의 구호 아래 각 국가들이 국가혁신 및 공공부문의 개혁을 추진하는 과정에서 정부, 시장 및 시민사회 등 국가운영 주체들의 관계를 새롭게 정립할 필요를 느끼게 되었다. 이러한 국정관리모형은 급속하게 추진된 세계화와 정보화의 흐름 속에서 사회 공동체의 새로운 틀의 성격이 규정되고 국가-시장-시민사회 등 국가 운영의 세 주체 간의 관계정립이 좀 더 수평적이고 긴밀한 유기적 네트워크로 변모되어야 한다는 시대정신을 반영한 새로운 국정운영 모형인데,

---

254) Lawrence Lessig, 심우민·정필운 역, "혁신의 구조", 「연세법학연구」 제11집 제1·2권 병합, 연세법학회, 2005, 293면.

이러한 다양한 형태의 국정운영 모형을 거버넌스라고 부른다.

거버넌스와 관련한 개념은 개별학문 분야의 특성과 관심영역에 따라 다양하게 해석되고 정의될 수 있겠으나, 일반적으로 경제원리와 고객주의를 중시하는 시장주의를 공공부문에 도입하여 민간에게 많은 서비스 공급을 맡기고, 정부는 신제도주의 경제학적 유인책을 이용하여 기존 산업화 시대의 정부가 했던 노젓기 방식보다는 방향잡기에 주력하는 것으로 국정관리 또는 국정운영이라고 할 수 있다.[255]

2. 거버넌스에 대한 논의

거버넌스 논의의 시대적 배경은 대체적으로 (ⅰ) 정부실패의 발견, (ⅱ) 관리기법의 전환, (ⅲ) 신자유주의의 대두, (ⅳ) 세계화와 다원화로 요약될 수 있겠다. 이러한 배경하에 전개되고 있는 거버넌스에 대한 논의는 사실상 그 개념 자체의 모호성으로 인해, 학자들마다 관점이 다양하다. 하지만 크게는 (ⅰ) 거버넌스를 단순히 국가의 국정관리체계로 보고, 다양한 국정관리체계를 설명하고자 하는 논의와 (ⅱ) 거버넌스를 좁은 개념으로 보고, 네트워크식의 국정관리체계로만 이해하려는 논의가 있다.[256]

(1) 새로운 국정관리 시스템의 한 형태로 보는 견해

우선 로데스(Rhodes)는 거버넌스는 기존의 정부체제를 대체하는 개념으로 공식적 권위보다는 공유하는 목적을 수행하기 위한 활동을 의미한다. 전통적인 정부의 계층적이고 공식적인 권위를 바탕으로 하는 업무수행방식에서, 중앙정부, 지방정부, 시민단체, 시장 등 다양한 사회 주체가 네트워크를 구성하여 공동으로 목적을 달성

---

255) 권기헌,『전자정부론: 전자정부와 국정관리』(박영사, 2007), 481면.
256) 조성한, "거버넌스 개념에 대한 새로운 이해",「국가정책연구」제19권 제2호, 중앙대학교 국가정책연구소, 2005, 54면 이하.

하는 방식으로의 전환을 말하는 것이다. 로데스는 거버넌스를 최소국가, 기업형 거버넌스, 신공공관리, 좋은 거버넌스, 사회적 인공체제 및 자기조직망 등 여섯 가지 개념을 포함한다고 주장한다. 이에 따라 로데스의 거버넌스 개념은 전통적인 행정국가 시스템으로부터 벗어나는 최근의 모든 행정의 전환기법과 철학을 포함하는 것이 된다.[257]

피터스(Peters)는 거버넌스를 시장적 정부, 참여적 정부, 신축적 정부, 탈규제적 정부의 네 가지로 구분하고 있다. 역시 전통적인 행정국가의 유행에서 벗어나고자 하는 각종 행정개혁을 네 가지로 세분화한 것으로 이해할 수 있다. 그렇다고 해서 피터스는 새로운 형태의 거버넌스가 꼭 전통적인 모형보다 항상 우수하다고 주장 하지는 않는다. 다만 새롭게 제시된 각 정부모형들의 배경적 철학들이 전통적 행정 모형을 보완한다는 것이다. 따라서 각 국가들은 어느 한 모형에 집착해서는 안 되며, 각 국가의 상황에 맞도록 행정개혁을 추진할 것을 권고한다.[258]

로데스나 피터스 등은 거버넌스를 한 가지 특정한 형태로 보지 않고, 새로운 국정관리 시스템의 형태로 이해한다. 기존의 전통적인 행정이 가지는 문제점들을 보완하기 위해 서구 각 국가들이 추구하고 있는 행정개혁을 유형화한 것으로 이해할 수 있다.

(2) 네트워크식의 국정관리체계로서의 협의의 거버넌스

반면에 거버넌스를 네트워크식 국정관리체계로의 전환으로만 이해하는 경향도 많다.(Goss,2001;[259] Kickert, 1997;[260] Kooiman, 2003[261])) 이들에 의하면 거버넌

---

257) R. A. W. Rhodes, "The New Governance: Governing without Government", *Political Studies* 44, 1996; *Understanding Governance: Policy Networks, Governance, Reflexity and Accountability*(PA: Open University Press, 1997).

258) Guy Peters, 정용덕 외 역, 『미래의 국정관리』(법문사, 1998); The Future of Governing: For Engineering Models(University of Kansas Press, 1996).

259) S. Goss, *Making Local Governance Work: Networks, Relationships and the Management*

스의 가장 중요한 특징은 각 계층의 정부, 시장, 사회단체, 주민단체 등 다양한 구성원들의 자발적 참여로 이루어진 네트워크식의 국정관리체계를 의미한다. 이들의 주장에 의하면, 민주화, 지방화, 세계화 등의 새로운 행정환경의 변화는 국가의 권한과 책임을 다른 사회권력들에게 이전되었으며, 이에 따라 국가의 힘이 약화된 것을 의미한다. 이렇게 해서 새롭게 힘을 얻게 된 민간집단들이나, 지방정부들은 기존의 계층적 정책집행에서 벗어나, 공동 목적을 향해 공동국정관리를 담당하는 네트워크를 구성한다는 것이다.

베이커(Baker)[262]의 경우는 네트워크는 전통 관료제와는 달리 개별적인 단일 프로젝트 또는 개별문제를 다루기 위한 다양한 집단들 간의 연계유형이다. 이러한 네트워크의 특성은 계층제나 시장에 대비하여 다양한 행위자들, 상호이익, 관계적·상호의존적·상보적 관점, 상호성의 규범, 높은 상호작용 등의 특성을 지닌다.

(3) 거버넌스 개념의 모호성: 신공공관리와 거버넌스

실제로 거버넌스 개념을 처음 제시한 미국이나, 기타 유럽 국가들의 학문적 연구에서도 거버넌스 개념이 정립되어 있지 못한 상태에서, 한국에서 거버넌스 개념을 명백히 정하는 것이란 쉽지 않다. 따라서 대부분의 연구는 거버넌스와 관련된 제 개념들을 정리하고, 거버넌스 개념의 다양성과 모호성을 보여 주고 있을 뿐이다.[263]

이러한 거버넌스의 모호성은 신공공관리(New Public Administration: NPM)와의

---

of Change(Palgrave, 2001).

260) W. Kickert, "Public Governance in the Netherland: An Alternative to Anglo−American 'Managerialism'", *Public Administration* 75, 1997.

261) J. Kooiman, *Governing as Governance*(Sage Publications, 2003).

262) Wayne E. Baker, "The Network Organization in Theory and Practice" in N, Nohria & G, Eccles(eds.), *Networks and Organization: Structure, Form and Action*(Harvard Business School Press, 1992).

263) 조성한, 앞의 글, 55~57면.

관계에 있어서 가장 잘 나타난다. 신공공관리와 거버넌스는 1970년대 이후 서구사회의 국정개혁을 총칭하는 대표적인 전문용어라고 하겠다. 상대적으로 신공공관리의 개념이 거버넌스 개념보다는 더 잘 구성되어 있다. 신공공관리는 신자유주의적 이념을 바탕으로 둔 행정관리시스템의 전환을 의미한다. 정부 내부에 시장적 경쟁개념을 도입하려는 시도, 관리 자체의 효율성을 위한 민간경영기법의 도입, 정부업무에 대한 평가를 가능하게 하기 위한 조직적·제도적 변화, 정부 정책 및 집행에 대한 민간부문 및 시장의 참여 등이 대표적 신공공관리적 혁신 기법을 나타내 준다.

반면에 거버넌스는 앞에서 설명한 바와 같이, 신공공관리까지 포함하는 새로운 정부관리행태를 정치적인 것까지 포함하는 광의로 해석이 되기도 하고, 네트워크식의 국정관리시스템의 형태만을 의미하는 최소의 개념이 되기도 한다.[264]

그런데 신공공관리 역시 광의로 해석이 되면, 1970년대 이후 모든 국가에서 시도된 전통적 방법과 다른 모든 행정개혁을 포함하기 때문에, 거버넌스의 최광의 개념과 일치가 된다. 반면에 거버넌스 개념을 최소화시킬 경우에 있어서는 네트워크의 개념과 신공공관리의 참여라는 개념이 어떻게 달라지는가에 달려 있다. 민주주의와 신자유주의의 발전에 입각한 신공공관리에서의 참여는 네트워크식의 협동과제를 배제하는 것으로 보이지 않는다. 따라서 신공공관리와 거버넌스는 꼭 구분해야 할 이론적 대립관계는 아니며, 이 두 개념을 인위적으로 구분하려는 노력은 오히려 거버넌스의 개념을 더욱 모호하게 만드는 결과를 가져오게 할 것이다.[265]

오히려 이러한 논의에서 핵심적으로 우리가 간취해야 할 부분은 거버넌스의 논의가 전반적인 국정관리체제에 대한 논의를 포괄할 뿐만 아니라, 국가와 사회 구성원들 간의 관계라는 측면에서 과거와는 다른 참여 및 네트워크식의 협동을 강조하고 있다는 점이다. 이러한 거버넌스 개념의 출현 및 발전은 다음에서 설명하게 될 전자정부의 출현과 맞물리면서 그 파급효과를 확장시키고 있다. 그러나 이러한 국

---

264) 조성한, 앞의 글, 57면.
265) 조성한, 앞의 글, 57면.

정 협력이라는 것이 단지 국가의 효율성과 국정관리의 용이성에 봉사하기 위한 수단인 것은 아닌 만큼, 변화된 상황에 맞는 법제의 운용과 발전의 노력이 필요하다고 할 것이다.

제2절 전자정부법

1. 전자정부의 개념과 유형에 대한 논의

(1) 전자정부의 개념

전자정부는 단순히 정보기술을 도입하는 것에 의해서 전자정부가 구현될 수는 없으며, 다양한 이념과 구성요소들을 고려하여 이해할 필요가 있다. '작지만 효율적인 전자정부'라는 개념도 이러한 관점에서 새로이 조명되어야 한다. 특히 우리나라의 경우에는 국가정보화의 관점에서 정보화가 곧 국가경쟁력이라는 차원에서 정보화를 추진하여 왔기 때문에 정보기반인프라 구축, IT 사업의 확대, 행정전산화 등에 치중하였고, 전자정부는 효율적인 정부를 추구하는 관점에 머물러 있었다. 따라서 기업가적 마인드, 불필요한 업무의 제거와 절차개선, 인센티브 제공, 권한의 이양 및 분권화 등 일련의 행정개혁 및 업무혁신과정을 소홀히 하여, 전자정부의 구현에 원동력이 될 수 있는 사람과 제도에 대한 개혁적 측면이 반영되지 않았다.[266]

물론 민주주의와 복지국가의 전통과 경험이 부족한 우리나라가 이상적인 전자정부의 모델을 단시일 내에 적용할 수는 없을 것이다. 그러나 전자정부는 현재 진행 중이면서도 바람직한 미래의 정부형태이기 때문에 앞에서 언급한 다양한 이념과 비전들이 반영되어 정의되어야 할 것이다. 이러한 관점에서 전자정부의 개념은 다음과 같은 요소를 지니고 있다고 볼 수 있다.[267]

---

266) 명승환, 앞의 글, 246면.

첫째, 전자정부는 행정업무에 정보기술을 활용하여 행정업무의 효율성을 제고시킨다.

둘째, 전자정부는 정보기술을 활용하여 신속·정확한 대국민서비스를 실현한다.

셋째, 전자정부는 행정업무의 처리절차를 재설계하여 정부혁신을 유도한다.

넷째, 전자정부는 정보화로 인한 국가경쟁력의 향상을 가져온다.

다섯째, 전자정부는 정보사회에 맞는 정부의 역할 변화를 수반한다.

여섯째, 전자정부의 구현은 정보기술의 도입이 아닌 BPR[268]을 통한 행정개혁에 의해 달성된다.

일곱째, 전자정부는 단순한 행정업무의 전산화가 아니라 민주주의의 이념하에서 확대된 보편적 서비스를 제공하여 사회적 형평성을 제고하는 미래 정보사회의 정부이다.

따라서 전자정부란 "초고속정보통신 기반기술을 활용하여 행정업무를 재설계하고 대국민 서비스를 증진시킴으로써 삶의 질을 향상시키고 민주주의 이념을 실현하는 미래의 혁신적 행정모형"이라고 정의할 수 있다.[269]

(2) 전자정부의 유형

한편 전자정부의 유형과 관련된 연구에서는 그 유형을 <표 25>과 같이 여섯 가지로 분류하고 있다.[270] 이들은 전자정부를 '누구를 위한 정부인가'와 '무엇을 위한 정부인가'로 구분하여 제1차원과 제2차원으로 각각 분류하고 관계성을 파악하여 전자정부도 보는 관점에 따라 여러 유형의 전자정부개념이 도출된다고 보고 있

---

267) 황성돈 외, 『정보화시대의 행정서비스와 행정체제 개선방안 연구』(한국전산원, 1997)

268) BPR이란 '할 수 있는 것'에서 '해야 하는 것'으로의 혁신적인 사고 전환을 통해 회사 업무 처리 프로세서를 목적추구형, 병렬처리형 등으로 혁신함은 물론 이와 관련된 Infrastructure 및 Technology, Organization을 동시에 혁신하여 기업의 경쟁력을 세계 초일류 수준으로 끌어올리는 기법이다.

269) 황성돈 외, 앞의 책, 24면.

270) 황성돈·권기헌·황승흠, 『21세기 전자정부 구현을 위한 주요 입법과제와 추진방안』(과학기술자문회의, 1999).

다. 즉 제1차원에서는 전자정부가 과연 누구를 위해 존재할 것인가에 대한 근본적인 질문을 던지면서, 기존의 일부 특정 엘리트군을 중심으로 한 국가의 이익을 추구하는가 아니면 시민의 이익을 우선으로 하는 투명하고 민주적인 정부를 추구하는가라는 전자정부의 존재이유에 대한 구분을 하였다. 그리고 제2차원에서는 전자정부를 구현하는 데 있어서 효율성 및 생산성, 투명성, 권력의 강화라는 측면에서 전자정부가 지향하는 목표를 구분하고 있다.

〈표 25〉 전자정부 개념의 6대 유형[271]

제2차원	제1차원	누구를 위한 전자정부인가	
		국가	일반시민
무엇을 위한 전자정부인가	효율성/생산성 제고	제1유형: 기술관료적 정부	제2유형: 효율적 대민서비스 정부
	투명성 제고	제3형: 감시형 정부	제4유형: 일반시민에게 투명한 정부
	권력의 강화	제5유형: 전제적 정부	제6유형: 민주적 정부

ⅰ) 제1유형: 기술관료적 정부

이 유형은 전자정부 구현의 목적으로서 효율성 제고와 전자정부구현사업이 주는 이익의 주된 주체로서 국가 내지 정부를 교차시켰을 때 개념적으로 상정되는 전자정부를 나타낸다.

ⅱ) 제2유형: 효율적 대민서비스 정부

이 유형은 전자정부 구현의 목적으로서 효율성 제고와 전자정부구현사업이 주는 이익의 주된 주체로서 일반시민을 교차시켰을 때 개념적으로 상정되는 전자정부를 나타낸다. 즉 전자정부란 정보통신기술을 활용하여 일반시민들 입장에서의 효율성을 증진시키는 정부로 이해하는 시각인 것이다.

ⅲ) 제3유형: 감시형 정부

이 유형은 전자정부 구현의 목적으로서 투명성 제고를, 전자정부 구현사업이 주는

---

271) 황성돈·권기헌·황승흠, 앞의 책, 23면.

이익의 주체로서 국가 또는 정부를 교차시켰을 때 개념적으로 상정되는 전자정부를 나타낸다. 즉 전자정부란 국가 내지 정부의 입장에서 보았을 때의 투명성이 제고된 정부로 이해하는 시각이다. 정부의 입장에서 보았을 때의 투명성이란 정부와 일반시민들과의 관계에서 보면 정부가 국민들에 관한 정보를 잘 파악하고 있다는 것 내지는 국민들의 생활을 잘 감시할 수 있다는 것을 의미한다. 다시 말해서 일반국민들이 정부에 대해 투명해진다는 것을 의미하는 것이다. 정부 안에서 투명성을 이해하면, 이것은 곧 상부기관 또는 상급자가 하부기관 또는 부하직원에 관한 정보를 잘 파악할 수 있다는 것을 의미하는 것이 된다.

iv) 제4유형: 일반시민에게 투명한 정부

이 유형은 전자정부 구현의 목적으로서 투명성 제고를, 전자정부구현사업이 주는 이익의 주된 주체로서 일반시민을 교차시켰을 때 개념적으로 상정되는 전자정부를 나타낸다. 즉 전자정부를 일반시민의 입장에서 보았을 때의 투명성이 제고된 정부로 이해하는 시각이다. 일반시민의 입장에서 보았을 때의 투명성이란 정부가 지니고 있는 보다 많은 정보들이 보다 편리하게 일반시민들에게 공개되고 정부 내 업무처리 과정이 사전적으로나 사후적으로 일반시민들에게 잘 보일 수 있게 되는 상황을 의미한다.

v) 제5유형: 전제적 정부

이 유형은 전자정부 구현의 목적으로서 권력의 강화를, 전자정부구현사업이 주는 이익의 주된 주체로서 국가 또는 정부를 교차시켰을 때 개념적으로 상정되는 전자정부를 나타낸다. 즉 전자정부를 정보통신기술을 활용함으로써 국가 또는 정부의 대국민 권력이 강화된다고 보는 시각이다.
조지 오웰스의 「1984년」이라는 소설에 나오는 '빅 브라더'처럼 고도의 정보통신장치를 활용하여 일반국민들 스스로 자신이 정부에 의해 통제되고 있음을 느끼지 못할 정도로 완벽하게 일반국민들을 통제하는 정부라고 할 수 있다.

vi) 제6유형: 민주적 전자정부

이 유형은 전자정부 구현의 목적으로서 권력의 강화를, 전자정부구현사업이 주는 이익의 주된 주체로서 일반시민을 교차시켰을 때 개념적으로 상정되는 전자정부를 나타낸다. 즉 전자정부를 정보통신기술을 활용함으로써 민주주의의 이상에 근접하게 되는 정부로 이해하는 시각이다. 이렇게 전자정부를 이해하는 데에는 전자정부를 구현하는 일은 단순히 일반시민들이 정부로부터 보다 편리하게 서비스를 받을 수 있는 것에서 더 나아가, 정부에 대한 국민의 권력 강화라든가, 사회 내 불평등의 해소, 국민의 기본권 증진 그리고 가장 극단적으로는 직접민주주의를 실현시키는 매우 유효한 작업이라는 인식이 주조를 이룬다.

이렇게 하여 여섯 가지의 전자정부유형이 도출되었는데, 이들은 결론적으로 일반시민을 위한 정부를 추구하는 것이 전자정부의 존재이유가 되어야 하고, 이러한 관점에서 제2유형의 효율적 대민서비스 정부, 제4유형의 일반시민에게 투명한 정부, 제6유형의 민주적 정부를 추구하여야 한다고 주장하고 있다. 다시 말하면, 전자정부가 진화되는 과정과 단계를 암시적으로 보여 주고 있는 것이다. 이는 위에서 살펴본 거버넌스의 논의와 빗대어 보면 그 이해가 더 명확해진다. 이러한 거버넌스와 전자정부에 대한 논의가 직접민주주의로 반드시 발전해야 한다는 주장은 아니지만, 다원화되고 있는 오늘날 현대사회에서 개개인들의 의견을 수용하고, 그것을 전반적인 국가 운영에 반영할 수 있는 시스템은 오늘날 전자정부가 추구하는 궁극적인 모형이라고 할 수 있다.

2. 「전자정부법」의 연혁

「전자정부법」은 21세기 지식정보화시대를 맞이하여 정보기술(IT)과 정부의 일하는 방법의 혁신의 결합을 통한 정부경쟁력의 향상과 대민서비스의 개선이라는 전자정부의 비전 구현을 뒷받침하기 위해 법 제정을 하게 되었다.

그 경위를 살펴보면, 행정자치부에서는 2000년 9월, 법안에 대한 연구용역 결과를 바탕으로 본문 제7장 49조 부칙 1조로 구성된 「전자정부구현을위한법률안」을 마련하여 같은 해 11월 20일 국회에 제출하게 되었다. 또한 한나라당 이상희 의원

외 34인은 정부와 비슷한 시기에 정부안과 유사한 본문 제7장 48조 부칙 1조로 구성된 「전자정부의구현및운영에관한법률안」을 마련하여 2000년 11월 28일에 의원발의안으로 국회에 제출하여 행정자치위원회에서 동시에 심의하게 된바, 국회는 정부안과 의원발의안을 각각 부의하지 아니하기로 하고, 양 법안을 절충한 본문 제7장 52조 부칙 1조로 구성된 대안을 마련하여 2001년 2월 28일에 국회 본회의에서 위원회 대안으로 통과시킨 것이다.

이러한 사정으로 인하여 법 제명을 「전자정부구현을위한행정업무등의전자화촉진에관한법률」로 정하게 되었고, 2001년 3월 15일에 정부로 이송되어 3월 28일 법률 제6439호로 공포됨에 따라 2001년 7월 1일부터 법 시행에 들어간 것이다.

한편 2006년 12월 8일 「전자정부법」 개정법률안이 국회에서 통과되어 시행을 기다리고 있다. 이는 전자정부 기능이 행정자치부로 일원화됨에 따라('04.3) 전자정부 정책 기획 및 운영을 지원하기 위한 법적 근거의 보강이 필요하게 되었고, 이에 따라 전자정부 지원 사업 수행 및 지원, 정보화책임관협의회, 전자정부사업에 대한 사전협의, 전자정부 국제협력 등 규정이 신설되었다. 이는 현행 제도의 운영상 나타난 일부 미비점을 개선·보완하는 것으로, 전자문서유통 확대, 통합전자민원창구 활용 근거마련, 민원인 신원 확인 방법 다양화, 온라인 민원처리 수수료 감면, 전자적 대민서비스 보안 강화 등을 내용으로 일부 조항을 개정하였다. 이로써 본격적인 전자정부의 실현을 추진하게 된 것이다.[272]

3. 입법 목적

(1) 구「행정업무등의전자화촉진에관한법률」

구 전자정부법은 '행정업무의 전자화 촉진'에 중점을 두고 제정되었다. 이는 법

---

[272] 한국정보사회진흥원(구한국전산원), 『전자정부관련법령 체계 분석 및 미래 발전방향 연구』(법제연구원, 2006), 15~16면.

률의 제명이 「전자정부구현을위한행정업무등의전자화촉진에관한법률」이라는 점에서도 명확하게 나타난다. 전자정부법 제정 당시에는 전자정부 사업의 시작단계로서 주로 행정업무의 전자적 처리를 통한 문서감축에 중점을 두었던 것이다. 이는 다음에서 보듯이 동법 제1조의 목적조항에서 명확하게 나타나고 있다.

> **제1조(목적)** 이 법은 행정업무의 전자적 처리를 위한 기본원칙·절차 및 추진방법 등을 규정함으로써 전자정부의 구현을 위한 사업을 촉진시키고, 행정기관의 생산성·투명성 및 민주성을 높여 지식정보화시대의 국민의 삶의 질을 향상시키는 것을 목적으로 한다.

(2) 현행 「전자정부법」

최근 개정 통과된 「전자정부법」은 과거 전자정부법의 정착 및 활성화를 위한 것이라고 할 수 있다. 즉, 이는 전자정부 기능이 행정자치부로 일원화됨에 따라 ('04.3) 전자정부 정책 기획 및 운영을 지원하기 위한 법적 근거를 보강한 것이다. 전자정부 지원사업 수행 및 지원, 정보화책임관협의회, 전자정부사업에 대한 사전협의, 전자정부 국제협력 등 규정이 신설된 것이다.

이는 전자정부의 지속적, 발전적 구현을 추구한 것으로 '문서감축의 지속', '민원서비스의 전자화 및 보안체계의 강화', '전자정부 지원사업의 다양화' 등을 예정하고 있는 것이며, 그동안의 전자정부 기반구축사업이 상당 부분 진척되었음을 전제로 한 것이라고 볼 수 있다.[273]

4. 전자정부법의 주요 내용

「전자정부법」은 국가기관과 지방자치단체의 전자정부 구현에 필요한 시책의 적

---

273) 한국정보사회진흥원, 앞의 책, 16~17면.

극적인 추진과 행정업무의 생산성 제고 그리고 대국민서비스의 획기적인 개선을 목표로 하고 있다. 이 목표의 달성을 위해 「전자정부법」은 전자정부 구현 및 운영 원칙, 행정관리의 전자화, 대민서비스의 전자화, 문서업무 감축추진, 전자정부사업의 추진 등을 주요 내용으로 구성되어 있다.

(1) 주요내용

「전자정부법」 규정 내용을 전자정부의 본질적 내용과 보조적 내용에 해당하는지 여부를 기준으로 구분하면, ⅰ) 전자정부 조성·촉진 관련 사항, ⅱ) 전자행정 관련 사항, ⅲ) 전자정부사업 관련사항, ⅳ) 기타 정보사회 관련 사항 등으로 분류할 수 있다.

「전자정부법」은 제1장 총칙, 제2장 전자정부의 구현 및 운영 원칙, 제3장 행정관리의 전자화, 제4장 대민 서비스의 전자화, 제5장 문서업무의 감축, 제6장 전자정부사업의 추진, 제7장 보칙 및 부칙으로 구성되어 있다.

제1장 총칙은 목적, 정의, 적용범위, 행정기관 및 공무원의 책무를 규정하고 있다. 정의 규정(제2조)에서는 전자정부의 개념을 규정하고, 전자정부법의 적용범위를 규정함으로써 기본법적 성격을 표명하고 있다는 점이 특징이다. 향후 전자정부법의 개정 및 전자정부의 발전에 따라 직접적으로 영향을 받게 될 부문에 해당한다.

제2장은 전자정부의 이념 원칙을 규정하는 부분에 해당한다. 제6조 내지 제14조에서 국민편익중심의 원칙 등 제반 전자정부의 구현 원칙을 규정하고 있다는 점, 이들 규정은 실체적 규정이 아닌 원칙적, 선언적 규정으로서 전자정부법의 기본법적 성격을 잘 나타내고 있다. 다만, 전자정부법의 법적 성격 내지 체계상 위치가 다른 개별 행정법률과의 관계에 있어서 명확하게 정립되어 있지 않다는 점에서 정책 수립 및 전자행정의 운영 원칙으로 기능하는 부분이다. 개인정보보호의 원칙(제12조)처럼 기존 개별 법률의 이념을 차용한 원칙도 있고, 전자정부의 원칙으로 새롭게 규정한 원칙도 있다.

제3장은 행정관리의 전자화에 관한 규정, 즉 전자행정에 관한 사항을 규정하고 있다. 크게 전자문서에 관한 사항과 행정정보의 공동이용에 관한 사항, 행정혁신에 관한 사항 등으로 다시 구분할 수 있다.

전자문서에 관한 사항(제16조 내지 제20조)으로 사무관리규정과 내용상 동일한 사항을 규정하고 있다. 전자정부에 해당하는 공공기관의 경우에 행정사무의 처리에 필요한 전자문서의 작성, 송달 등에 관한 사항을 규정한 것이다. 실제 이 일반적 규정들은 「사무관리규정」 및 「행정절차법」 등 개별 행정사무 및 절차에 관련되는 규정이 정비됨에 따라 이미 반영된 규정이라는 특징을 가진다. 이 점에서 이들 전자정부법의 규정 정비문제가 제기된다.

행정정보의 공동이용에 관한 사항(제21조 및 제22조)은 전자정부의 구현으로 실질적으로 가능하여진 업무 가능분야를 적극 행정에 활용하려는 것이다. 정보통신기술의 발달로 정보화와 온라인화로 행정기관이 보유한 행정정보의 공동이용이 가능하여졌고, 공동이용을 확대하여 행정편익을 높이고 효율성을 제고하려는 것이다. 행정정보공동이용법의 제정으로 이어지고 있는 부분이다.

행정혁신에 관한 사항은 행정의 전자적 처리와 관련하여 업무의 재설계, 지식관리시스템, 업무의 표준화 등을 추진하여 업무의 효율성을 높이고 국민편익을 제고하려는 것이다.

이는 정보통신망의 구축, 정보통신망을 활용한 '국민 의견 수렴'·'전자적 업무수행'·'온라인 원격근무'·'원격교육훈련', 이를 위한 공무원의 교육훈련 등(제26조 내지 제32조)을 포함하고 있다. 즉 온라인행정에 관한 규정에 해당한다.

제4장 '대민 서비스의 전자화'는 전자적 민원처리에 관한 사항을 규정한 것이다. 전자적 민원처리, 구비서류의 전자적 확인, 비방문민원처리, 전자서명을 통한 신원확인, 전자적 고지·통지, 행정정보의 전자적 제공, 수수료 등의 전자결재, 전자적 급부제공 등을 내용으로 하고 있다.

민원처리과 관련된 행정업무처리를 전자적으로 처리하기 위하여 필요한 사항을 규정한 것으로, 이들 규정의 내용은 전자정부법 제정 이후에 「민원사무처리등에관한법률」에 반영되어 시행되고 있다는 점이 특징이다. 대민 행정서비스의 업무수행 방법을 현행 대면적 서비스와 함께 비대면적·전자적 처리가 병행하여 수행할 수 있도록 한 규정이다. 모든 행정기관에 공통적으로 적용되어야 할 일반법적 규정에 해당한다. 그 점에서 법적 성격과 규율내용이 「민원사무처리등에관한법률」 및 「사무관리규정」과 조정이 필요한 부분이다. 전자정부의 가장 기본적 부분에 해당하는 사항이다.

제5장 '문서업무의 감축'은 전자정부 구현에 당연히 수반되는 조치로서 정보화를 앞당기고 전자적 처리를 높이기 위하여 필요한 사항이다. 미국의 경우에는 문서감축에 관한 법률을 제정하여 시행하고 있고, 우리의 경우에도 문서업무 감축에 관한 법률(안)이 마련 중에 있을 정도로 비중을 차지하고 있다.

종이문서의 감축원칙(제40조)과 이의 실행을 위하여 감축기본계획(제41조), 집행계획(제42조), 감축실적의 공표(제43조), 이의 추진체계로서 문서감축위원회의 설치 등을 규정하고 있다. 전자정부법 중 상당한 부분을 차지하고 있다. 문서업무의 감축은 최종적으로 디지털화 및 정보화의 척도가 되는 사항이라는 점이 특징이 있다.

제6장 '전자정부사업의 추진'은 전 행정분야에 전자정부를 구현하기 위하여 필요한 각종 정보화, 정보통신망의 구축 사업을 추진하기 위한 추진체계와 관련 계획의 수립, 성과의 평가 등에 관한 사항을 규정하고 있다. 이는 현재 단계의 전자정부에서 요청되는 정보화에 중심을 두고 이의 실제 구현을 위한 전자정부사업에 관한 근거규정을 둔 것이다.

전자정부법에 필수적인 규정이라기보다는 전자정부를 구현하기 위한 필요적 사업으로 정보화사업과 정보통신망 확산 및 관리사업 등을 규정한 것이다. 이는 정보통신망법, 정보화촉진기본법 등의 경우와 마찬가지라 일정 수준 이상으로 정보화 단계가 완료되면 그 규정의미가 크게 감소되는 규정에 해당한다. 장래의 전자정부법에서는 의미가 없거나 최소화될 여지가 큰 규정이다. 사업에 관한 규정이라는 점에서 전자정부사업의 주무부처인 행정자치부의 전자정부사업 수행 근거규정으로서 의미가 강하다. 행정자치부장관은 전자정부법상 중앙사무관장기관의 장으로서 행정부와 지방자치단체 등의 전자정부 관련 사항을 주관하게 된다는 점에서 각 중앙행정기관 등에 공통되는 범정부적 사업을 규정한 일관적으로 추진할 수 있는 근거에 해당한다.

(2) 체계 및 규정의 특징

제1장 및 제2장의 규정은 전자정부에 관한 기본적 사항을 규정한 것이다. 기본법적 규정에 해당한다. 제3장 및 제4장은 전자행정에 공통으로 적용되어야 할 행정업무의 원칙적 수행방법을 구체적으로 규정한 것으로서 개별법적 실체적 규정에 해당한다. 일반법적 규정에 해당하나, 기본법의 규정으로 볼 수는 어렵다. 따라서 관련 개별법이 전자정부의 이념을 반영하여 개정되어 시행되고 있는 경우에는 당연히 중복 규정의 문제가 발생하는 부분이다. 제5장의 전자정부사업에 관한 사항은 전자정부법상 본질적인 규정사항은 아니다. 전자정부법을 전자정부의 구현을 위한 법률로 하는 경우에는 기본법적 성격을 부여하기에는 어렵다. 전자정부로서 전자적 행정업무의 처리와 국민의 편익제고와 행정효율 제고를 위한 추진체계와 정책적 방향 및 시책의 근거 등을 규정할 경우에는 전자정부사업에 관한 규정은 비중이 감소되고, 그 사업실시의 근거규정을 두는 정도로 조정하여야 할 여지가 큰 부분이다.

전체적으로는 전자정부법은 정보화촉진기본법과의 관계를 고려해 볼 때 입법사항과 입법목적, 규정범위 및 추진체계에 있어서 그동안의 정보화진전과 전자정부의 개념 발전 등에 부응하여 재정립될 필요하다고 할 수 있다.274)

5. 정보화촉진기본법과 전자정부법의 관계

기본적으로 전자정부법과 관련이 있는 제반 법률들은 (i) 추진체계 및 원칙 관련 법령: 「정보화촉진기본법」, 「정보통신망이용촉진및정보보호등에관한법률」, (ii) 전자

---

274) 한국정보사회진흥원, 앞의 책, 52~53면.

정부 원칙 관련 법령:「공공기관개인정보보호에관한법률」, (iii) 전자정부 기반 구축 관련 법령:「전자서명법」,「전기통신기본법」, (iv) 전자행정 관련 법령:「사무관리규정」,「민원사무처리에관한법률」,「공공기관정보공개에관한법률」,「행정절차법, 행정정보공동이용법(안)」, (ⅴ) 전자정부 활성화 및 전자정부 사업 관련 법령:「국가공무원복무규정」,「정부업무평가기본법」, (vi) 정보사회관련 법령:「정보격차해소에관한법률」,「지식정보자원관리법」,「통신비밀보호법」,「정보통신기반보호법」 등이 있다.

이러한 정보화 관련 법령들 중에서 기본법으로서 이러한 법제의 최고 정점에 있는 것으로「정보화촉진기본법」을 들 수 있겠다.「정보화촉진기본법」은 전자정부법의 일반법에 해당한다고 볼 수 있을 것이다.[275]

「정보화촉진기본법」은 전산망 보급확장사업이「정보화촉진기본법」에 의한 정보화사업으로 전환되어 추진하도록 정책을 발전시키고, 종전「전산망보급확장과이용촉진에관한법률」을 전문개정의 형식으로 폐지하고「정보통신망이용촉진및정보보호등에관한법률」로 대체입법한 것과 밀접한 관계가 있다.

현행「정보화촉진기본법」은 제1장 총칙, 제2장 정보화촉진 등을 위한 계획의 수립과 추진체계, 제3장 정보통신산업의 기반조성, 제4장 정보통신기반의 고도화, 제5장 정보통신진흥기금, 제6장 보칙으로 구성되어 있다.

(1) 정보화촉진기본법의 주된 규율 내용

동법은 "정보화를 촉진하고 정보통신산업의 기반을 조성하며 정보통신기반의 고도화를 실현"함으로써 "국민생활의 질을 향상하고 국민경제의 발전에 이바지함"을 목적으로 한다. 따라서 '정보화 촉진', '정보통신산업의 기반조성' 및 '정보통신기반의 고도화'를 주된 내용으로 하고 있다. 이 법에 의한 정부의 시책은 이러한 '정보화촉진 등'에 관한 필요한 시책을 의미한다.

「정보화촉진기본법」은 우선 '국가사회 정보화의 촉진'을 목적으로 한다는 점에서

---

275) 한국정보사회진흥원, 앞의 책, 55면.

‘행정기관의 행정업무의 전자적 처리’를 주된 규율 내용으로 하는 전자정부법과는 차이가 있다. 다만, ‘정보화’를 내용으로 한다는 점에서 전자정부와 밀접한 관계가 있다.

동법은 “정보를 생산·유통 또는 활용하여 사회 각 분야의 활동을 가능하게 하거나 효율화를 도모하는 것”을 ‘정보화’로 규정하고 있으며, 정보화의 대상이 되는 정보는 “자연인 또는 법인이 특정목적을 위하여 광 또는 전자적 방식으로 처리하여 부호·문자·음성·음향 및 영상 등으로 표현한 모든 종류의 자료 또는 지식”으로 정의하고 있다. 따라서 동법에서는 이미 정보의 개념 속에 모든 종류의 자료 또는 지식을 정보화하였다는 점을 내포하고 있다. 즉 정보화는 ⅰ) 모든 종류의 자료 또는 지식을 정보로 전환 처리하는 것(정보의 생산), ⅱ) 정보를 유통 또는 활용하는 것(정보의 유통, 활용) 및 ⅲ) 이를 통하여 사회 각 분야의 활동을 가능하게 하거나 효율화를 도모하는 것을 말한다.

「전자정부법」이 “정보기술을 활용하여 행정기관의 사무를 전자화함으로써 행정기관 상호간 또는 국민에 대한 행정업무를 효율적으로 수행”하는 정부를 전자정부로 정의하고 있는 점과 정보화촉진기본법이 정보화의 개념 속에 “정보의 생산·유통·활용으로 사회 각 분야의 활동을 가능하게 하거나 효율화를 도모하는 것”을 포함하고 있는 것은 비교된다. 즉 「정보화촉진기본법」은 ‘국가·사회 각 분야의 정보화’를 내용으로 하는 데에 비하여 「전자정부법」은 ‘행정업무 분야의 정보화’를 내용으로 한다는 점에서 다르며, 이 점에서는 후자가 전자의 특별법 지위에 있게 된다.

	정보화촉진기본법	전자정부법	비 고
주된 규정 내용	– 정보화 촉진 – 정보통신산업 기반조성 – 정보통신기반 고도화	– 행정관리의 전자화 – 대민서비스의 전자화 – 문서업무의 감축 – 전자정부사업의 추진	
효율화 방법	– 정보화	– 전자적 처리	

(2) 수범자

국가 및 지방자치단체는 정보화의 촉진과 정보통신산업의 기반조성 및 정보통신기반의 고도화(이하 '정보화촉진 등'이라 한다)를 위하여 필요한 시책을 수립·시행하여야 한다(제2조의2). 정보화촉진 등의 추진과 관련하여 「정보화촉진기본법」은 국가 및 지방자치단체의 책무로 규정하고 있다.

정보화는 공공분야의 정보화, 지역정보화, 산업정보화 등으로 구분되며, 이는 각각 공공기관의 장, 지방자치단체의 장 및 기업이 그 주체로 된다. 정부는 민간부문의 정보화에 대한 지원을 할 수 있도록 정보화촉진 등 시책 강구 책무를 부여하고 있다. 즉 공공기관의 장은 행정업무의 정보화와 의료·교육·문화 및 환경의 정보화 등 공공분야의 정보화를 추진하여야 하며(동법 제11조 제1항), 지방자치단체의 장은 지역정보화사업을 추진하여야 하고 정부는 필요사항을 지원하도록 하고 있다(동법 제11조 제2항).

이에 반하여 「전자정부법」은 행정기관의 책무로서 전자정부의 구현 및 운영을 규정하고 있다. 행정기관은 중앙행정기관 이외에 지방자치단체와 국회·법원·헌법재판소·중앙선거관리위원회의 행정사무를 처리하는 기관을 포함한다.

정보화촉진기본법	전자정부법	비고
공공기관의 장	행정기관	공공기관〉행정기관
지방자치단체의 장	(지방자치단체)	*공공기관, 행정기관에 포함
기업	–	
정부	국회, 법원, 헌법재판소, 중앙선거관리위원회	지원활동〉전자정부구현

(3) 정보화촉진 등을 위한 계획의 수립과 추진체계

「정보화촉진기본법」은 정부로 하여금 정보화촉진 등을 위하여 5년의 기간을 단위로 하는 정보화촉진기본계획을 수립하도록 하고 있다(동법 제5조). 수립은 정통부장관이 관계중앙행정기관별 부문계획을 종합하여 수립하되, 정보화추진위원회의 심의를 거쳐 확정하도록 하고 있다. 「정보화촉진기본법」상의 기본계획 및 「전자정부법」, 상 중장기 전자정부사업계획에 포함되어야 할 사항을 각각 비교하면 다음과 같다.

정보화촉진기본법	전자정부법	비고
– 정보화추진위원회	– 정보화추진위원회	동일기관
– 정보화촉진 등에 대한 시책의 기본방향	– (전자정부 구현 및 운영 원칙: 제2장)	
– 행정업무의 정보화촉진에 관한 사항	– 종이문서 등의 감축을 위한 정보화사업(1호)	동일
– 각 분야의 정보화촉진에 관한 사항 (산업분야, 재정·금융분야, 교육·연구·과학기술·환경분야, 지역·문화·생활 기타분야)	– 그 밖에 전자정부의 구현 및 운영과 관련된 정보화사업(4호)	모든 분야〉행정분야
– 분야별 정보보호에 관한 사항	(없음)	
– 정보의 공동활용 및 정보통신 표준화의 촉진에 관한 사항	– 제1호의 정보화사업에 필요한 표준화(2호) – (원칙: 행정정보 공동이용의 원칙 9조)	정보〉행정정보
– 개인정보 및 지적소유권의 보호와 정보통신이용자의 권익보호에 관한 사항	– (원칙: 개인정보보호의 원칙: 12조, 국민편익중심의 원칙: 6조)	계획 ⇔ 원칙
– 관련 법령·제도의 기반조성에 관한 사항	– (행정기관의 책무: 관련 제도 개선의무: 제4조)	전 분야〉전자정부
– 정보통신산업의 기반조성에 관한 사항		
– 정보통신기반의 고도화에 관한 사항	– 행정기관 간 정보통신망의 구축 및 안정성확보를 위한 사업(3호)	
– 관련 국제협력에 관한 사항 등	(해당사항 없음)	

　　요약하면 본질적으로 「정보화촉진기본법」상의 기본계획 사항과 「전자정부법」상의 전자정부 중장기 전자정부사업계획은 전체와 부분의 관계에 있다고 할 수 있다.

다만, 「정보화촉진기본법」은 정부 내지 관계중앙행정기관이 수범자이지만, 「전자정부법」은 중앙사무관장기관(내지 기관의 장)이 수범자라는 점에서 차이가 있다.

「전자정부법」의 경우에는 국회, 법원, 헌법재판소 및 중앙선거관리위원회, 중앙행정기관 및 그 소속기관과 지방자치단체를 수범자로 한다는 점에서 정보화촉진기본법이 행정부(관계중앙행정기관)로 제한되는 점이 다르다. 결국 법령체계상으로 본다면, 「정보화촉진기본법」이 일반법으로서 지위를 가지고 전자정부법이 특별법의 관계에 있다고 할 수 있다.

계획을 중심으로 비교하면, 정보화촉진기본계획 중 '행정업무의 정보화촉진에 관한 사항' 등을 구체화하고 부문계획화한 것이 '중장기 전자정부사업계획'이라고 할 수가 있다. 이는 성과평가와 관련하여 각 행정기관이 추진한 전자정부사업의 종합평가 결과를 중앙사무관장기관의 장이 '정보화촉진기본법상의 정보화추진위원회'와 국회에 제출하도록 의무화하고 있는 데에서도 찾을 수 있다.

전자정부사업은 정보화촉진기본법상의 정보화촉진 등에 관한 사업(기본계획 및 시행계획에 따른 정책 및 사업)의 하나에 해당한다고 볼 수 있다. 정보화촉진기본법상 기본계획 및 사업은 정통부장관이 주관하며 시행계획의 수립 및 추진은 관계중앙행정기관의 장이 행한다. 반면에, 전자정부사업은 중앙사무관장기관의 장이 주관하며, 행정부의 중앙행정기관 및 그 소속기관과 지방자치단체는 행정자치부장관이 중앙사무관장기관의 장으로 되기 때문에 전자정부사업의 소관부처가 행정자치부로 되는 것이다(전자정부법 제2조 제3호, 제15조276)).

한편 추진체계와 관련하여 현재 위에서 살핀 바와 같이 관련 계획의 수립은 공통적으로 「정보화촉진기본법」에 의한 정보화추진위원회의 심의를 거친다. 전자정부사업에 관한 사항은 전자정부추진분과위원회의 소관사항으로 된다(동법 시행령 제7조 참조). 분과위원회는 소관분야에 관한 시행계획(제1호), 정보화추진실적평가(제2호), 관련법령 및 제도의개선(제4호), 정보 공동활용 관련사항(제5호), 기타 정보화

---

276) 제15조(시책의 수립·시행) 국회·법원·헌법재판소·중앙선거관리위원회 및 행정부는 제6조 내지 제14조의 원칙을 실현하기 위하여 필요한 시책을 수립·시행하여야 한다.

촉진을 위한 협조 및 지원을 위하여 필요한 사항(제6호) 등을 심의한다.

현재 「전자정부법」은 전자정부사업계획을 정보화추진위원회의 심의를 거치도록 하고 있다. 즉 전자정부추진분과위원회의 심의를 받게 되는 것이다. 이와 관련하여 전자정부법에서 정보화추진위원회와 구별되는 별도의 위원회를 두는 방안이 고려될 수는 있으나, 이 경우에는 법체계상 정보화촉진기본법이 전자정부에 관한 사항을 전자정부법에 완전히 이양하여야 하는 문제가 발생하며, 또한 기본법으로서 전부문을 적용범위로 하여야 하는 법리에 모순이 발생한다. 즉 전자정부추진분과위원회를 삭제(폐지)할 경우에는 정보화추진위원회의 심의사항 중 전자정부추진과 관련한 사항 및 개별 분과위원회 소관업무를 제외한 정보화촉진업무에 관한 사항에 대한 심의 소관위원회를 따로 정하여야 한다. 당연히 정보화추진위원회의 소관사항(제9조)에 전자정부 관련사항은 전부 제외하여야 하는 문제가 있게 된다. 입법기술상 어려운 문제로 보인다.

정보화촉진기본법	전자정부법	비고
– 기술개발과 기술수준의 향상(제18조)	(해당 없음)	
– 정보통신 표준화의 추진(제19조) ● 정보통신응용서비스 표준화 ● 정보의 공동활용을 위한 표준화 등	– 표준화(법 제25조)	전 부문〉 행정부문
– 정보통신기술인력의 양성 등(제20조)	– 공무원 정보통신기술 활용능력 제고(법 제31조)	전 국민〉 공무원
– 정보통신산업단지의 조성(제21조)	(해당 없음)	
– 정보통신우수 신기술에 대한 지원 등(제22조)	(해당 없음)	
– 유통구조의 개선(제23조)	(해당 없음)	
– 정보화촉진 등의 국제협력(제24조)	(해당 없음)	
– 정보통신관련기관의 지원 등 (제24조의2, 제25조)	– 자치정보화조합의 설립 (법 제50조)	정책〉실천

정보화촉진기본법	전자정부법	비고
- 광대역통합정보통신기반의 구축촉진 및 이용 활성화(제26조) - 초고속국가망의 구축 관리(제28조) - 정보통신망의 상호연동 등(제29조)	- 정보통신망의 구축 (법 제26조)	국가망〉 행정망
- 정보보호 등(제14조) - 정보보호시스템에 관한 기준고시 등(제15조)	- 정보통신망 등의 보안대책 수립·시행(법 제27조)	공통
- 공공정보화 등의 추진(제11조)	- 정보화시스템의 보급·확산 (법 제48조)	공통

제3절 유비쿼터스 전자정부와 법제정비

지금까지의 정보화는 인터넷을 기반으로 전자공간 속에 사무실, 쇼핑몰, 도서관 등 물리 공간을 이주시킴으로써 물리공간이 갖는 시간적·공간적 제약점을 극복하고자 하였으며, 동시에 이러한 맥락에서 볼 때 지금의 전자정부 역시 인터넷 정보기술을 기반으로 하여 전자공간상에서 업무와 서비스를 제공하여 기존의 물리적 제약을 극복하고자 하였다.

그러나 물리공간과 연계되지 않은 전자공간의 개척과 성장은 한계를 지닐 수밖에 없었다. 전자공간은 실체가 없는 가상적 공간이므로 불완전한 공간으로서 물리공간과 단절된 채 독립적인 공간으로 존재할 수 없다. 그러므로 물리공간과 전자공간의 최적연계와 융합은 새로운 정보화 전략의 핵심과제라고 할 수 있겠다. 인터넷을 기반으로 급부상하고 있는 전자공간을 물리공간과 어떻게 연계할 것인가에 대한 새로운 방향을 제시하는 것이 바로 유비쿼터스 정보기술이라 할 수 있으며, 이러한 정보기술을 기반으로 하여 지금의 전자공간상의 서비스에 국한되어 물리공간과 연계가 이루어지지 않아 많은 제약점을 드러내고 있는 지금의 전자정부의 한계를 극복하는 것이 향후 지향되어야 할 차세대 전자정부의 기본구도라 할 수 있을 것이다. 전자정부와 유비쿼터스 정보기술을 기반으로 하는 차세대 전자정부의 차이점은 다음의 표와 같이 정리될 수 있다.

〈표 26〉 전자정부와 유비쿼터스 전자정부의 비교[277]

구분	전자정부	유비쿼터스 전자정부
기술적 측면	초고속정보통신망과 네트워크 인터넷 기술이 기반	브로드밴드와 무선·모바일 네트워크, 센싱, 칩 기반
정부서비스의 전달방법의 측면	신속·투명한 서비스 제공	지능적인 업무수행과 개개인의 수요에 맞는 맞춤형 행정서비스 제공
업무방식의 측면	신속성·투명성·효율성·민주성	실질적인 고객지향성·지능성·형평성·실시간성

그러나 이 과정에서 유의할 점은 과거 가상공간을 중심으로 한 전자정부의 논의에서 보다, 사회적인 감시체계가 더욱 강화된다는 것이 유비쿼터스 사회에 대한 비관론에서 강력하게 제기되고 있다. 개별화된 서비스를 위해서는, 개별 이용자에 대한 세부적인 정보들의 수집이 더욱 요청되기 때문이다. 따라서 유비쿼터스의 순기능을 살려 전자정부의 기능에 접목시키기 위해서는 기술적인 측면에서의 개인정보보호뿐만 아니라, 법적인 측면에서의 개인정보보호 방안에 대하여 좀 더 체계적이고 구체적인 모색이 되어야 할 것이다.

위와 같이 예견되는 유비쿼터스 전자정부를 체계적으로 원활히 추진하기 위해서는 관련 법제의 관계를 더욱 명확히 하여 체계화시킬 필요가 있다. 특히 부처 이기주의를 기반으로 각종 정보화 법제들이 만들어진 관계로 각종 중복규제 및 규제 혼선이 예상되고 있으며, 그 결과는 관한 부처들의 비효율적 경쟁으로까지 이어지곤 한다.

정보통신 분야의 법적 규제와 관련된 법률로는 「저작권법」, 「전기통신기본법」, 「전기통신사업법」, 「소프트웨어산업진흥법」, 「컴퓨터프로그램보호법」, 「온라인디지털콘텐츠산업발전법」, 「음반비디오물및게임물에관한법률」, 「통신비밀보호법」, 「정보화

---

277) 권기헌, 앞의 책, 179면.

촉진기본법」, 「전자서명법」, 「정보통신망이용촉진및정보보호등에관한법률」, 「지식정보자원관리법」, 「정보통신기반보호법」, 「정보격차해소에관한법률」, 「인터넷주소자원에관한법률」, 「전파법」, 「방송법」 등을 그 주요한 예로 들 수 있다.

이러한 법제영역의 혼선으로 인하여, 전자정부와 관련된 행정자치부와 정보통신부 간의 갈등도 존재하였으며, 여타의 정보화 관련 부처 갈등과 다르지 않은 원인을 가지고 있다고 할 수 있다. 즉 정보통신 기술의 발달에 따른 부처 관할 업무의 혼선이다.278) 따라서 체계적인 업무 관할 분할에 대한 연구와 실행이 시급하다.279)

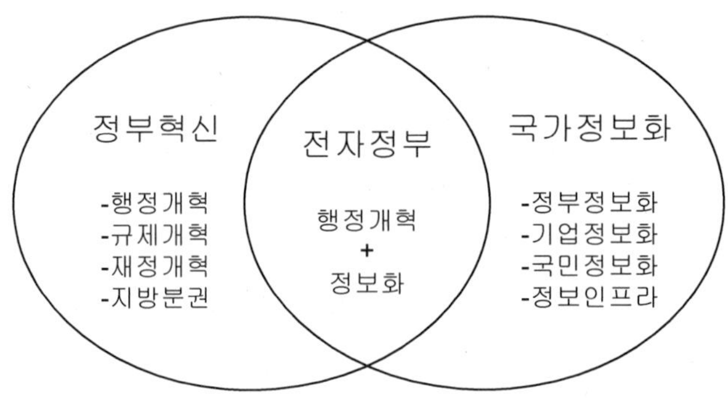

〈그림 9〉 정부조직법상 전자정부영역의 중복280)

---

278) 유홍림·윤상오 교수는 이러한 갈등의 원인 및 배경으로, ① 정치적 요인으로서의 정부기능 개편, ② 제도적 요인으로서의 정부조직법 개정, ③ 상황적 요인으로서의 지식정보화에 따른 전자정부영역의 확대 등을 설명하고 있다. 유홍림·윤상오, "전자정부추진과정에서의 부처간 갈등: 행자부와 정통부의 갈등을 중심으로".

279) 분할기준의 제시를 위한 시도로는 심우민, "사이버커뮤니케이션 공간의 법적 규제구조에 대한 연구", 「인터넷: 현실과 도전 그리고 과제, 사이버커뮤니케이션학회 추계학술대회 자료집」, 2005 참고.

280) 정보통신부, 『전자정부구현을 위한 부처간 역할정립 방향』(2003.4) 참고.

※ 참고: 전자정부법의 기본골격

| 전자정부법 | 본문 7장 63조, 부칙 6조 |

1. 총 칙

목적, 정의, 적용범위, 기관 및 공무원의 책무 등 5개 조

2. 전자정부의 구현 및 운영 원칙

국민편익 중심, 업무혁신 선행, 전자적 처리, 행정정보공개, 행정기관의 확인책임, 행정정보 공동이용, 개인정보 보호, 중복투자방지, 기술개발외주 등 10개 조

3. 행정관리의 전자화

전자문서의 작성·성립, 전자문서의 송·수신, 전자문서의 발송 및 도달시기, 행정전자서명 인증, 행정정보 공동이용, 행정정보취급·이용자의 의무, 행정지식관리, 행정기관의 업무재설계, 표준화, 정보통신망의 구축·보호, 정보통신망을 통한 업무·회의수행, 원격근무 및 원격교육 등 19개조

4. 대민 서비스의 전자화

전자적 민원처리, 구비서류의 전자적 확인, 비방문 민원처리, 신원확인, 전자적 고지·통지, 행정정보의 전자적 제공, 수수료, 전자적 급부제공, 전자적 대민서비스 보안대책, 전자정부 서비스보안위원회 등 10개 조

5. 문서업무의 감축

종이문서 감축계획 등 수립, 실적의 공표, 문서감축위의 설치, 행정정보자원관리기본계획의 수립 등 6개 조

6. 전자정부 사업의 추진

중장기 전자정부의 계획·지원·사전협의·성과평가·시범사업 추진·우수시스템 보급·확산, 정보화책임관협의회, 한국지역정보개발원 설립, 국제협력 등 9개 조

7. 보 칙

권한의 위임·위탁, 산하기관의 정보화, 벌칙, 벌칙적용시 공무원 의제 등 4개 조

부칙

시행일, 자치정보화조합의 조합원 및 해산에 대한 경과조치, 권리·의무의 승계, 임·직원의 승계 및 파견공무원에 대한 경과조치, 다른 법률의 개정 등 6개 조

제12장 지적재산권과 정보공유

지적재산권의 문제는 정보사회의 핵심적 화두라고 할 수 있다. 최근 들어 P2P의 사용이 일상화되면서 이러한 문제에 대한 논란은 지속되고 있다. 이를 일컬어 일부 학자들은 '제2인클로저 운동'이라고 비유하기도 한다. 그만큼 치열한 논의가 이어지고 있다는 뜻으로 이해할 수 있을 것이다. 결국 이러한 지적재산권의 문제는 정보의 이용과 보호라는 균형점을 어느 정도에서 설정할 것인지의 문제라고 할 수 있을 것이다.

다음에서는 이러한 지적재산권의 형성과정 및 지적재산권의 성격에 대해 살펴보고, 이와 더불어 오늘날 지적재산권의 강화 경향을 법적인 측면에서 살펴보도록 하겠다.

제1절 지적재산권의 형성과 그 변화의 요구

1. 지적재산권 형성과정

지적재산권의 형성과정을 고찰하는 데 있어서, 영국의 앤여왕법은 그 중요한 기점이 되었다고 볼 수 있다. 지적재산권을 지금의 형태로 규정지었기 때문이다.[281] 따라서 여기서는 앤여왕법을 전후하여 지적재산권이 현성되는 과정을 간략하게 고

---

281) 김정오·신동룡, "저작권의 형성과정에 대한 고찰", 『김지수 교수 정년기념논문집』(법률출판사, 2003), 2면.

찰해 보도록 하겠다.

(1) **'왕권 - 출판업자 - 기술'의 관계망**: 16세기 서적에 대한 관심은 주로 교회와 왕권이었다. 교회건 왕권이건 기존의 질서를 유지하기 위해서는 당시 민중들이 읽는 서적에 대한 강한 통제의지를 가지고 있었고, 기술적인 측면에서는 쿠텐베르크의 인쇄술에 의하여 대량출판이 가능해졌다. 이러한 상황은 왕권과 출판자본가의 결속을 가져왔고, 그 결속에서 저작권(a right to copy)이 형성된 것이다.

(2) **'법률가 - 출판업자 - 작가'의 관계망**: 앤여왕법의 제정을 전후로 저작권을 둘러싼 담론은 새로운 양상으로 전개되기 시작하였다. 특히 출판시장이 확산됨으로써 출판업자들이 대거 등장하였고, 이들 사이에 저작권을 둘러싼 분쟁이 발생하였다. 물론 '서적상의 전쟁'이라는 일련의 분쟁은 표면상으로는 저작권의 본질이 제정법적 권리인가 또는 보통법상의 권리인가가 쟁점이었다. 하지만 실질적으로 중요한 점은 이 과정에서 출판업자들과 이전까지 저작권 담론에서 배제되었던 작가들이 "노동하는 작가의 독창적인 창작물로서의 작품"이라는 소유적 개인주의와 낭만주의적 관념[282])에 기초하여 저작권을 출판의 권리가 아닌 '작가의 배타적인 권리'로 전환시켰다는 것이다. 그리고 법률가들이 권력과 자본의 영향력으로부터 상대적으로 자율적인 관점에서 법적 논리를 전개하였고, 결국 저작권의 원천은 '작가'에게 있음을 분명히 하였다.

(3) **지적재산권(작가의 배타적 권리) 강화의 현대적 추세**: 19세기 이후 오늘날까지의 저작권은 18세기에 성립된 작가의 권리라는 기초 위에 대상, 보호기간 및 보호범위가 점진적으로 확장되었다. 보호대상에 관해서는 문학작품 이외에 음악, 연

---

282) 여기에서 당시 로크(Locke, John, 1632.8.29~1704.10.28)의 노동이론은 두 가지 중요한 역할을 하였는데, 우선 작가의 재산권을 정당화하는 역할을 하였다. 이는 소유적 개인주의(possessive individualism)이라는 고전적 담론을 견지한 입장에 있는 것이다. 다른 한편으로는 작가의 작품에 대한 인격적 권리를 정당화하는 이론적 근거가 되었다. 이에 관해서는 신동룡, "저작권 확대 담론과 기술적 보호조치의 문제점에 관한 법철학적 연구", 프로그램심의위원회 주최 제1회 IT 지적재산권 우수논문, 2003, 15~23면. 이영대, 『소유권개념의 변화와 지적재산권』(정보통신정책연구원, 2004), 11~20면.

극, 미술, 건축, 사진 및 영상에 대한 저작권이 인정되었으며, 특히 최근에는 컴퓨터 프로그램도 저작권의 대상으로 보호받게 되었다. 또한 보호기간은 앤여왕법상 최고 28년이었던 것이 미국의 경우 최근에 합헌이 확정된 소니보노 저작권기간연장법에 의해 최고 95년까지 연장되었다. 그리고 보호범위에 관하여 베른협약에 의할 경우 작가는 번역권, 복제권, 공연권, 공개낭독권, 2차적 저작물작성권 및 영상화권을 갖는 등 18세기 저작권법에 비하여 자신의 작품에 대해 훨씬 강력한 지배권을 가지게 되었다.

2. 은폐된 관계망 – 독자의 관점

위에서 살펴본 간략한 지적재산권의 형성과 발전에 관한 논의에서 우리는 중요한 관점이 배제되어 있음을 쉽게 알 수 있다. 그것이 바로 '독자'의 관점이다. 유체물에 관한 소유권 개념에서는 그 배타성을 중심으로 각종 권리가 설정되는 것이 가능하였다. 그러나 정보재라는 것은 배타성을 강화시킨다면 그만큼 이용이 줄어들고, 그 상품적 가치가 저하되는 경향이 나타나게 되어 있다. 특히 사이버 공간에서 그것은 '네트워크 효과'라는 것으로 설명된다.

네트워크 효과(Network Effect)란 일반적으로 말해서 "재화의 가치가 그것을 이용하는 사람들의 수에 의존할 때" 발생하는 효과로 정의된다.[283] 결국 이용자가 많을수록 그 가치가 증대되는 현상을 나타낸다고 볼 수 있다. 이러한 네트워크 효과는 세 가지 효과가 합해져서 발생하는 것이라고 할 수 있다. 첫째는 콘텐츠 효과(Contents Effect)가 있다. 콘텐츠 효과란 접속자가 늘어나면 정보의 양과 질이 늘어남으로써 사용가치가 커지는 효과이다.[284] 둘째는 경로 효과(Channel Effect)라는

---

283) Hal R. Varian, "Market Structure in Network Age", *Understanding the Digital Economy: Data, Tools, and Research*(MIT Press, 2000), 143면.

284) 생산소비자(Prosumer) 효과라는 용어로도 불리는데, 이는 앨빈토플러(Alvin Toffler, 김진욱 역, 제3의물결, 범우사, 1992.)가 처음 사용한 용어이다. Prosumer = Producer +

것으로서, 접속자 수가 늘어날수록 의사소통경로가 늘어나서 네트워크의 사용가치가 커지는 효과이다.[285] 셋째는 네트워크 내에서 공동체를 형성함으로써 사용가치가 증가하는 공동체 효과(Community Effect)이다.[286]

분명, 네트워크가 현출하는 공간에서 발생하는 이러한 현상은 저작권의 형성 및 발전 과정에서 은폐되었던 '독자'의 관점에 대한 새로운 관심을 요구한다고 할 수 있다.[287]

제2절 지적재산권의 성격

지적재산권(intellectual property rights)[288]이란 넓은 의미로는 지적재산에 관한

Consumer

285) 이는 멧칼페(Metcalfe)의 법칙이라고도 불리는데, 네트워크의 가치가 한 사용자가 접속할 수 있는 다른 사용자의 수에 비례한다고 가정한다. 그러면 n명의 접속자가 있는 네트워크에서 한 사용자가 느끼는 가치는 n이 될 것이다. 그런데 이 네트워크에는 모두 n명의 접속자가 존재하므로 네트워크 전체의 가치는 'n제곱'이 된다.

286) 사이버 공간을 노동가치론의 적용영역이라고 주장하는 대표적인 정치경제학자인 강남훈 교수도, 이 이론이 극단성이 있다고 하면서도, 일정한 범위 안에서 위와 같은 효과가 작동하고 있다고 인정한다. 강남훈, 『정보혁명의 정치경제학』(문화과학사, 2002), 39면.

287) 최근 미국에서도 이러한 관점에서의 접근이 부각되고 있는 듯하다. 예를 들면, Joseph P. Liu, Copyright Law's Theory of the Consumer, 44 B.C. L. Rev. 397, 2003.; Joseph P. Liu 교수는 본 논문에서 단순한 이용자(User)로서의 독자가 아니라, 소비자(Consumer)로서의 독자를 언급하면서, 과거의 소극적인 지위의 소비자 개념에서 벗어나, 작가로서의 소비자(The Consumer as Author)와 능동적인 소비자로서의 소비자(The Consumer as Active Consumer)를 이야기하고 있다. 그러면서 현재 미국의 지적재산권법에 관한 논의를 고찰하고, 그 논의에 이러한 소비자에 대한 관점이 누락되어 있다고 주장하고, 그러한 관점이 지적재산권법을 분석하는 데 이용되기를 희망한다고 결론을 맺고 있다. 또한 국내에서도 이와 유사한 관점에서의 논문이 있다. 정찬모 외 4인, 『디지털 저작물과 이용자의 권리』(정보통신정책연구원, 2003).

권리를 뜻하므로, 특허권・저작권・상표권뿐만 아니라 지적재산의 보호를 위한 계약이나 불법행위 또는 부당이득의 법리에 의한 권리를 모두 포함하는 집합개념이라고 할 수 있다. 그러나 좁은 의미로는 지적재산을 일정기간 동안 보호하기 위하여 특허법이나 저작권법 또는 상표법 등 성문법에 의해서 부여된 권리, 즉 지적재산을 일정기간 동안 배타적으로 사용・수익・처분할 수 있는 권리를 말한다.[289]

지적재산권은 모든 사람들에 대해서 주장할 수 있는 배타적인 권리라고 하면서, 소유권 등 물권에 유사한 성질을 가진 권리라는 주장이 팽배하다. 그러나 물권에 있어서 사용이라고 하는 것은 물건을 점유함으로써 사용하는 것을 의미하지만, 지적재산권에서의 보호대상은 관념적이고 무형적인 재산이기 때문에 이를 점유한다고 볼 수는 없고, 지적재산권에서의 사용이라는 것은 그러한 무체재산을 토대로 해서 물건을 생산・배포하거나 일정한 행위를 한다는 것을 뜻한다는 점에서 커다란 차이가 있다. 따라서 물건의 경우에는 특정인이 점유하고 있으면 다른 사람이 동시에 동일한 물건을 점유할 수 없는 데 반해서, 지적재산의 사용은 지적재산권자와 다른 사람이 동시에 동일한 지적재산을 지배하고 사용할 수 있다는 점에서 커다란 차이가 있다.[290] 즉 지적재산권은 본질상 기존의 물권과는 차이가 있는 권리이다. 또한 소유권은 존속기간의 제한이 없는 데 반해서, 지적재산권은 원칙적으로 법률

---

288) 지적재산권이라는 용어의 사용에 관해 잠시 언급한다. 특허청은 최근 지식재산권과 지적재산권이 혼재되어 사용됨으로써 국민 혼란이 초래되고 있고, 최근 종래의 산업재산권과 저작권의 보호범주에 포함되지 않는 새로운 형태의 지식 창출물이 출현하고 있으며, 무한경쟁시대에 국민역량을 결집하여 지식재산 강국으로 부상하기 위해 올바른 용어의 통일적 사용이 요구된다고 하며 종래 지적재산권이라는 용어를 지식재산권이라는 용어로 통일하여 사용하자고 제안하였다(특허청, "『知識財産權』용어 통일 필요성", 2005.5. 참조). 역자는 특허청의 이 제안을 긍정적으로 평가하지만 지식재산권이라는 용어가 지적재산권이라는 용어를 완전히 대체할 수 있는지에 대해서는 아직 확답을 내리지 못하였다. 따라서 이 번역문에서는 일단 관행대로 지적재산권이라는 용어를 사용한다.

289) 정상조, 『지적재산권법』(홍문사, 2004), 6면.

290) 정상조, 앞의 책, 6면.

에 정해진 기간 동안만 존속하고 그러한 존속기간이 경과한 후에는 그 보호대상으로 되어 있던 정신적 창작물이 일반공중에게 자유로운 사용의 대상(public domain)[291]이 된다고 통상 설명한다.[292]

요컨대 지적재산권은 기존의 물권과 비슷한 측면이 있는 권리이지만, 사용에 있어 점유를 수반하지 않는다는 측면에서 물권 그 자체와는 본질적으로 다른 구조를 가지고 있다. 또한 그 길고 짧음의 차이는 있더라도 현행법이 인정하고 있는 것처럼 지적재산권에는 기간의 제한이 필연적이라는 점에서 소유권과는 그 본질을 달리하는 것이다.

결론적으로 지적재산권은 본질적으로 소유권과 유사한 권리가 아니다. 지적재산권은 단지 헌법이 보장하는 재산권의 한 유형일 뿐이다.[293] 따라서 지적재산권이 소유권을 닮아 가고 있는 현실이 당연한 것은 아니다. 지적재산권의 내용을 어떻게 채우느냐는 입법형성의 자유영역 안의 문제일 뿐 지적재산권의 본질과는 무관하다.

1. 근대 소유권 사상의 역사적 전개

앞에서 살핀 바와 같이, 지적재산권은 본질적으로 소유권과 유사한 권리가 아니라, 단지 재산권의 한 유형일 뿐이다. 그러나 양보하여 지적재산권이 소유권이거나 이와 거의 유사한 권리라고 가정하더라도 지적재산권이 절대적 권리일 수는 없다.

---

291) 누구든지 자유로이 복사하거나 개작(수정)할 수 있고 어떠한 방법이나 목적으로도 사용할 수 있는 것을 말한다. 원어인 public domain은 저작권이나 기타 재산권을 소유자가 포기(relinquish)하거나 일반 대중에게 기증(donate)하여 누구든지 자유로이 사용할 수 있게 공개되어 있는 상태를 가리키기도 하고, 그러한 상태의 저작물(창작물)을 가리키기도 한다. 인터넷상의 많은 정보, 문서 및 소프트웨어는 공개 저작물이다.

292) 정상조, 앞의 책, 7면.

293) 허 영, 『헌법이론과 헌법』(박영사, 2004), 595면. 허영 교수는 "소유권은 어떤 물건에 대한 절대적인 지배권을 뜻하지만, 헌법상의 재산권은 사적인 유용성과 임의적인 처분 권능이 인정되는 모든 재산가치 있는 모든 사법·공법상의 권리를 뜻한다."고 한다.

그 이유는 소유권이 절대적 권리가 아니기 때문이다. 이에 대해 흔히 오늘날 복지국가 헌법 아래에서 소유권은 상대적 권리라고 하면서, 근대 초기의 이른바 입헌주의 헌법 아래에서의 소유권은 절대적 권리였던 것처럼 주장한다. 여기서는 이러한 주장에 대해 근대 질서를 형성하는 데 결정적 역할을 하였던 사상가들의 소유권 사상을 통해서 검증하고자 한다.

(1) 근대 이전의 경제구조와 소유 관념

소유라는 관념은 생산력의 발전과 이에 따른 잉여물의 창출, 그것의 교환 과정에서 확립된 관념이다. 사람들은 자기가 잡은 물건을 자기 집으로 가져가면서 자기가 속한 공동체의 물건과 다른 공동체의 물건, 자기의 물건 그리고 남의 물건이 있다는 관념이 생겨났으며, 점차 이것이 명료해져 소유 관념을 갖게 되었다.

그러나 오늘날과 같은 소유 관념은 자본주의적 사유재산제도가 정착되면서 성립된 근대적 관념이다.294) 따라서 여기서는 근대의 소유 관념을 중심으로 고찰하되, 근대의 소유 관념을 정확히 이해하기 위한 한도에서 중세의 경제구조와 사상을 살펴보기로 한다.

중세에 들어서면서 봉건제도가 생성됨에 따라 토지의 소유는 봉주소유의 원칙으로 바뀌었다. 즉 봉신들은 수수탁신(授手托身)의 의식(commendatio)과 함께 모든 토지의 소유권을 일단 그 봉주에게 넘겨주었던 것이다.295)

중세 재산권의 기본체계는 다음과 같다. 우선 토지의 소유는 봉주가 한다. 그리

---

294) 재화의 귀속관계의 역사는 인류 역사의 시작과 함께 시작되었다. 따라서 고대의 재산권 역사도 있음은 물론이다. 다만 필자는 이 글에서 근대 헌법사상으로서의 재산권의 역사적 발전을 살펴보는 것으로 글의 목적 달성에 충분하다고 생각하여, 고대의 재산권의 역사를 살피는 것은 생략하고자 한다. 서양 고대의 재산권의 역사에 관해 간략한 것은 이태재, "소유권사상의 변천이 법률제도면에 미친 영향", 서울대학교 「법학」 제9권 제2호, 1967을 참고.

295) 이태재, "소유권론의 역사적 변천", 「법사학연구」 제5권, 1979, 824면.

고 소유권을 가진 봉주와 봉신 간에는 계약이 이루어지고, 이 계약을 통해서 봉신은 봉토에 대한 이용권을 획득한다. 여기서 봉신의 재산권에 대한 침범예상자는 '봉주'와 '농노'라고 할 수 있다.

중세철학의 완성자인 성 토마스 아퀴나스(St. Thomas Aquinas, 1226－1274)는 신만이 절대적인 소유자라고 하였으며, 이에 대한 인간의 소유권은 마치 봉주로부터 봉토의 이용이 허락된 봉신의 권리와 같은 것이라고 하였다. 또한 재화의 소유자는 그 재화를 신의 뜻에 따라 남을 돕고 지상의 복지를 위하여 이용하여야 한다고 하였다.

나아가 그는 사유재산제가 정당화되는 이유를 다음과 같이 제시하였다. 사유재산제는 사회질서의 유지에 필수불가결한 제도로서 사적 소유는 (i) 공동소유보다 그 재화에 대한 관리와 주의를 세심하게 기울이게 하고, (ii) 생산을 최대한으로 높여서 신이 준 재화의 효율성을 높일 수 있고, (iii) 각자의 만족에 의하여 평화가 유지되기 쉽게 해 준다는 이유로 정당화된다. 그러나 그는 재화라는 것은 모든 사회의 이익을 위하여 창조되고 위탁된 것임을 잊어서는 안 된다고 하면서, 사람들은 각각 능력과 지식과 도덕심이 균등하지 아니하므로 재화의 분배도 균등할 수 없다고 하였다. 즉 능력에 따라 그 보수나 타인에게 봉사해야 하는 의무 등이 다르다고 하였다.296)

(2) 근대의 경제구조와 소유 관념

근대의 재산권 제도는 인간의 자유와 평등을 법의 이념으로 하며, 사적 소유의 원칙을 그 근간으로 한다. 근대법이 당면했던 과제는 시민의 자유와 평등을 수호하고 그 침범을 배제하는 것이었으며, 개인의 재산권을 보호하는 것이었다. 여기서

---

296) 아퀴나스의 사상을 간단하면서도 명료하게 설명하고 있는 우리말 문헌으로는 Fredrick Charles Copleston, *Mediaeval Philosophy: Augustine to Scotus,* 박영도 역, 『중세철학사』(서광사, 1988), 391－538면 참조.

근대 재산권 사상은 사적 소유권의 확립과 수호에 그 목표를 두지 않을 수 없었던 것이다. 근대 민법의 원칙 중 하나인 물권법정주의가 그 단적인 예이다.

근대법체계에서 봉건적 물권질서의 임의적 부활을 금지되었으며, 물권의 종류와 내용은 법률로서 정한 것만이 인정되기에 이르렀다. 이로써 봉건적 재산권질서는 청산되고 근대 재산권질서가 확립된다. 그 결과 근대 재산권질서의 침범예상자는 이제 '봉주'에서 '근대 국가'로 변화하게 된다.

근대 초기의 경제구조는 다음과 같다. 사유재산제는 인클로져와 산업혁명을 거치면서 확고해진 자본주의를 기반으로 하여 형성된다. 인클로져는 토지에 관한 중세 공동체적 소유시스템을 무너뜨리고 사유재산제를 창출하였다. 소지주들이 토지를 대지주에게 빼앗기고 도시로 내몰려 상품화된 노동을 팔아 생활한다. 그들은 노동대중을 형성하고 빈부의 격차로 인해 사회계급을 형성한다.[297] 또한 생산수단을 소유한 산업자본가는 노동을 고용하여 상품을 생산하고, 이를 팔아 자본을 축적하게 되면서, 자본의 집중이 이루어지고 대기업이 설립된다. 이러한 대주주, 산업자본가의 소유권의 남용이 사회적 문제로 인식되었고, 법적 측면에서 이러한 현상을 규제하는 것이 사회적 과제가 되었다.

이제 소유권에 관한 법정책은 '소유권의 보장'이라는 관점에서 '소유권남용의 제한'이라는 관점으로 중심이 이동된다. 산업혁명 이후의 근대사회에서는 소유권의 내용에도 큰 변혁이 일어났다. 소유권의 대상인 재화의 중점이 급격히 생산수단과 그 생산수단에 의해 만들어진 상품으로 변화하기 시작하였다.[298]

---

297) 인클로져운동의 결과 빈민들이 넘쳐나게 되었고, 그들의 노동력을 상품화시키기 위해서 "거지가 되기 위해서는 거지면허가 있어야 한다."는 명제로 요약될 수 있는 '피의 법률'이 만들어졌다. 한 가지 예를 들자면, 이 법의 위력은 대단해서 당시 한 보고서에 따르면 헨리 8세 치하에서만 72,000명이 처형당했다고 한다. 강신준, 『자본론의 세계』(풀빛, 2002), 141~144면.

298) '정보재'라는 것도 이러한 상품화 경향을 가지고 있다. '정보의 상품화 경향'에 대하여 자세하게 정치경제학적으로 설명하고 있는 저술로는 강남훈, 『정보혁명의 정치경제학』(문화과학사, 2002), 42면 이하 참조.

그러면 근대 질서를 형성하는 데 결정적인 역할을 하였던 그로티우스, 홉스, 로크, 루소 등은 소유권을 무엇이라고 보았으며, 어떻게 사적 소유권을 정당화하였는지를 이들의 소유권사상을 통하여 고찰하여 보자.

(3) 휴고 그로티우스의 사상: 선점과 동의

이렇게 형성된 근대 사유재산제의 사상적 기반을 제공한 대표적 사상가로 근대 최초의 자연법론자였던 휴고 그로티우스(Hugo Grotius: 1583－1645)를 꼽을 수 있다.

그에 따르면 세계는 원래 신으로부터 물려받은 것으로 공동소유였으나 사회가 발전하면서 인간은 점점 이기적인 존재가 되고 따라서 사회의 존속을 위하여 사적 소유권이 필요하게 된다고 한다.[299] 공동소유가 불가능해지면 개인적으로 분배할 수밖에 없고, 이러한 분배는 먼저 점유하고 있는 사람의 권리를 존중할 수밖에 없다는 것이다. 요컨대 사적 소유권은 '선점'과 '동의'를 통해 정당화된다.[300][301]

그러나 그에 따르면 사적 소유권의 한계는 분명히 있다. '필요권(the right of necessity)'과 '무해사용권' 등에 의한 한계가 그것이다. '필요권'이란 곤경에 처한 자가 타인의 재산을 취할 수 있는 권리를 말한다. 이러한 필요권에 의한 행위 후에는 사후보상이 필요하다.[302] '무해사용권'이란 타인에게 해를 가하지 않는 한 그 소유물을 잠정적으로 이용할 수 있는 권리이다. 이러한 무해사용권은 공공재뿐 아니라 사적 소유물에도 인정된다.[303]

---

299) 원래 세계는 신으로부터 물려받은 것으로 공동소유였다는 그로티우스의 사상은 이러한 세계를 가정하지 않는 그 후의 사상가들과 확연히 다른 것이다. 이러한 대목에서 그로티우스의 중세적 관념을 엿볼 수 있다.

300) Thomas A. Horne, *Property Rights and Poverty－Political Argument in Britain, 1605－1834* (Chapel Hill/London, 1990), 13면 이하.

301) 그로티우스는 선점을 강조한 반면에, 푸펜도르프는 동의를 더 강조한다. Thomas A. Horne, 앞의 책, 13면, 35면, 106면.

302) Thomas A. Horne, 앞의 책, 15면, 36면 이하.

303) Thomas A. Horne, 앞의 책, 15면 이하.

또한 사적 소유권에는 군주의 고권적 행위에 의한 한계도 있다. 예컨대 상거래 특허권의 부여, 임금과 가격통제, 길드, 상속과 혼인의 규제 등을 위한 군주의 행위는 공익적 행위이므로 사적 소유권은 이를 용인하여야 한다고 그는 주장한다.304)

(4) 홉스의 사상: 주권자의 명령

홉스(Thomas Hobbes, 1588－1679)는 사회계약을 통해 구성된 리바이어던(Leviathan), 즉 국가의 명령에서 사적 소유권의 정당성을 찾는다. 그에 따르면 세계는 원천적으로 공동소유이다. 이때에는 선착순의 원리, 즉 '선점'에 따라 소유권이 결정된다. 하지만 그것은 일시적인 것일 뿐 안정적인 것은 아니다. 그에 따르면, 저 유명한 '만인에 대한 만인의 투쟁 상태'가 계속되기 때문에, 타인이 선점한 것이라고 하여도 다시 누구나 선점할 수 있기 때문이다. 인간은 이러한 투쟁과정에서 타인을 죽임으로써 죽음의 위협에서 벗어날 수 있으나, 그것은 일시적인 처방일 뿐이다. 영속적인 대책은 타인을 적에서 친구로 만듦으로 가능하게 된다. 이렇듯 타인을 적에서 친구로 만드는 방법이 사회계약이다.305) 이 사회계약을 통해서 인간은 국가를 구성하고, 국가의 주권자에 의하여 소유권은 안정적으로 인정된다. 이렇게 주권자의 명령이 소유권의 근거가 되므로 자연스럽게 사적 소유권은 주권자의 의지에 양보할 수밖에 없다.

(5) 로크의 사상: 노동의 산물

로크(John Locke, 1632－1704)는 사소유권 창설의 행위를 선점이나 점유가 아니라, '노동'으로 재해석하였다. 단순한 선점이론은 한 사람이 취하는 것을 다른 사람

---

304) Thomas A. Horne, 앞의 책, 17면.

305) 홉스의 사회계약에 관해 자세한 것은 Thomas Hobbes, ed. C. B. Macpherson, *Leviathan* (New York ; Penguin Book, 1968) 17장, 223면 이하; Thomas Hobbes, 한승조 역, 『리바이어던』(삼성출판사, 1982), 254면 이하 참고.

이 취할 수 없는가라는 비판에 적절하게 대답하지 못하기 때문이다.

로크의 자연권이론은 어떠한 사람도 자기 자신의 생명, 자유 및 신체에 대해 배타적 권리를 가지고 있는데, 그가 고유상태에 있는 것에 자신의 노동을 가할 경우 그는 그에 대한 배타적 소유권을 얻을 수 있다는 것을 전제로 한다. 로크에게서 재산권의 발생근거는 자신의 노동에 있다. 그렇다면 노동의 결과를 왜 그가 소유하여야 하는가? 그는 노동의 의무는 신의 명령으로서 존중되어야 한다는 전제 아래 첫째, 노동에 의하여 그의 것이 된 것은 그 자신과 마찬가지로 그의 고유한 것으로서 존중되어야 하며, 둘째, 노동에 의하여 가치가 창조되는데 창조된 가치는 그 노동의 주체에게 귀속하여야 하기 때문이라고 한다.306)

그러나 로크는 단순히 공유물에 사적인 노동을 가하였다는 이유로 사유재산이 정당화되는 것으로 보지 않았다. 로크는 공동체 구성원의 특별한 동의 절차가 없더라도 소유권이 도덕적으로 정당화될 수 있는 근거로서 다음 몇 가지를 제시하였다. 첫째, 로크에게서 사유재산이 도덕적으로 정당한 이유는 노동을 통해 공유물을 개선하였고, 그것을 생활에 있어 최대의 편익이 되도록 하였다는 점을 이야기한다.307) 둘째, 로크는 다른 사람들에게 충분하고 동일한 질로서의 공유물을 남겨 놓았을 때에 재산권이 인정된다는 점을 주장하였다. 왜냐하면 자기 자신의 보존에 대한 권리와 그로 인해 생활필수품을 가질 수 있는 권리를 가지고 있기 때문이다. 만약 충분하고 동일한 질이 남아 있지 않음에도 자기가 배타적 소유권을 주장한다면, 하나님이 노동하는 인간을 위해 하사한 공유물의 취지에 반하게 된다. 자신의 노동으로 인하여 공유물 전체를 사유화하여 타인이 자신의 편익을 위해 노동을 할 수 있는 공유물이 남아 있지 않을 경우에는 나의 소유권이 제한된다. 이를 '충분성의 조건(enough and as good condition)'이라고 한다. 셋째, 로크는 노동을 한 자가 공유물의 가치를 증대시켰다고 하여도 필요 이상으로 수확을 하여 부패하게 한다면

---

306) John Locke & John Stuart Mill , 이극찬 역, 『통치론/자유론』, (삼성출판사, 1994) 제5장 27·32·40절; 50·53·60면.

307) John Locke & John Stuart Mill, 이극찬 역, 앞의 책, 50면.

배타적 재산권을 인정할 수 없다는 점을 제시한다.[308] 이는 다시 말하면, '비부패성의 조건(non－spoilage condition)'이라고 할 수 있다.

(6) 루소의 사상: 선점과 법률

루소에 따르면 자연상태에서 인간은 자유롭고 평등하게 태어난 선한 존재이지만, 사회 환경과 문명에 의하여 타락하게 된다. 개인은 이 자연상태에서 '자연적 자유'를 통해 자기를 보존하며, 이러한 의미에서 자연상태는 법의 지배가 아닌 힘의 지배의 상태이다.[309] 이 자연상태에서 사적 소유권은 힘에 의한 선점에 의해 달성된다. 자연상태에서 개인에게 주어진 자연권은 충돌하게 되고, 이에 따라 각 개인의 자기보존은 미흡한 상태가 된다. 따라서 인간은 협력의 필요성이 생긴다. 그리하여 공동의 힘을 합하여 생명과 재산을 보호하는 협력체를 조직하는 사회계약을 통해 국가를 설립한다.[310] 이렇게 설립된 국가는 일반의지(la volonté générale)에 따라 입법권을 행사하여 법률을 제정한다. 이제 사적 소유권은 힘에 의한 선점이 아니라 법률에 의해 보장되는 것이다. 법률에 의해 보장되는 사적 소유권시스템은 절대적 평등을 달성할 수 없지만, 국가가 부의 남용을 막아 빈부의 격차가 심하지 않도록 제도화하여야 하는 동시에 공익에 맞도록 그 소유권을 제한한다.[311]

---

308) John Locke & John Stuart Mill, 이극찬 역, 앞의 책, 31・37・38절; 52・57・58면 참조.

309) 심재우, "Rousseau의 법철학", 「법률행정논집」 제19호, 고려대학교 법률행정연구소, 1981, 3－4면.

310) Jean Jacques Rousseau, *Du Contrat Social*, (OEuvres Complètes Ⅲ, Paris: Garrimard, 1964); Jean Jacques Rousseau, 정성환 역, 『사회계약론』(홍신문화사, 1994), 제1편 제8장 참고.

311) Jean Jacques Rousseau, 정성환 역, 앞의 책, 제2편 제4장 참고.

2. 근대 헌법상 소유권 규정의 분석

구체제의 사망문서이자 근대의 시작이라는 상징적인 의미를 가지고 있는 1789년 프랑스인권선언은 제17조에서 "신성불가침의 권리인 소유권은, 합법적으로 확인된 공공필요성에 따라 사전에 정당한 보상조건 아래에서 명백히 요구하는 경우가 아니면, 어느 누구도 박탈당할 수 없다."고 규정하고 있다.312)

여기에서 우리는 주의할 것이 있다. 국가로부터 소유권을 보호받기 위해서 '소유권의 신성 불가침성'을 강조하면서도, '공공필요성'에 따라 소유권을 제한할 수 있다는 소유권의 유보조항을 두었다는 점이다. 이 소유권의 유보조항은 근대 이후의 많은 헌법에서도 찾아볼 수 있는 조항이다. 여기서 우리는 근대의 소유권이 우리가 일반적으로 알고 있는 것처럼 소유권이 절대로 제한될 수 없는 권리가 아니라는 사실을 알 수 있다.

그렇다면 '소유권의 신성불가침성'의 의미는 어떻게 보아야 하는가? 이 말은 당시의 시대적 배경을 고려하여 이해하여야 할 것이다.313) 즉 봉주와 절대군주에 의하여 유린당해 온 시민의 소유권의 보호를 목표로 삼은 근대법은 소유권을 신성불가침적이라고 과장하여 표현한 것이지, 그 실체는 진정으로 신성불가침한 것이 아니었고, 공공필요성에 따라 제한될 수 있는 권리였던 것이다.314)

정리해 보자면, 근대 초기의 소유권 사상과 이에 기초하여 만들어진 근대 초기의 이른바 입헌주의 헌법은 이미 그 안에서 소유권의 제한을 예정하고 있었다. 근대 초기의 소유권도 일부에서 주장하는 것처럼 절대로 제한할 수 없는 권리가 아니었다. 따라서 오늘날 복지국가 헌법 아래에서 소유권은 상대적 권리라고 하면서, 근대 초기의 이른바 입헌주의 헌법 아래에서의 소유권은 절대적 권리라는 주장은 설

---

312) 원문은 성낙인, 『헌법학』(법문사, 1995), 940면 참고.

313) 이태재, "소유권론의 역사적 변천", 「법사학연구」 제5권, 1979, 52면.

314) 이태재 교수는 이에 더해 "오늘의 학자들은 근대에서만큼 '절대'니 '신성'이니 '불가침'이니 하는 표현이 남용된 때가 없었다고 하고 있다."고 서술하였다.

득력이 없는 주장이다. 이것은 아마도 자본주의가 발전하고 계층 간 경제적 이해의 대립이 첨예해지면서, 어느 한편에서 자신들의 주장을 정당화하기 위하여 만든 신화(myth)315)가 아닐까 짐작한다.

3. 우리 헌법상 재산권 규정의 해석

이렇게 근대의 소유권 사상 및 이에 기초하여 만들어진 근대 헌법상의 소유권 규정을 통해서 갖게 된 근대 소유권에 관한 이해를 바탕으로, 우리 헌법상 재산권에 관한 규정을 보면 그 뜻이 보다 분명해진다.

우리 현행 헌법은 재산권에 관한 기본규정으로 제23조를 두고 있다. 모든 국민의 재산권은 보장된다. 그 내용과 한계는 법률로 정한다(제1항). 재산권의 행사는 공공복리에 적합하여야 한다(제2항). 공공필요에 의한 재산권의 수용·사용 또는 제한 및 그에 대한 보상은 법률로써 하되, 정당한 보상을 지급하여야 한다(제3항).

이러한 재산권규정은 통상의 기본권과 다른 구조적 차이가 있다. 일반적으로 기본권의 내용을 해석 및 구체화할 필요가 있기는 하지만, 기본적으로는 '헌법에 의하여 결정'된다. 그리고 헌법이 허용하는 범위 안에서 입법권에 의해 제한되는 구조를 채택하고 있다. 그런데 재산권의 경우에는 그 내용 자체가 '법률에 의하여 형성'된다: 기본권 형성적 법률유보(Ausgestaltungsvorbehalte der Grundrechte).316)317) 다른 기본권이 보호하는 대상, 즉 생명·신체·자유 등과는 달리 재산권의 보호대상인 재산은 시장질서 등 사회적 기제를 통해 형성되며, 그만큼 사회적 관련성이 강하다는 점을 고려한 것이다.318) 그 결과 재산권을 행사할 때 다른 기본권과는 달리 기

---

315) 여기서 신화란 '신에 대한 이야기'라는 의미가 아니라, '만듦, 허구'의 의미이다.

316) 기본권 형성적 법률유보란 기본권의 법률유보가 '제한형식'으로서의 법률을 염두에 둔 것이 아니고, 기본권의 '실현형식'으로서의 법률을 염두에 둔 개념형식을 말한다. 이에 관하여 자세한 것은 허영, 앞의 책, 430면 이하 참고.

317) 전광석, 앞의 책, 272－273면.

본권 주체에게 공공복리에 적합하게 행사할 의무를 부과하고 있다.[319]

　요컨대 우리 헌법은 재산권이 제한가능한 상대적 권리라는 것은 당연한 전제로
하고, 나아가 그 보호대상인 재산권에 대한 사회적 기속성(Sozialbindung des
Eigentums)을 강하게 인정하고 있는 것이다: 사회적 기속성이라는 헌법적 한계.

　그 밖의 재산권 관련 헌법규정 중 지적재산권 논의와 직접적인 관련이 있는 헌
법 제22조 제2항은 저작자·발명가·과학기술자·예술가의 권리를 법률로써 보호
한다고 규정하고 있다. 이 규정도 제23조와 동일한 규정형식을 취하고 있고, 제23
조 규정의 취지를 고려하여 이 규정과 조화롭게 이해하여야지, 이 규정을 독자적
규정으로 이해하여 이를 근거로 마치 지적재산권 강화만이 우리 헌법의 정신이라
는 이해는 천박한 것이다.

　위에서 예시한 창작자들은 자신의 작품으로부터 나오는 경제상의 이익을 주장할
수 있을 뿐 아니라, 이를 현실적으로 거두어들일 수 있는 권리를 가진다. 하지만
재산권의 사회적 기속성 때문에 지적재산권에서 나오는 경제적 이익의 주장도 일
정한 한계가 있음을 주의해야 한다.[320]

제3절 사이버 공간에서의 지적재산권 강화 흐름 분석

1. 지적재산권 규정(규범적 코드)의 상황

　위에서 언급한 규범적 코드의 유형 중 하나인 저작권법의 경우 외형적·형식적
으로는 저작권과 이용 양자의 균형을 유지하고 있는 듯이 보인다. 구체적으로 저작

---

318) 전광석, 앞의 책, 273면.

319) 허　영, 앞의 책, 597면 참고.

320) 허　영, 앞의 책, 603면 참조.

권법은 창작에 대한 동기부여를 위하여 저작권자에게 배타적이고 독점적인 권리를 부여하는 대신, 일정한 존속기간 내에서(기간의 제한), 사실과 아이디어를 제외한 창작성이 있는 표현에 한하여(대상의 제한), 저작권을 보호하고, 일정한 경우에는 사회적인 무상이용을 할 수 있도록 그 권리를 제한함으로써(공정이용) 정보의 보호와 이용 사이의 균형을 유지하고 있다.[321]

그러나 "오늘날의 자본에게 불법복제, 불법사용의 위험은 지난날의 파업의 위협을 대신하는 것이다."[322]는 말은 인터넷 환경으로 인한 저작권의 위기를 단적으로 표현하고 있다. 정보화 사회[323]에서는 거대한 네트워크를 통해 정보라는 것이 무한대로 유통될 수 있는 환경이 되었고, 이는 저작권법의 기본적인 통제방식을 위협하는 심각한 위기를 불러왔다. 이러한 상황은 저작권자 중심의 지적재산권 보호 강화 경향을 전 세계적으로 형성해 왔다고 할 수 있다.

이러한 경향 아래, 2000년 개정을 통하여 저작권법에 전송권이 규정되기도 했다. 저작권법에 전송권이 신설된 것은 복제규제 중심으로 규정된 저작권법 자체가 이용규제 중심으로 전환되는 중요한 변화였다는 평가를 받는다. 2003년 개정된 저작권법은 창작성이 없는 데이터베이스를 보호하도록 하였으며, 저작권 등의 침해를 방지하기 위한 기술적보호조치의 무력화를 주목적으로 하는 기술·서비스·장치 등이나 그 주요부품을 제공·제조·수입·양도·대여·전송하는 행위를 저작권 등의 침해행위로 의제하였다. 또한 저작권 등의 권리의 침해 유발 또는 은닉한다는 사실을 알거나 과실로 알지 못하면서 전자적 형태의 권리정보를 제거·변경하는 행위 등을 저작권 침해행위로 규정하였다. 이러한 현상은 미국의 압력이나 국제조

---

321) 성지용, "지적재산권의 계약에 의한 보호와 그 통제", 「CLIS Monthly」 2003 − 10호, 정보통신정책연구원, 2003, 2면.

322) 조정환, 『지구제국』(갈무리, 2002), 159면.

323) 일반적으로 '정보사회'라는 용어는 산업사회와 대등한 수준에서 산업사회 이후의 현재의 사회를 지칭하는 것으로 사용하는 경향이 있다. 그러나 필자들은 현재의 이른바 정보사회를 산업사회와 대등한 수준에서 파악할 수 없으며, 산업사회의 연장이라고 생각한다. 따라서 이러한 의미를 담는 용어로 '정보화 사회'라는 용어를 사용하고자 한다.

약에 따른 강제적인 요인도 있지만, 저작권에 관한 정책적 논의가 권리자 중심으로 한 이해관계자들 사이의 협상에 의해 주로 해결되어, 일반 공중의 문제를 거의 다루지 않았다는 데 기인한다.[324]

2004년에는 저작권법, 특허법, 의장법, 온라인디지털콘텐츠산업발전법, 컴퓨터프로그램보호법에서 권리침해죄의 친고죄 조항을 삭제하는 개정 법률안이 제출되기도 하였고, 같은 해 9월 23일에는 국회 본회의를 통해 사전 허가 없이 음악을 인터넷에서 무단 전송하는 행위 금지를 골자로 한 저작권법 개정안이 통과되기도 하였다. 이는 저작권인접권자에게 음원에 대한 '전송권'을 부여함으로써 음원 이용에 대한 권리를 명확히 하는 것을 골자로 하는 것이었다.[325]

또한 2006년 12월 1일 「저작권법」 전면 개정안이 국회 본회의를 통과하여, 2007년 6월 29일부터 시행되고 있다. 이러한 전면개정은 1957년 법 제정 이래 잦은 개정으로 흐트러진 법체계를 바로잡고, 디지털 기술의 발달, 방송통신 융합 등에 따라 새롭게 등장한 저작물 이용형태에 대한 규제 규범을 마련하고, 이와 더불어 WIPO실연음반조약 등 국제조약 가입을 위해 저작인접권에 대한 보호를 강화하는 데 그 목적을 두고 있는 것이었다. 이러한 전면개정안은 인터넷상의 광범위한 저작권 침해를 방지하기 위해, P2P 등 특수한 유형의 온라인서비스제공자에 대해 기술적 조치 등의 의무화, 불법복제물 수거·폐기 및 삭제명령권 도입, 영리·상습적인 저작권 침해에 대한 비친고죄 확대 적용을 규정하고 있으며, 이와 더불어 저작권 인증 및 기증제도 도입, 권리관리정보 및 기술적 보호조치 등과 관련한 정책 수립 등을 통한 저작물 이용 활성화 및 문화산업 발전 도모 등도 규정하고 있다.

그러나 이러한 저작권 관련 법안에 의한 정보권리자 보호 또한 네트워크 공간에서는 한계를 지닐 수밖에 없어, 지적재산권법영역을 넘어서는 새로운 정보보호 방

---

324) 정찬모 외 4인, 『디지털 저작물과 이용자의 권리』(정보통신정책연구원, 2003), 32~33면.
325) 이러한 개정법률 제안이유는, 실연자 및 음반제작자에게 그의 실연 및 음반에 대한 전송권을 부여함으로써 인터넷 등을 활용한 실연 및 음반의 이용에 대한 권리를 명확히 하려는 것이다.

법을 다각도로 모색하게 되었는데, 그 대표적인 것이 '컴퓨터 기술에 의한 보호'와 '계약에 의한 보호'이다.326) 컴퓨터 기술에 의한 보호라는 것은 주로 '기술적 보호조치'로 알려진 방법을 이용하는 것이고, '계약에 의한 보호'라는 것은 지적재산권법의 보호와는 달리 당사자 간의 계약에 의하여 그 보호와 통제를 강화하는 경향이다. 이는 위에서 언급한 규범적 코드와 기술적 코드가 복합적으로 결합된 현상이라고 볼 수 있다. 다음에서는 이를 중심으로 살펴보도록 하겠다.

2. 규범적 코드와 기술적 코드의 결합: 기술적 보호조치에 의한 지적재산권 보호와 그 통제

기술적 보호조치는, 이를 우회하는 행위를 금지하는 법제화에 의해 뒷받침되고 있는 실정이며, 이는 정보통신 기술에 있어 선진국이라고 할 수 있는 미국의 영향력에 의해 크게 좌우되고 있다.327) 특히 1998년 10월 미국 정부는 저작권자에게 강력한 권한을 주는 「디지털밀레니엄저작권법(DMCA)」를 제정하였는데, 이는 저작권법에 의해 허가된 행위가 필요할 경우, 접근통제와는 달리 사용통제의 우회를 금지하고 있지는 않지만, 동법은 사용통제를 우회하기 위한 도구의 제작과 배포를 금지함으로써 동일한 효과를 결과적으로 달성하고 있다. 내셔널 리서치 카운슬은 DMCA에 대하여 동법의 기술적 보호조치 우회 금지조항이 콘텐츠 소유자에게 기존의 권리에 덧붙여 '접근통제권'이라는 새로운 재산권을 부여하고 있다고 분석하고 있다.328)

우리나라에서도 2001년 7월 17일 컴퓨터프로그램보호법 개정을 통하여, 기술적 보호조치에 대해 규정하기 시작했으며, 2003년 5월 27일에는 저작권법에서도 기술

---

326) Paul Goldstein, "Copyright and Its Substitues", *Wis. Law. Rev.*(1997), 865면.

327) 신동룡, "저작권 확대 담론과 기술적 보호조치의 문제점에 관한 법철학적 연구", 프로그램심의위원회 주최 제1회 IT 지적재산권 우수논문 (2003), 3면.

328) 내셔널 리서치 카운슬, 임원석 역, 『디지털 딜레마』(한울아카데미, 2001), 425면.

적 보호조치의 우회를 금지하는 규정을 두게 되었다. 아직까지 우리나라에서는 기술적 보호조치와 관련된 구체적인 사례는 없지만, 앞으로 미국과 같이 기술적 보호조치 우회 또는 무력화 사례가 계속해서 나타날 수 있으며, 또한 미국과의 통상교섭에 있어서도 기술적 보호조치 우회금지에 대한 예외범위의 문제가 끊임없이 제기될 것이다.329)

(1) 기술적 보호조치의 필요성

규범적 코드가 존재하지 않더라도 통제를 가능하게 해 주는 기술적 보호조치의 필요성에 대한 근거들은 여러 가지로 제기되고 있는데, 그 주요한 것들을 정리하면 다음과 같다: (ⅰ) 창작의 인센티브를 제공한다. (ⅱ) 디지털 환경하에서는 과거처럼 물리적인 복제만을 제한해서는 그 보호가 불가능하다. 따라서 접근에 대한 통제가 필요하다. (ⅲ) 창작의 인센티브를 제공하여, 궁극적으로는 소비자에게 더 유리하게 작용할 가능성도 있다. (ⅳ) 기술적 보호조치는 저작권자들에게 저작물 및 이에 대한 사용을 합리적이고 효율적으로 관리할 수 있는 유용한 장치가 될 수 있다.

(2) 기술적 보호조치의 문제점

기술적 보호조치의 우회를 금지함으로써 결국 저작권자에게 접근통제권을 부여하자는 주장은 다음과 같은 몇 가지 이유에서 저작물에 대한 공공의 접근 및 자유로운 표현을 위한 커뮤니케이션을 부당하게 제한하고 있다. 이것은 정보의 공공적 표현물로서의 특징이 간과되고 있는 것이다.330) (ⅰ) 기술적 보호조치라는 것이 정보의 접근·이용을 위한 게이트웨이로서의 역할을 함으로써 우리의 삶의 모습을 타율적으로 변모시킴과 동시에 궁극적으로 자유로운 표현과 커뮤니케이션을 위한 기본적인 전제조건들을 형해화시킬 수 있다.331) (ⅱ) 퍼블릭 도메인의 사유화가능

---

329) 신동룡, 앞의 글, 5면.
330) 신동룡, 앞의 글, 8면.

성332)이 제기된다. (iii) '잠재적 작가로서의 독자'와 '작가' 사이의 생산적인 커뮤니케이션을 억제할 우려가 있다.333)

(3) 소결

이상에서 볼 수 있듯이, 기술적보호조치의 지적재산권법상의 규제방법은 그 필요성에도 불구하고, 많은 문제점들을 지니고 있다. 기술적 보호조치의 우회를 금지하는 접근통제권을 저작권자에게 부여함으로써, 이는 사실상 저작물의 '이용'까지도 제한할 수 있도록 저작권이 확대되고 있는 것이다. 다시 말하자면, 기술적 코드와 규범적 코드가 결합하여 지적재산권에 대한 통제를 강화시키는 현상을 극명하게 드러내 준다.

3. 규범적 코드를 넘어선 사적 영역에서의 외연확장: 지적재산권 계약에 의한 보호와 그 통제

정보의 계약법적인 보호에 관한 대표적인 입법으로는 통일컴퓨터정보거래법(Uniform Computer Information Transaction Act; UCITA) 등을 들 수 있다. 정보권리자의 정보에 대한 권리, 즉 지적재산권은 저작권법을 비롯한 지적재산권법에 의하여 보호를 받게 되지만, 그 권리의 행사는 정보이용자에 대한 정보의 제공과 그로 인한 이익 창출(정보의 생산·공급에 대한 경제적 보상)의 형태로 나타난다.

---

331) 이용자 실체 파악 등을 통한 프라이버시 침해, 표준 독점으로 인한 문화 콘텐츠 생산의 제한 등.

332) 저작권법상 보호기간이 종료되어도 저작권자의 통제 가능성 및 이미 퍼블릭 도메인에 속하고 있던 것에 대해서도 통제할 수 있는 가능성 등.

333) 이로 인하여 기술발전에 저해가 될 수도 있으며, 가장 문제되는 것은 일반인의 커뮤니케이션을 제한함과 동시에 이용자를 커뮤니케이션의 주체가 아닌 단순한 소비자로 전락시킬 우려가 있다.

이는 결국 정보권리자와 정보이용자 사이의 정보이용을 위한 계약(정보계약)에 의해 이루어진다. 따라서 지적재산권계약은 지적재산권의 구체화 수단이라는 측면에서 지적재산권과는 불가분의 관계에 있다고 할 수 있다.334)

(1) 종래의 정보계약과 과잉정보계약

종래의 정보계약은 주로 법률에 의해서 보호되는 지적재산권의 외연 내에서 그 권리를 구체적으로 실행하는 수단으로 사용되어 왔으므로 계약과 지적재산권의 충돌 문제는 생기지 않았다. 그러나 최근 기존의 지적재산권의 보호범위를 벗어나는 정보나 정보기술의 발달로 새로이 나타난 정보335)에 관한 이용계약을 체결하거나 또는 지적재산권법에 의하여 일반 정보 이용자들에게 그 정당한 이용이 보장됨에도 불구하고 그 이용을 제한하는 내용의 정보계약이 체결되는 경우가 많아지게 되었다. 이 글에서는 이러한 정보계약을 편의상 '과잉정보계약'이라고 부르기로 한다.336)

이러한 과잉정보계약은 기존의 지적재산권의 영역을 넘어서 정보권리자의 정보에 대한 권리를 과다하게 제한함으로써 지적재산권법 체계가 그동안 형식적으로 유지해 온 정보의 보호 및 정당한 이용 사이의 정교한 균형을 무너뜨릴 수 있다는 점337)에서 계약과 지적재산권의 충돌, 계약에 의한 지적재산권의 공동화 등 문제가 심각하게 대두되게 되었다. 이에 따라 과잉정보계약의 유효성과 한계 등에 대한 논란과 함께 그 통제의 필요성이 제기된다.

---

334) 성지용, 앞의 글, 3~4면; 오픈 소프트웨어 운동의 선두주자인 리차드 스톨만은 2000년 6월 18일 연세대 강연에서, 소프트웨어 특허의 문제점에 대해 이야기하면서, 라이센스 계약의 현실적 중요성에 대해 언급한 바 있다.

335) 정보의 편집물 또는 데이터베이스가 저작권법상의 창작성의 요건을 갖추지 못하여 저작물로 보호되지 못하는 경우 등을 들 수 있다.

336) 성지용, 앞의 글, 4면.

337) 성지용, 앞의 글, 5면.

(2) 정형계약의 등장 – ShrinkWrap & ClickWrap

인터넷의 등장으로 정보거래의 규모가 커지고, 일반시장에서의 거래가 일상화되면서 정보권리자는 수많은 정보이용자와 사이에 개별적으로 계약조건을 구체적으로 협상하여 정보계약을 체결하는 것이 불가능하게 되자, ShrinkWrap 또는 ClickWrap 등 형태로 정보의 이용제한 조건을 정보이용자에게 제시하는 정형계약이 나타나게 되었다.338) 이러한 정형계약의 등장은 위에서 언급한 기술적 보호조치 등과 결합하여 가공할 만한 위력을 발휘하게 된다. 기술에 의하여 정보이용에 대한 감시·통제가 수월하게 되었고, 그 감시 통제를 기반으로 정보계약 위반이 있을 시 정보이용을 일방적으로 중단시키거나 정보계약을 강제로 종료시키는 전자적 자력구제도 가능하게 하는 등 정보에 대하여 현실적이고도 강력한 지배 및 통제가 가능하게 되었다.

(3) 미국에서의 ShrinkWrap License

미국에서의 ShrinkWrap License의 유효성은 거래종료 후에 이용자가 정보이용과정에서 비로소 알게 된 조건('money now, terms later')은 전통적인 법리에 따라 부정되는 추세였다.339) 그러나 1996년 Procd v. Zeidenberg사건에서 제7순회항소법원이 ShrinkWrap License의 유효성을 부정한 지방법원의 판결을 파기하고 그 효력을 인정한 이후, 줄곧 그 효력을 인정하고 있고, 더욱이 ShrinkWrap License가 아닌 경우까지도 유추적용을 통하여 그 유효성이 확대되는 경향을 보이고 있다.340) 이에 대하여는 당사자 사이의 협상이 종료되는 순간에 계약이 완성됨을 전제로 하

---

338) 예컨대, 디지털 정보가 포함되어 있는 CD – ROM을 구입한 정보 이용자는 실질적으로 정보권리자가 제공한 이용제한 조건을 제대로 읽지 않았다고 하더라도 반품을 하지 않고 플라스틱 랩을 개봉하여 제품을 사용하거나 컴퓨터 화면의 동의 버튼을 클릭하고 컴퓨터 소프트웨어를 설치하여 그대로 사용하는 행위를 한 것으로써 제시된 이용조건에 동의하는 것으로 간주된다.

339) Step – Saver Data System, Ins. v. Wyse Technology 등.

340) 성지용, 앞의 글, 6면.

여 청약과 승낙으로 계약이 성립되는 것으로 보는 전통적인 보통법상의 계약법리에 어긋난다는 등 이유로 비판이 제기되고 있다.341)

이러한 ShrinkWrap License의 유효성인정은 UCITA에 법제화되기에 이르렀다. UCITA는 기본적으로 정보이용자에게 (ⅰ) 검토의 기회(opportunity to review)가 주어지고, (ⅱ) 동의의 표시(manifest assent)가 있으며, (ⅲ) 제시된 정보이용조건에 동의하지 않은 경우 제품의 반환 및 대금반환의 권리(right to refund)가 주어지는 것을 전제로 일반시장거래에 있어서의 ShrinkWrap License의 효력을 정면으로 인정하였다.

(4) 지적재산권 계약에 의한 보호와 그 통제의 문제점

위 UCITA의 규정들에 대해 평가해 보면, 거래가 종료된 후에 제시된 정보이용조건에 동의하지 않아 그 구속으로부터 벗어나려는 정보이용자에게 구입한 제품을 구입 당시의 현상 그대로 반환해야 할 법적 부담을 증대시키는 역할을 하게 되어 제품반환의 현실을 고려하자면, 정보이용자는 정보이용의 조건을 거부하는 것이 사실상 불가능하다는 강력한 비판이 제기될 수 있을 것이다.

또한 지적재산권법에 의하여 제한된 범위 내에서 보호되는 정보권리자의 정보에 관한 권리를 계약으로 확대하는 경향이 존재하는데,342) 이는 지적재산권법이 보장해야 하는 정보이용자의권리 또는 정보의 자유로운 이용에 관한 공공의 이익을 침해하는 문제와 결부되므로 지적재산권의 공공성에 비추어 제한적으로 그 유효성이 인정되어야 할 것이다.343)

---

341) 성지용, 앞의 글, 6면.

342) 성지용, 앞의 글, 8면.

343) 이러한 문제점에 대해서는 정보이용자에 대하여 백업카피의 작성 및 호환성확보 목적의 리버스엔지니어링 등 권리가 허용됨을 적극적으로 규정하면서, 이에 반하는 어떠한 내용의 계약조항도 효력이 없음을 규정하고 있는 EU 컴퓨터프로그램 지침과 이와 유사한 취지의 입법을 하고 있는 EU 데이터베이스 지침을 참고하면 좋겠다.

(5) 소결

이상에서 지적재산권 계약에 의한 보호와 그 통제에 대하여 살펴보았다. 위 내용에서도 볼 수 있듯이 이러한 계약에 의한 통제 그 스스로도 저작권자의 권리 위주의 보호에 충실한 면이 있지만, 이것이 기술적 보호조치와 결합되었을 때, 그 보호의 과잉이라는 측면을 충분히 느낄 수 있다.

저작권자의 권리보호라는 측면이 강조되면서, 독자(이용자) 중심의 공공성의 측면에 대한 고려는 찾아보기 힘들다.344) 이는 특히 미국법률가협회(The America Law Institute)가 1997년 5월 총회에서 채택했던 바 있으며, 일반시장거래에서 저작권법에 저촉되는 조건은 계약의 내용으로 할 수 없거나 강제될 수 없다는 등의 취지가 UCITA법안 초안에 반영될 것을 요구하는 내용인 이른바 '맥마니스 제안(McManis Motion)'이 사실상 거절된 것을 보면 잘 알 수 있다.345)

4. 지적재산권 강화 흐름의 평가

이상에서 살펴본 바와 같이 현재의 지적재산권 논의는 저작권자의 권리 강화라는 면에 초점을 맞추고 있다. 이러한 경향은 사이버 공간의 핵심적 규제방법인 규범적·기술적 코드 양 측면에서 지적재산권자와 이용자 간의 균형을 완전히 상실한 모습으로 전개되고 있다.

---

344) 최근 미국에서도 이러한 관점에서의 접근이 부각되고 있다. 예를 들면, Joseph p. Liu, Copyright Law's Theory of the Consumer, 44 *B. C. L. Rev.* 397, 2003.; Joseph P. Liu 교수는 이 논문에서 단순한 이용자(User)로서의 독자가 아니라, 소비자(Consumer)로서의 독자를 언급하면서, 과거의 소극적인 지위의 소비자의 개념에서 벗어나, 작가로서의 소비자(The Consumer as Author)와 능동적인 소비자로서의 소비자(The Consumer as Active Consumer)를 이야기하고 있다. 그러면서 현재 미국의 지적재산권법에 관한 논의를 고찰하고, 그 논의에 이러한 소비자에 대한 관점이 누락되어 있다고 주장하고, 그러한 관점이 지적재산권법을 분석하는 데 이용되기를 희망한다고 결론을 맺고 있다.

345) Joel Rothestein Wolfson, "Contract and Copyright Are not at War: A Reply to The Metamorphosis of Contract into Expand", 87 *Calif. L. Rev.*79. 참조.

다시 말하자면, '규범적 코드'라 할 수 있는 저작권 등 지적재산권과 관련된 법규들은 오로지 지적재산권자들의 권리 강화라는 측면에 집중되어 개정되고 있으며, '기술적 코드'는 좀더 통제가 용이한 형태로 변화되며, 이에 더하여 규범적 코드는 이러한 것을 저해하는 시도조차 통제하는 실정이다.

다른 측면으로는 이러한 통제의 규범적 코드를 넘어서 '사적 영역에서의 개인 간의 계약'으로 그 보호를 강화시키는 경우가 발생하고 있으며, 이는 지적재산권이라는 재산권의 사회적 기속성이라는 측면은 도외시된 상태로 진행되고 있다. 물론 우리의 저작권법에는 공정이용과 같은 이용자들과의 형평을 고려한 규정들을 가지고 있지만, 이러한 것들에 대한 고려는 제대로 이루어지지 않는 실정이다.

이러한 상황은 기존의 자본주의적 사회 시스템이 안고 있던 문제점을 그대로 사이버 공간에 옮겨 놓음과 동시에, 더욱 폐쇄적이고 통제적인 의사소통의 세상을 만들고 있다.346)

그러나 이러한 상황을 전제로 무작정 모든 정보의 공유만을 주장하는 것은 기존에 유지해 오던 사회적 시스템의 근간을 붕괴시키는 행위이다. 현실에서의 정보공유운동이라는 것도 실상 모든 정보의 공유를 주장하는 경우는 거의 없다. 그렇다면 우리에게 중요한 것은 이러한 지적재산권 강화의 움직임을 어떻게 저지하여, 그것이 초래하는 문제점들을 극복할 것이며, 창작들에게 어떻게 보상해 줄 것인가 하는 점이다. 이것은 정보화 사회가 우리에게 제기하는 또 다른 문제인 것이다.347)

결국 정보화 사회에 들어와 우리는 통제냐, 자유냐라는 선택의 기로에 놓여 있지만, 그러한 공동체적 선택권을 행사해 보지도 못하였다. 그것은 우리 모두의 선택권이 아닌 자본과 권력의 선택권이 되어 버렸다.

---

346) 이러한 폐쇄적·통제적 의사소통 시스템에 대한 자세한 설명으로는 Lawrence Lessig, 정필운 · 심우민 역, 앞의 글, 303~312면.

347) James Boyle, "A Manifesto on WIPO and the Future of Intellectual Property", *DUKE LAW & TECHNOLOGY REVIEW* No.9, (2004), 교수는 이와 같은 강화경향 속에 있는 "지적재산 시스템이 예정된 것처럼 작동하고 있는 경우에도, 그것은 긴박한 인간적인 문제는 풀지 못할 것이"라고 주장한다.

저작권법은 수많은 이의의 제기에도 불구하고 점점 더 강화되어 가고 있다. 작년 12월 1일 본회의를 통과하고, 올해 2007년 6월 29일부터 적용되고 있는 개정 저작권법 또한 그러한 상황을 벗어나지 못하고 있다. 인터넷 공간이라는 것이 그 자체로 자유로워야 한다는 것은 이제 몽상적 혁명가들의 구호로 전락해 버렸다. 그러나 이러한 '자유'에 대한 열망이 네트워크를 이용하고 있는 우리들에게 감성적인 설득력을 부여해 주는 이유는 무엇일까?

초기의 사이버 공간의 운동가들은 인터넷이 자유로워야 한다는 이상향을 가지고 있었으며, 이러한 사이버 공간에 대한 어떠한 규제도 관료주의적이며 근대적인 규제로 취급되었다. 그러나 시간이 점차 흐르면서 국가 및 (자본) 권력은 새로이 창출된 공간을 오프라인과 마찬가지로 이윤을 얻기 위한 수단으로 활용하기 시작하였으며, 이를 위하여 '법'과 '기술'을 통한 울타리를 치기(배타성 확보)를 시작하였다. 여기서 말하는 법이라는 것은 네트워크상의 저작권을 규율할 수 있는 '저작권법'을 비롯한 지적재산권에 관하여 규율하고 있는 법을 의미하고, 기술이라는 것은 그러한 법을 뒷받침해 주고, 더 나아가서는 법의 도움 없이도 배타성을 획득하게 해 줄 수 있는 '기술적 보호조치' 등을 의미한다. 이는 서구의 근대 초기 '인클로저 운동'에 비유될 수 있을 것이다.

근대 이후 재산권 관련법이라는 것은 배타적인 권리를 중심으로 형성이 되어 왔다. 이용을 원활하게 하는 것은 이와 상반되게 배타적인 권리를 설정받은 자의 이익을 침범하는 것이었다. 상황이 이러하다 보니 그 배타성을 어느 정도의 범위로 설정하여, 재화의 이용이라는 것과 조화를 이룰 수 있도록 할 것인가가 항상 문제되어 왔다. 이는 전 세계적으로 사상적인 분화를 불러왔으며, 이것이 바로 자본주의와 공산주의의 너무나도 오랫동안 지속되어 왔던 대립이다. 그러나 이것은 배타적인 권리 설정이 가능한 유체물들이 모든 재화의 중심을 이루던 시절의 이야기이다.(물론 아직도 상당부분은 이러한 가정하에 논란이 지속된다고 할 수 있다.)

상황은 바뀌었다. 유체물의 속성에 기반을 둔 재산권 관련 법들이 적용되기 힘든 영역이 생겨났으니, 그것이 바로 사이버 커뮤니케이션 공간이다. 말 그대로 커뮤니케이션(소통)이 중심을 이루는 공간으로 이곳에서 배타적인 권리를 설정하기란 그리 쉬운 일이 아니다. 이러한 상황에 과거의 법들이 만들어 낸 규제 구조를 그대로 적용하기 위해 두 가지 종류의 울타리 치기가 행해진다. 그중 하나는 바로 '기술적 보호조치'와 같은 기술적 울타리이며, 다른 하나는 기존에는 없었던 배타적인 울타리를 설치하기 위한 저작권법과 같은 법적 울타리이다.

그 결과 사실상 네트워크상의 많은 지식 정보들이 이제는 거래의 대상인 지식 및 정보 상품이 되어 버렸다. 이러한 상황은 개인적인 기호나 취미를 위하여 만든 정보, 예를 들면 UCC까지도 특정 자본의 이윤을 위해 활용될 수 있게 만들었고, 결국 블로거나 네티즌들은 자신도 모르는 사이 자본을 위한 정보 노동을 제공하고 있는 것이다. 개인적인 취미 활동 및 여가 활동조차도 이제는 자본을 위한 암묵적인 노동의 역할을 하고 있다.

구체적으로 들여다보자, 우리 헌법 제22조는 국가의 간섭을 받지 아니하고 학문과 예술의 자유를 누릴 수 있다고 하는 소극적인 의미의 기본권뿐만이 아니라, 저작자와 발명가 등의 권리를 보호해 줌으로써 학문과 예술의 발전을 도모한다고 하는 보다 적극적인 내용의 기본권도 규정함으로써 저작권법의 명시적인 헌법적 근거를 제공해 주고 있다. 그렇다면 "저작자·발명가·과학기술자와 예술가의 권리는 법률로써 보호한다."고 규정하고 있는 헌법 제22조 2항에서 '권리'라는 것은 어떤 권리를 의미하는가? 당연히 재산권을 의미하는 것인가? 우리가 현재 살고 있는 이 세상이 자본주의의 욕망 속에서 작동한다는 사실을 인정한다면 그 권리라는 것은 분명 재산권이라는 개념을 통해서 보장받을 수밖에 없음을 불가피하게 시인하지 않을 수 없다. 물론 이러한 시스템을 거부하는 많은 저항의 움직임이 있을 수 있다는 사실은 좀 더 다른 논의를 요한다.

그렇다면, 헌법 22조가 상정하고 있는 권리라는 것이 상정하고 있는 재산권은 어떠한 의미를 가지는가? 근대 이후 재산권이라는 것은 '배타적인 의미의 소유권'이라는 것과 동일시되고 있다. 그러나 재산권에 관하여 궁극적으로 규정하고 있는 우리의 민법 조항들을 살펴본다면, 다양한 유형의 재산권들이 존재하고 있음을 알 수 있다. 이러한 재산권들은 사용, 수익, 처분에 관한 권리의 내용들을 바탕으로 다양한 유형이 존재한다. 따라서 우리 저작권법이 규정하고 있는 재산권은 반드시 '배타적인 소유권'일 필요는 없는 것이다.

그렇다면, 헌법 22조가 상정하고 있는 권리라는 것이 상정하고 있는 재산권은 어떠한 의미를 가지는가? 근대 이후 재산권이라는 것은 '배타적인 의미의 소유권'이라는 것과 동일시되고 있다. 그러나 재산권에 관하여 궁극적으로 규정하고 있는 우리의 민법 조항들을 살펴본다면, 다양한 유형의 재산권들이 존재하고 있음을 알 수 있다. 이러한 재산권들은 사용, 수익, 처분에 관한 권리의 내용들을 바탕으로 다양한 유형이 존재한다. 따라서 우리 저작권법이 규정하고 있는 재산권은 반드시 '배타적인 소유권'일 필요는 없는 것이다.

그렇다면, 저작자 및 창작자에게 보장되는 권리, 즉 재산권이라는 것은 무엇인가? 학문화 예술의 발전, 궁극적으로는 문화의 발전에 기여할 수 있는 재산권이란 무엇을 의미하는가? 그 핵심은 소위 말하는 인센티브의 보장이다. 인센티브를 보장하는 방법은 매우 다양하다. 지금 저작권법에 그 모습을 드러내고 있는 '배타적 소유권'의 성격은 그러한 보장 방법 중 하나일 수 있다. 그러나 그러한 배타성은 지식과 정보가 소통 속에서 더욱 발전한다는 기본적인 상식에 어긋나는 것이다. 오히려 자유로운 공유와 활용에 바탕을 두어, 저작자들에게 어떻게 인센티브를 보장해 줄 것인가를 고민해야 하는 것이다.

개정 저작권법은 이러한 새로운 소통을 가로막는 가장 대표적인 입법례라고 할 수 있다. 아무런 울타리가 없던 곳에서 배타성을 확보하기 위한 시도를 감행하다 보니, 각종 개념 정의를 비롯한 규제조항들로 넘쳐난다. 곳곳에서 지식과 정보의 기본적인 공유적 속성을 살릴 수 있는 조항들도 가지고 있는 것처럼 보이지만, 이는 다분히 장식적인 측면 그 이상을 넘어서는 것은 아니다.

배타성 강화를 위한 최근 일련의 지속적인 저작권법 개정은 결과적으로 학문과 예술, 더 나아가서는 문화의 증진에 이바지하는 것이 아니고 그것을 저해하는 상황으로 치닫고 있다. 이는 기본적으로 네트워크의 속성을 이해하지 못한 데 기인한 바 크며, 또한 재산권의 개념을 논함에 있어 '배타적 소유권'이라는 장벽을 뛰어넘지 못하는 입법 및 위정자들의 상상력의 한계에 기인한다.

※ 참고: (서평) 로렌스 레식의 『자유문화』(심우민, 프레시안, 2005년 9월 16일)

미국의 저명한 사이버 법학자인 로렌스 레식(Lawrwnce Lessig) 교수는 이미 『코드: 사이버 공간의 법이론』(김정오 옮김, 나남출판, 2002)이라는 번역서를 통해 한국의 독자들에게 소개된 바 있다. 이번에 번역된 『자유문화(Free Culture)』(이주명 옮김, 필맥, 2005)라는 저술을 통해 다시 한 번 레식 교수는 한국의 독자들과 만나게 된 셈이다. 또한 『아이디어의 미래(The Future of Ideas)』가 조만간 번역될 예정이어서, 결과적으로 사이버 공간의 법에 관한 그의 대표 저술들이 모두 한국에 소개될 기회를 갖게 됐다.

그러나 아직까지 레식 교수는 많은 이들에게 낯설기만 하다. 따라서 다음에서는 그의 사이버 법이론 저술들이 출간된 순서에 따라 그의 이론적이며 실천적인 연구의 발전 과정을 살펴보고 이번에 출판된 『자유문화』라는 저술이 한국 사회에 던져 주는 의미를 짚어 본다.

사이버 공간에 대한 법학자들의 인식은 크게 두 부류로 나눌 수 있다. 하나는 사이버 공간을 현실 세계와는 완전히 다른 새로운 세계로 인식하고, 현실 공간의 법 이론과는 다른 새로운 법 이론을 정립해야 한다는 견해다. 다른 견해는 사이버 공간도 인간이 만들고 활동하는 세계이므로 현실 세계의 법 이론을 통해 충분히 규율할 수 있다는 견해다.

레식 교수는 이러한 두 부류의 극단적인 시각 중 어느 편에도 치우치지 않는다. 그러나 그의 주장이 어정쩡한 절충설이 아님은 물론이다. 그는 사이버 현상 전체를 바라보고자 하는 거시적 시각을 가지고 이러한 현상을 가능하게 하는 기술적 문제를 심도 있게 파헤치면서 그 속에서 새로운 법리를 발견하고 그 법리를 통해 사이버 공간의 문제를 해결하고자 한다.

사이버 공간을 현상적 측면에서 인식하는 차원을 넘어 규범적 처방을 제시한다는 점에서 첫 번째 견해와 다르고, 현실 세계가 사이버 공간을 규율한다는 차원을 넘어 사이버 공간이 현실 세계에 미칠 영향에 주목한다는 점에서 두 번째 견해와도 차이가 있다.

- 사이버 공간의 법, 코드

이러한 전제에서 레식 교수는 『코드: 사이버 공간의 법이론』이라는 저술을 통해 사이버 공간의 법리학적 연구와 대안 모색을 위한 기초로 중의적인 '코드(Code)'라는 개념을 제시했다. '동부 연안 코드'와 '서부 연안 코드'가 바로 그것이다.

'동부 연안 코드'란 의회가 제정한 성문법을 의미하며 '서부 연안 코드'란 사이버 공간을 작동하게 하는 소프트웨어와 하드웨어 내부에 새겨져 있는 명령들을 의미한다. 레식 교수의 이러한 비유는 성문법 제정이 주로 미국의 동부 연안에 있는 워싱턴을 중심으로 이뤄지고 기술적 코드 제작은 주로 미국의 서부 연안에 있는 실리콘 밸리, 레드몬드 등을 중심으로 이뤄지는 데에 착안한 것이다.

즉 사회의 규제를 이야기할 때 과거에는 단지 법이라는 것에 그 초점을 둠으로써 많은 문제들을 해결할 수 있었지만, 정보기술의 발전에 기반을 둔 지금의 정보화 사회에서는 기술적인 변화까지도 고려해야만 한다는 의미로 이해할 수 있을 것이다. 결국 사이버 공간에서는 기술적인 요소인 '코드'라는 것이 법과 유사한 역할을 한다는 견지에서다. 또한 그는 현재의 사이버 공간의 상황이 자유와 통제라는 선택의 갈림길에 있다고 보고 인간의 선택이라는 것이 이상과 같은 중의적인 의미를 갖는 코드에 새겨지게 된다고 주장한다.

이러한 레식 교수의 주장은 법이라는 것은 이미 정해져 있는 법적 원리에 의해 형성된다는 기존 법학자들의 보수적인 관점과 확연하게 구별된다. 이는 레식 교수가 법을 포함한 모든 것은 정치적이라고 주장하는 비판법학(Critical Legal Studies)의 전통을 잇고 있다는 점을 보여 준다.

- '레이어'를 통한 사이버 공간의 분석

레식 교수는 『아이디어의 미래』를 통해 이러한 그의 주장을 더욱 구체화했다. 『코드: 사이버 공간의 법이론』에서는 사이버 공간의 구조(architecture) 자체에 주목했다면, 이 저술에서는 이러한 구조와 혁신(innovation)의 관계 그리고 공유재(commons)의 가치에 대해 고민하고자 했다. 그는 이를 위해 사이버 공간의 커뮤니케이션을 분석할 레이어(layer) 개념을 도입한다.

물리적 레이어(physical layer), 논리적 레이어(logical layer), 콘텐츠 레이어(content layer)가 그것이다. 이는 규범적 분석을 위해 기존에 제시되었던 네트워크의 기술적 분석에서의 레이어의 구분을 단순화한 것이라고 레식 교수는 설명한다. 그는 이러한 각 레이어의 영역에서 어떻게 공유적 가치가 상실되고 통제되는지를 보여 주고자 했다.

이러한 레이어 구분은 사이버 공간이라는 커뮤니케이션 수단의 분석에 그 목적이 있지만, 현재 우리나라를 비롯해 전 세계에서 진행되고 있는 '디지털 융합 현상'과 접목될 경우 법제적인 측면에서 많은 유용함을 가져다줄 수 있다. 즉 과거의 정보통신 관련 법규의 제정 방식은 새로운 서비스가 도입될 때마다 독립 서비스 군을 수평적으로 구분해 그 서비스별로 서로 다른 규제원칙과 수단들을 독자적으로 개발·적용해 왔다.

이러한 법 제정의 경향은 결국 융합된 영역에서 각각 독립적인 규제원칙들이 충돌되거나, 규제가 중첩되는 현상을 발생시켰다. 이러한 문제점을 극복할 수 있는 방안으로 대두되는 것이 위에서 레식 교수가 제시한 레이어 구분을 적용하는 것이다. 이러한 레이어 방식의 도입은 각 레이어별로 통합적이고 단일한 규제체계 확립을 가능하게 해 규제비용의 감소를 가져올 수 있을 것이다.

- 자유문화를 위한 실천적 정치

위의 두 저술이 사이버 또는 인터넷 공간에서의 문제에 천착했다고 한다면 이번에 번역된 『자유문화』라는 저술은 전통과 문화라는 측면에 인터넷이 끼치는 영향에 대해 고민하고 있다. 특히 이 책은 전반적으로 사이버 공간과 관련한 법적 사례들을 알기 쉬운 이야기 형식을 통해 독자들에게 전달하고자 한다. 또한 레식 교수는 이 책의 핵심적인 문제로서 지적 재산권의 문제를 다루고 있으며 이러한 문제에 관한 현재의 대립적 상황을 '전쟁'이라고 표현한다. 또한 그는 "이 전쟁이 계속되도록 방치한다면 우리의 전통과 문화가 커다란 손상을 입을 것이다. 우리는 이 전쟁의 원인을 이해해야만 한다. 그리고 그 원인을 해소해야 한다."고 주장한다.

이러한 분쟁의 원인을 분석해 내기 위해 '해적행위'와 '재산'의 개념에 초점을 두고 이야기를 시작한다. 이를 통해 그는 지적 재산권의 형성 및 강화 경향이 '자유 문화'에 미치는 악영향에 대해 설명한다. 그렇다고 레식 교수가 지적 재산권을 인정하지 말자는 극단으로 치닫는 것은 아니다. 오히려 그는 현재의 균형을 상실한 지적 재산권의 상황을 설명하고자 하는 것이다.

또한 그는 "인터넷이 만들어 낸 혼란의 와중에서 땅 빼앗기가 대대적으로 벌어지고 있다. (……) 지금의 시점은 아주 중요한 시점이다. 지금의 시스템에 대해 각 산업 부분이 취하는 선택은 디지털 미디어 시장과 디지털 미디어가 배포되는 방식을 많은 측면에서 규정할 것이다."라고 주장해서 『코드: 사이버 공간의 법이론』에서 보여 주었던 비판법학적인 '정치', 즉 '선택'의 관점을 다시 한 번 상기시킨다.

이러한 선택 기로에 놓인 현재의 상황에 대해 그는 "지적 재산권이라고 불리는 재산권의 힘이 우리 역사상 그 어느 때보다도 강력한 시점이다. 이런 시점에서 법률이 새로운 것에 대항해 오래된 것을 지켜 주어야 할 합당한 이유가 없"기에 이러한 지적 재산권의 강화 경향은 결국 '자유문화'에 대항하는 전쟁과 같은 상황을 만들어 내고, 창작자, 혁신가, 시민들을 억압하고 타락시키는 결과를 빚어낼 것이라고 한다. 이러한 이유로 레식 교수는 지적 재산권의 균형성 회복을 주장한다.

마지막 부분에서는 '엘드레드 판결'을 소개하면서 그간 자신의 저작권 강화 경향에 대한 도전이 왜 실패로 돌아갔는가를 분석한다. 엘드레드 판결은 저작권 보호 기간 연장으로 유명한「소니보노 저작권 보호기간 연장법(Sonny Bono Copyright Term Extension Act)」에 대한 위헌 법률심판을 대법원에 제청한 사건으로 레식 교수 본인이 변론에 나섰던 사건이다. 또한 엘드레드 사건에서 패배한 후 이 사건을 통해 얻은 생각들로 소위 '엘드레드 법안'이라는 것을 제안한다. 이 법안의 주요 골자는 저작물이 출판된 뒤 50년이 지나면 저작권 소유자는 그 저작물을 등록하고 소정의 수수료를 내도록 의무화하자는 것이다.

레식 교수는 이 책의 후기를 통해 구체적인 대안을 제시하고자 노력한다. 이러한 레식 교수의 대안은 최근 그가 주도적으로 참여하고 있는 크리에이티브 커먼스(Creative Commons) 운동과 관련이 있다. 이러한 운동의 목적은 기존의 지적 재산권 제도를 대체한다기보다는 지적 재산권 제도의 보완을 목적으로 한다고 할 수 있다. 이는 정보의 공유재적 가치가 점점 사라져 가는 현재의 지적 재산권 강화 경향을 수정하고자 하는 시도인 것이다. 즉 다른 이의 저작물을 이용함에 있어 언제나 허가를 받아야 하는 '허가문화(Permission Culture)'의 변화를 위하여 미리 저작자가 이용의 허락 범위를 저작물에 표시해 두어 이용이 자유로울 수 있는 '자유문화'를 촉진하자는 데에 그 목적이 있다.

이러한 '이용 허락 범위의 표시'에는 크리에이티브 커먼스 라이센스(Creative Commons License: CCL)라는 것이 사용된다. 이 책 또한 그 저술 취지에 맞게 CCL의 '저작자표시－비영리 2.0'이라는 조건하에 모든 원문을 출판 전에

웹페이지를 통해 공개한 바 있다. 말 그대로 '자유문화'의 확산을 위한 첫걸음이었다는 평가를 할 수 있겠다.

레식 교수는 대부분의 그의 저서에서 다른 법학 관련 저술들이 보여 주는 딱딱함과는 달리 다양한 사례들을 이야기로 풀어 주는 스토리 텔링 기법을 사용한다. 이는 독자들에게 자신의 주장을 좀 더 쉽고, 친밀하게 이해시키기 위한 방책일 것이다. 이번에 번역된 『자유문화』도 마찬가지로 이러한 기법을 사용하고 있다. 어쩌면 오히려 기존의 저술들에 비해 더 많은 사례를 이야기로 풀어내고 있으면서도, 쉬운 용어를 사용하고 있다는 느낌을 준다.

레식 교수의 이러한 저술 방법은 단지 법학자로서의 이론 제시만을 위한 것이 아니라, 이론과 실천이 사람들의 삶 속에서 접목될 수 있도록 하기 위함일 것이다. 이러한 사실은 이론가로서뿐만 아니라, 왕성한 활동가로서의 그의 면모에서도 추론해 볼 수 있다.

- 한국에서의 자유문화

현재 한국에서는 위와 유사한 취지로 '정보공유 라이선스'와 '크리에이티브 커먼스 라이센스'가 대표적으로 운영되고 있다. 특히 최근에 정보공유 라이선스를 운영하고 있는 정보공유연대는 저작권심의조정위원회와 함께 '저작물 이용허락 표시제도' 활성화 사업의 일환으로 '정보공유라이선스 2.0'을 개발해 홍보하고 있다. 이는 그간 단순하게만 다루어져 왔던 우리나라의 지적 재산권 문제에 있어 중요한 사건이라고 평가할 수 있다.

우리나라의 지적 재산권 상황은 레식 교수가 제시하고 있는 미국의 강화경향과 그다지 다르지 않기에 위와 같은 보완 제도의 도입은 긍정적이라고도 할 수 있지만, 오히려 기존에 형성되어 왔던 배타성 중심의 지적 재산권 제도를 고착화시킬 위험성도 안고 있다. 그 이유는 이러한 보완제도가 이용을 촉진한다는 미명하에 이미 문제점을 지니고 있는 지적재산권 질서를 그대로 방치하는 결과가 초래될 수 있기 때문이다.

이러한 상황에서 진정한 공유적 가치와 자유문화가 무엇인지에 대한 문제의식을 심어 주는 레식 교수의 『자유문화』라는 저술은 우리에게 나침반과 같은 역할을 해 줄 수 있을 것이다.

제13장 정보사회의 불평등

정보사회에서도 역시 불평등의 문제는 중요한 화두 중 하나이다. 특히 최근 논의되고 있는 유비쿼터스 사회에서의 정보불평등은 물리적인 공간에서의 불평등으로까지 확장될 가능성을 내포하고 있다. 이러한 정보불평등에 대해서는 많은 논의가 있기는 하지만, 아직까지 체계적인 대응방안의 구성과 실행은 미흡한 실정이라고 평가해 볼 수 있을 것이다.

다음에서는 정보사회 불평등을 대변해 주는 정보격차의 개념, 정보격차를 바라보는 관점 그리고 이와 관련된 법률인 「정보격차해소에관한법률」에 대해서 살펴볼 것이다.

제1절 정보격차

1. 정보격차의 개념

정보사회가 점점 고도화되면서 정보격차의 문제에 대해 점점 관심이 높아져 가고 있다. 이는 기존 산업사회에서의 빈부격차에 대한 논의와 유사하기는 하지만, 그 차원을 달리하는 문제라고 할 수 있다. 이러한 정보격차의 문제는 소위 디지털 디바이드(Digital Divide)라고 불리고 있다.

이러한 디지털 디바이드를 규정하기란 쉬운 문제가 아니지만, 정보사회의 발전과 함께 우리에게 익숙하게 다가오는 새로운 개념인 것은 틀림없다. 디지털 디바이드는 산업사회의 사회불평등을 정보사회의 용어로 나타낸 것으로 이해할 수 있다. 정보불평등(information inequality)으로 대변되는 디지털 디바이드는 정보격차로 번역되어 쓰이기도 한다. 정보불평등이든 정보격차이든 정보사회라는 새로운 사회의 변화 속에서 갖게 되는 불균등한 정보의 배분과 이용은 사회불평등을 가져온다는 것을 기본 전제로 디지털 디바이드의 개념을 사용하고 있다. 그렇지만 디지털 디바이드란 개념은 불평등한 현상을 정책적으로 해소하고자 하는 이념을 담고 있는 용어로서 이데올로기적 측면을 포함하고 있는 듯하다.[348] 이 글에서는 디지털 디바이드라는 용어보다는 우리말 번역어인 정보격차라는 용어를 사용하기로 한다.

정보사회의 진전과 함께 제기되는 새로운 문제들은 현상적 유사성에도 불구하고 이전의 '산업사회형' 문제들과는 여러 면에서 차원과 내용을 달리한다. 익명성, 쌍방향성, 복제성, 조작성, 개방성, 초현실성 등 사이버 공간의 특성과 관련된 이들 문제는 우리의 관심을 비인간화나 경제적 불평등이라는 전래의 주제영역을 넘어 내면적 성찰의 문제, 자아 정체성의 문제로 인도하기 때문이다. 새로운 정보매체에 대한 접근성을 지니는 자와 지니지 못한 자 사이의 격차로서 통칭되는 정보격차는 바로 그러한 정보화 부작용의 복합적 특성을 내포한 전형적 사례의 하나라고 할 수 있다.[349]

그간 정보사회 연구진 일각에서는 정보기술의 급진적 발달이 사회 일부 계층에 의한 정보의 독점이나 편중을 가속화시켜 기존의 불평등 체계를 보다 공고화할 것이라는 주장을 제기한 바 있다. 이러한 인식에 힘입어 정보격차의 문제는 미국을 위시한 정보선진국에서는 물론이요, 정보화 대열에 동참하고자 하는 정보화 후발국에서도 첨예한 정책과제의 하나로 대두되어 왔다. 이와 함께 정보격차의 문제는 개별국가의 차원을 넘어 국가 간 정상회담이나 국제회의의 주요 논제의 하나로 부각

---

348) 박창호, "디지털 디바이드, 정보차별인가 정보자유인가?", 「사회이론」 제23권, 한국사회이론학회, 2003, 175~176면.

349) 김문조·김종길, "정보격차(Digital Divide)의 이론적·정책적 제고", 「한국사회학」 제36집 제4호, 한국사회학회, 2002, 124~125면.

되고 있다.350)

2. 정보격차의 내용 변화

우리나라의 경우 2001년에 제정된 「정보격차해소에관한법률」에서 "정보격차란 경제적, 지역적, 신체적 또는 사회적 여건으로 인하여 정보통신망을 통한 정보통신 서비스에 접근하거나 이용할 수 있는 기회에서의 차이"(제2조)로 정의한다.

정보격차를 나타내는 표현으로는 1970년대부터 지식격차(knowledge gap), 정보격차(information gap) 혹은 정보불평등(information inequality)이란 용어들이 사용되다가 그 후에는 디지털 디바이드라는 개념이 보편화되었다.

이후 정보격차는 학자들에 따라 다양하게 정의되고 있으며 내용도 정보화 환경에 따라 변화하고 있다. 정보격차 개념에 관한 논의에서 핵심적인 주제는 정보격차의 주체가 누구인가(who)와 내용이 무엇인가(what)로 축약된다. 전통적인 관점에서 정보격차는 개인 차원의 정보보유 여부나 새로운 정보매체 기술과 서비스 및 정보에 대한 접근능력 여부를 기준으로 다양한 계층 간에 발생하는 사회적 분절을 의미한다고 볼 수 있다.

정보격차가 처음에 대두되었던 1990년대에는 주로 컴퓨터 보유여부가 중요했으나, 최근 들어 인터넷 접근 및 활용을 포함하는 의미로 확대되어 가고 있다. 이는 정보활용의 결과가 새로운 가치를 창출하고, 이러한 새로운 가치의 창출 여부나 그 양의 차이가 사회불평등을 초래한다는 사실 때문이다. 따라서 정보격차의 내용을 '접근'을 넘어 '이용'이나 '활용'으로 확대해야 한다는 주장이 점점 설득력을 얻어 가고 있다. 이런 맥락에서 기존 정보격차 개념의 확대가 불가피하며, 정보의 생산적 활용과 정보기회의 증진을 통해 정보사회에 편입된 국민들 간의 정보활용 격차를 해소하기 위한 새로운 정책적 과제를 모색해야 할 것이다. 모든 사회구성원의 참

---

350) 김문조 · 김종길, 앞의 글, 125면.

여를 강보하는 '정보참여'나 정보기술의 생산적 활용 촉진을 통한 정보잠재력발현을 강조하는 '정보기회' 개념 등이 출현한 것도 이러한 맥락에서 이해할 수 있다.[351]

제2절 정보격차를 바라보는 관점

1. 정보격차 축소론: 확산이론

정보사회를 희망적으로 그리는 초기의 많은 정보사회 예찬론자들은 정보격차를 사회문제로 보지 못했을 뿐만 아니라 이것이 존재하더라도 정보화가 진전되면 자연스럽게 해결될 문제로 보았다. 이런 입장을 대표하는 학자들로는 정보기술의 도입으로 전혀 새로운 사회가 등장할 것이라고 보는 네그로폰테(Negroponte),[352] 정보의 생성과 보급에 기초한 경제 시대에 살고 있음을 강조하는 네이스비트(Naisbitt),[353] 정보의 접근성 여부에 따라 기존의 권력관계에 엄청난 변화가 일고 있음을 강조하는 토플러(Toffler),[354] 현재 수많은 정보가 쏟아지고 있기 때문에 정보의 접근보다는 정보의 홍수로 인해 발생되는 심리적 불안감인 정보불안이 문제라는 워만(Wurman)[355] 등을 들 수 있다.

이들의 입장을 좀 더 구체적으로 설명한 것이 신기술 보급의 S모형에 의한 확산이론이다. S모형에 의하면 보급 초기에는 엘리트들만이 수용하여 기술의 수용과 확

---

351) 이종구 외, 『정보사회의 이해』(미래M&B, 2005), 213~215면.

352) Nicholas Negroponte, *Being Digital*(Knopf, 1995).

353) John Naisbitt, *Megatrends: Ten New Directions Transforming Our Lives*(Warner Books, 1982).

354) Alvin Toffler, *Powershift: Knowledge, Wealth, and Violence at the Edge of the 21st Century*(Bantam Books, 1990).

355) Richard Saul Wurman, *Information Anxiety: What to Do When Information does not Tell You What You Need to Know*(Bantam Books., 1989).

산이 느리지만, 성숙단계가 되면 다수가 기술을 수용하게 되어 기술 확산이 급속하게 이루어지고, 대부분이 수용하게 되는 시점에는 기술 확산 속도는 늦으나 포화상태로서 누구나 이용하게 되는 단계가 된다고 한다. 이 이론은 20세기에 나온 기술(전화, 라디오, TV, VCR 등)들은 모두가 S자형의 형태로 보급이 이루어졌음을 주장하면서, 인터넷 역시 현재는 보급률이 낮지만 급속한 속도로 확산되고 있기 때문에 언젠가는 누구나 이용하는 보편적인 매체가 될 것으로 생각한다.356)

2. 정보격차 확산론: 격차가설

정보화가 진전됨에 따라 정보격차가 약화되기보다는 확대될 것이라고 주장한다. 헤이우드(Haywood)357)는 정보통신기술이 보급 초기에는 소수만이 사용하나 시간이 지나면 사회 전반으로 넘쳐흘러 들어갈 것으로 보는 침투이론(trickle down effect)을 비판하면서 정보접근 기회의 불평등이 지속될 뿐만 아니라 정보격차로 인해 빈부격차의 심화가능성까지 지적하고 있다. 헤이우드뿐만 아니라 그 외 많은 학자들(Schiller;358) Loader;359) Wresch;360) Perelman361))이 정보화와 함께 첨단 디지털 통신매체를 통한 정보의 풍요 속에서도 정보격차는 더욱 심화될 것이라는 지적들을 내놓고 있다.

---

356) 오광석 외, 『정보격차 해소를 위한 종합방안』(한국전산원, 2000), 9~10면.

357) Trevor Haywood, "Global networks and the myth of equality: Trickle down and trickle away?", B. D. Loader (ed.) *Cyberspace Divide: Equality, Agency and Policy in the Information Society*(Routledge, 1998).

358) Herbert Schiller, *Information Inequality: The Deepening Social Crisis in America*(Routledge, 1966).

359) Brian D. Loader (ed.), *Cyberspace Divide: Equality, Agency and Policy in the Information Society* (Routledge, 1998).

360) William Wresch, *Disconnected: Haves and Have−Nots in the Information Age*(Rutgers University Press, 1996).

361) Michael Perelman, *Class Warfare in the Information Age*(St. Martin's Press, 1998).

쉴러(Schiller)는 문화산업 전반에 걸쳐 진행되고 있는 탈규제, 사유화, 민영화 등으로 인해 정보격차가 더욱 확대될 것이라고 주장한다. 쉴러에 의하면, 정보통신망을 통한 원격근무 및 원격진료, 공공도서관 및 생활정보의 온라인화 등으로 기술적으로는 누구나 정보에 접근하여 이용할 수 있다고 하지만, 정보 자체가 사유화·상업화되어 이윤 추구의 도구가 된다면 결코 누구나 자신에게 유익한 정보를 얻을 수 있는 환경은 달성되지 않을 것이라고 주장한다.

카스텔(Castells)은 정보통신기술의 도입이 소득 및 정보격차를 오히려 심화시켰다고 주장한다. 즉 정보화로 인해 정보관련 산업에 종사하는 고학력주민의 소득은 상승한 반면 단순 노동직종에 종사하는 저학력 주민들의 소득은 오히려 떨어져, 학력수준 간 소득격차는 더욱 확대되었다는 것이다. 이와 함께 중산층 지역에는 병원, 도서관, 박물관 등 편의시설이 들어서게 되어 이 지역의 땅값은 상승하는 반면, 저소득주민 지역의 땅값은 떨어져 두 지역 간 총체적인 격차가 확대되었다. 이런 단절은 물리적 공간에서만 한정되는 것이 아니라 사이버스페이스에서도 동일한 형태로 나타나 양 집단 간 정보격차는 더욱 심화된다는 것이다. 결국 중산층과 저소득층이 겉으로는 한 도시에 살고 있지만 실질적으로는 서로 다른 세계에 살게 되는데, 카스텔은 이런 도시를 이중도시(dual city)라고 부른다.

월포트(Wolpert)[362] 역시 카스텔과 동일한 입장을 취하고 있다. 그는 지난 25년간 미국 대도시 저소득주민의 생활이 더욱 악화되었음을 보여 주는 자료를 제시하면서 정보통신기술의 도입 그 자체가 도시빈곤을 강화시키지는 않았지만 정보통신기술의 도입으로 인한 경제적 기회가 도시빈민에게는 주어지지 않는 반면 이들이 과거에 가졌던 저임금 단순직종에의 취업 기회마저도 줄어들어 저소득주민의 경제적 여력은 더욱 악화되었다는 것이다. 이렇게 신자유주의와 정보통신기술의 도입이

---

362) Julian Wolpert, "Center Cities as Havens and Traps for Low-Income Communities: The Potential Impact of Advanced Information Technology", Donald A. Schon, Bish Sanyal, and William J. Mitchell.(ed.) *High Technology and Low-income Communities.: Prospects for the Positive Use of Advanced Information Technology*(MIT Press, 1999).

부의 불평등을 확대시킨다면 저소득주민의 정보통신기기 및 서비스 구매력은 더욱 저하될 것이고 따라서 정보격차는 쉽게 해소되기 어렵다고 생각된다.

따라서 이 입장은 정보격차 해소를 위해서는 저소득주민의 정보통신기기 보유 및 서비스 이용을 돕기 위한 지원뿐만 아니라 시장경쟁원리와 정보통신기술의 도입으로 인해 심화된 부의 불균등을 해소하기 위한 노력도 함께 경주되어야 함을 강조한다.363)

제3절 정보격차 해소를 위한 법제도

1. 입법취지 및 배경

우리나라는 정부 주도로 지난 10여 년간 성장과 고용을 주도할 새로운 산업분야로 정보통신과 정보산업의 진흥을 강조하는 정보화 촉진을 위한 정책을 추진해 왔다. 그러나 이러한 정보화의 진행과 더불어 사회경제·지역·신체적 여건 등으로 인한 정보소외계층이 늘어나고 있고, 연령·소득·학력별 정보격차가 점차 확대되게 됐다.

이러한 배경에서 정보생활화를 위한 도구에의 접속과 이용에 국민들이 배제되지 않도록 하기 위한 노력이 필요하게 됐고, 이러한 정보격차해소 노력이 단순히 일회적인 이벤트로 끝나지 않고 정책의 지속성을 보장해 줄 법적인 근거 마련의 일환으로 2001년 1월에 「정보격차해소에관한법률」이 제정됐다. 2001년 입법된 「정보격차해소에관한법률」은 정보격차라는 새로운 개념을 기존의 물리적인 환경에 대한 접근권의 보장에 더하여 정보활용능력의 신장이라는 적극적 개념으로 확장해 헌법상 기본권인 인간다운 생활을 할 권리(헌법 제34조)와 평등의 원리 내지 평등권(헌법 제11조) 보장이라는 헌법적 요구를 실현하고자 하는 개념으로 변모시켰다. 또한

---

363) 오광석 외, 앞의 책, 14~17면.

「정보격차해소에관한법률」은 저소득자·농어촌지역 주민·장애인·노령자·여성 등의 정보접근권과 이용권을 보장하기 위한 국가작용의 근거규범으로 기능하게 됐다.[364]

2. 법률의 주요 내용

정보화 사회에서 정보 활용은 경제·사회·문화적 생활에 필수불가결한 요소이다. 그런데 정보를 충분히 이용하는 자들과 지리·경제·신체적 또는 사회적 이유로 충분히 정보를 이용하지 못하는 자들 간의 정보이용 격차가 날로 확대되고 있어, 정보이용에 있어 취약한 지위에 있는 자들에게 정보를 이용할 수 있는 기회를 제공하고 정보이용의 환경을 조성하여 정보격차로 발생할 수 있는 경제·사회적 갈등을 방지하여야 한다는 필요성이 제기됐다. 이에 2001년 1월에 저소득층, 농어민, 장애인, 노령자 등 경제·지역·신체적 또는 사회적 여건으로 정보통신 서비스에 접근하거나 이용하기 어려운 자에 대하여 정보통신망에 대한 자유로운 접근과 정보이용을 보장함으로써 그들의 삶의 질을 향상시키고 균형 있는 국민경제의 발전에 이바지함을 목적으로 「정보격차해소에관한법률」이 제정된 것이다.

법의 주요 내용을 보면, 국가 및 지방자치단체는 모든 국민의 자유로운 정보통신 서비스 접근과 이용을 위해 필요한 시책을 강구해야 하며(제3조), 이를 실천하기 위하여 5년마다 정보격차해소 종합계획을 수립하고(제4조), 매년 그 시행계획을 수립·시행토록 하고 있다(제5조). 또 정보격차 해소에 관한 사항을 심의하기 위해 정보화추진위원회의 분과위원회로서 관계부처 차관 및 전문가로 구성된 정보격차해소위원회를 두어 종합계획의 수립에 필요한 목표와 기본방향 수립, 종합계획의 조정, 정보격차해소를 위한 사업의 우선순위 조정 그리고 기타 이 법의 목적을 달성하기 위하여 위원장이 필요하다고 인정하는 사항 등을 심의하도록 하였다(제6조).

---

364) 한국정보문화진흥원, 『2006－2007 정보격차해소백서』, 2007년 7월, 35면.

그리고 장애인·노령자의 정보통신 서비스 이용보장을 위해 국가의 필요한 시책 강구와, 정보통신기기 및 서비스의 장애인·노령자의 접근 및 이용편의 증진을 보장하기 위한 지침마련과 이들에 대한 정보내용물 제공 사업자에 대한 지원을 명시하고 있으며(제7조와 제8조), 취약계층의 정보통신기기 이용을 촉진하기 위해 장애인, 저소득층주민 등 취약계층에게 관련 서비스를 제공하는 정보이용시설 등에는 국가 혹은 지방자치단체가 정보통신기기를 유상 혹은 무상으로 지원하도록 하고 있다(제9조). 정보격차해소사업이 실효성을 거두기 위해서는 예산이 뒷받침돼야 하며, 이를 위해 국가 또는 지방자치단체는 이 법이 정하는 사업을 국가예산, 지방자치단체예산 또는 「기금관리기본법」이 규정하는 기금으로 지원할 수 있도록 하고 있으며(제12조), 민간의 참여를 확대하기 위하여 정보통신기기 또는 정보통신서비스를 무상으로 제공하거나 정보화교육을 무상으로 실시하는 자에게 조세특례제한법 또는 지방세법이 정하는 바에 의하여 조세를 감면할 수 있도록 하고 있다(제14조).

이 법률은 2002년 12월에 개정되었는데, 그 주요내용을 보면, 종전에는 관계 중앙행정기관의 장으로 하여금 매년 당해 연도의 정보격차해소사업 추진실적과 다음 연도의 시행계획을 정보격차해소위원회에 제출하도록 하였으나, 개정 후에는 전년도 정보격차해소사업 추진실적과 다음 연도의 시행계획을 제출하도록 하였고, 정보격차해소사업을 종합·체계적으로 추진하기 위하여 정보격차해소사업 전담기관을 설치하였다(제6조). 또한 정부가 모든 국민이 초고속정보통신 서비스를 이용할 수 있도록 필요한 시책을 강구토록 하고(제7조의 2), 정보격차해소정책 수립을 위한 조사연구를 실시하며(제11조의 2), 정보격차해소사업의 전담기관으로서 한국정보문화진흥원의 설립근거규정을 신설하고, 한국정보문화진흥원의 기능으로 정보격차해소사업 지원, 정보격차해소를 위한 조사연구 지원, 정보격차해소를 위한 제도개선 지원 등을 규정하고 있다(제16조). 법 개정에 따라 2003년 1월에 정보격차해소 지원 전문기관인 한국정보문화진흥원이 설립됐다.

2004년 말부터 정보통신기술의 빠른 발전 속도와 국민생활에 미치는 영향력에 고려하면 현행 법률이 수동적이고 선언적이기 때문에 장애인 등 취약계층의 실질적인 정보접근권을 보장하지 못하고 있다는 지적과 함께 법 개정의 필요성이 제기됨에 따라 2005년 12월에 개정이 됐다. 정보소외계층을 위한 보다 내실 있는 정보격차 해소정책을 위해 정보소외계층에 대한 정의규정을 신설하고, 정보격차해소위원회 위원 구성에 정보소외계층 당사자가 포함되도록 했다. 그리고 정보통신제품을 설계·제작·가공하는 정보통신 관련 제조업자에게 정보소외계층이 쉽게 접근하고 이용할 수 있도록 노력할 의무를 부여하였다. 또한 인터넷 활성화의 부작용으로 과도한 인터넷 이용으로 인한 인터넷 중독이 심각한 사회문제로 대두되고 있는 상황이었고, 한국정보문화진흥원에서 인터넷 중독의 예방·해소 및 건전한 정보이용 교육을 실시하고 있었으나 법률에 명시되지 않은 상태였다. 이에 인터넷 중독 관련 교육의 법적 근거를 명확히 하여 인터넷 중독 등 역기능 문제에 적극 대응하고자 하는 차원에서 개정이 이루어졌다.

주요내용을 살펴보면, 정보소외계층, 정보통신망, 정보통신제품, 정보통신서비스 제공자 등 정보격차해소에 관련된 용어들을 법률에서 정의하고(제2조 제1항 3호 내지 6호), 정보격차해소위원회의 위원에 정보소외계층 당사자가 포함되도록 하고(제6조 제4항), 위원회 내에 정보격차해소업무 실무를 담당할 전문위원회를 신설하였다(제6조 제5항). 또한 정보통신 관련 제조업자는 정보통신제품을 설계·제작·가공함에 있어 정보소외계층이 쉽게 접근하고 이용할 수 있도록 노력할 의무를 부여하고(제7조 제3항), 정부가 정보격차를 해소하기 위한 정책을 시행하기 위하여 정보격차실태를 조사하도록 하고 있다(제11조의 2). 그리고 한국정보문화진흥원의 사업 내용에 건전정보문화 확산 및 인터넷 중독 실태조사·예방·해소 활동에 대한 지원을 추가한다(제16조 제3항 제5호)고 규정하고 있다.[365]

---

365) 한국정보문화진흥원, 앞의 책, 37~39면.

∙ 저자 ∙

심 우 민
(沈 愚 敏)

•약 력•

한국외국어대학교 법과대학 졸업(학사)
연세대학교 대학원 법학과(석사)
연세대학교 대학원 법학과(박사과정 수료)
연세대학교 법학연구소 전문연구원
한국입법학연구소 법제연구원
법과사회이론학회 정보간사
경원대, 백석대 등 강사

•주요논저•

「Roberto Unger의 사회이론과 법이론」(석사학위논문)
「헌법, 지적재산권법 그리고 사이버 법리학」
「유비쿼터스(Ubiquitous) 사회와 그 규제구조에 관한 시론적 고찰」
「도청과 유비쿼터스 정치」
「미래 사회 '자유 문화' 억압하는 지적 재산권」
「온라인서비스제공자(OSP) 책임에 관한 일고찰」
「개정 저작권법 — 법적 상상력의 한계」
「제도적 상상력으로서의 법분석」
 외 다수

정보사회 법적규제의 진화
: 유비쿼터스 시대의 정보법학

• 초판 인쇄	2008년 8월 30일
• 초판 발행	2008년 8월 30일
• 지 은 이	심우민
• 펴 낸 이	채종준
• 펴 낸 곳	한국학술정보㈜

경기도 파주시 교하읍 문발리 513-5
파주출판문화정보산업단지
전화　031) 908-3181(대표)·팩스　031) 908-3189
홈페이지　http://www.kstudy.com
e-mail(출판사업부)　publish@kstudy.com

• 등 록
• 가 격　　30,000원

ISBN　978-89-534-9898-3 93360 (Paper Book)
　　　　978-89-534-9899-0 98360 (e-Book)